N o r d i c

北欧，
冰与火之地的寻真之旅

[英] 迈克尔·布斯 (Michael Booth) 著
梁 卿 译

N o r d i c

The Almost Nearly Perfect People:
The Truth About The Nordic Miracle

生活·讀書·新知 三联书店 生活書店 出版有限公司

图书在版编目（CIP）数据

北欧，冰与火之地的寻真之旅 /（英）布斯著；梁卿译
. — 北京：生活书店出版有限公司，2016.1（2016.3 重印）（2016.4 重印）（2016.5 重印）
（2016.6 重印）（2016.9 重印）

ISBN 978-7-80768-101-4

Ⅰ. ① N… Ⅱ. ①布… ②梁… Ⅲ. ①北欧 - 概况
Ⅳ. ① K953

中国版本图书馆 CIP 数据核字（2015）第 168775 号

策划编辑　苏　毅
责任编辑　苏　毅
装帧设计　罗　洪
责任印制　常宁强
出版发行　生活书店出版有限公司
（北京市东城区美术馆东街 22 号）
邮　　编　100010
经　　销　新华书店
印　　刷　北京顶佳世纪印刷有限公司
图　　字　01-2014-6901
版　　次　2016 年 1 月北京第 1 版
2016 年 9 月北京第 6 次印刷
开　　本　635 毫米 × 965 毫米 1/16　印张 26
印　　数　29,001-34,000 册
字　　数　328 千字
定　　价　58.00 元
（印装查询：010-64002717；　邮购查询：010-84010542）

献给莉森、阿斯格和埃米尔

< 目 录

引言 V

丹麦 001

冰岛 115

挪威 155

芬兰 213

瑞典 289

后记 387

献词 393

引言

若干年前，我住在哥本哈根市中心。四月一个昏黑的清晨，我裹着毛毯坐在起居室，满心盼望着春天赶快来临。随手翻开当天的报纸，我惊讶地看到，根据莱斯特大学心理学系提出的生活满意度指数，丹麦，我的这个第二祖国的国民被评选为全世界最幸福的人。

我特意留意了一下报纸的日期：这天并不是愚人节。我立刻上网查看，发现这条新闻正作为头条，在世界范围广为传播。从《每日邮报》到半岛电视台，所有媒体都在报道这条新闻，就好像它是刻在石匾上庄严地传承下来的。丹麦是全世界最幸福的国度。最幸福？就是这个地势平坦、阴暗潮湿、单调沉闷的小国家吗？如今我在这里成家立业，它只有为数不多的坚韧明理的人口，却有着全世界最高的税率。英国在这张榜单上排名第 41 位。既然这是大学里的学者评选出来的结果，想必有它的道理。

“唔，这里的人把自己的幸福感隐藏得太深了，”我这样想着，抬头向窗外望去，整个海港浸没在淅淅沥沥的雨水中，“我并不觉得他们有多欢快。”丹麦作为自行车王国久负盛名。窗外不远处，骑自行车的人和打着伞的行人相互挨挤，一起经过长桥（Langebro），他们都得小心地闪避过往的卡车和公共汽车溅起的水花。

我不由地想起前一天令人心灰意冷的历险。我初来乍到这个第二故乡，每周两次到本地的超市购物。上午，我不得不和超市收银员打交道，那是个脸色沉郁的年轻姑娘，她自顾自地用收银机记账，对我的存在视而不见。超市里买到的农产品品质不高，价格却贵得离谱。出了超市，我闯红灯过了马路，耳边清清楚楚地听到其他行人向我发出嘘声。其实路上并没有车。可是在丹麦，不等绿灯亮起就过马路，是对社交礼仪明目张胆的挑衅。我在蒙蒙细雨中骑着自行车回到家，一进门就看到一张催缴税单，它把我当月的收入不由分说砍掉一大块；回来的路上我还惹恼了一个开车的人，他恐吓说要把我的命夺去，因为我违反了禁止左转的规定（真的，他摇下车窗玻璃，对我大喊大叫：‘你不要命了！’那副神气和腔调，活脱脱就是邦德片中的坏蛋）。晚上，黄金时段的电视娱乐，先是一档农业节目，探讨怎么避免过度摩擦奶牛的乳房，接着是一部已经播出了10年的电视剧《塔格特》（*Taggart*），再接下来是一档有奖竞赛节目《谁想当百万富翁》——这个名称乍听起来让人血脉贲张，因为一朝中奖，人生便可从此改变，只可惜有一个事实大煞风景：100万克朗的价值只合约10万英镑，在丹麦，这笔钱只够外出吃一顿饭，剩下的零头可以看一场电影。

我得补充说明一点，这是很久以前的事了。彼时，那几部被批评界广泛赞誉的丹麦电视连续剧尚未播出，新式的北欧烹饪尚未在我们的厨房发起革命，电视剧中的女侦探莎拉·路德尚未用她那款式别致的毛衣使我们着迷，剧中的丹麦首位女首相比吉特·尼堡也尚未凭借她的铅笔裙和她对右翼政客们干脆利落的态度让我们神魂颠倒，近年来貌似绵绵不绝的丹麦热潮也尚未风靡全世界。早在那个时候，我就发觉，丹麦人本性纯良，工作勤勉，遵纪守法，根本不喜欢公开表露情感，更何况炫耀自己的幸福感。丹麦人天生是路德宗的信徒，哪怕他们并不举行路德宗的仪式：他们不喜张扬，他们对肆意外露的情感心存怀疑，他们个个自成一体。比如与泰国人、波多黎各人乃至英国人相比，丹麦人显得态度冷淡，神情严峻。我甚至要说，在我当年游历过的 50 多个国家的国民当中，丹麦人与瑞典人、芬兰人以及挪威人一道，也许是表面看来最不快乐的人，在全世界排在垫底的位置。

我心里想，也许这是因为他们普遍服用抗抑郁药，导致感知力下降的缘故。我读过一篇新近出炉的报告，该报告称，在欧洲，只有冰岛人比丹麦人服用的抗抑郁药还要多，而且，人们吞服抗抑郁药的频率在加快。丹麦人的幸福感难道只是在百忧解药效作用下的懵懵懂懂吗？

事实上，当我开始深刻挖掘丹麦人的幸福现象之后，我发现，莱斯特大学的报告并不像它自认为的那么具有突破性。早在 1973 年，欧盟首次发起主观境况认知调查——“欧洲晴雨表”，丹麦人就名列榜首，今天依然如此。在最近一次调查中，数千名丹麦人接受了调查，其中超过三分之二的人声称对自己的生活“很满意”。

2009 年，美国著名脱口秀节目主持人奥普拉・温弗里宛若教皇莅临一般访问了哥本哈根。她举例说明，“人们把孩子留在咖啡馆外面的婴儿车里，却不必担心孩子会被偷走……人们没有争分夺秒、争先恐后地想要获取再获取”，她指出，这就是丹麦人生活成功的秘诀。既然奥普拉也对丹麦人赞赏有加，必然有她的道理。

其实，奥普拉大驾光临的时候，我已经离开了丹麦。我没完没了地向妻子抱怨她的祖国，把她逼到了无计可施的地步：气候恶劣难熬；税负之重令人发指；文化单一，全无新奇之处；社会氛围沉闷，公众执意主张以最低的共同标准达成共识；人们害怕超乎常规的事物和特立独行的人，对雄心抱负不以为然，不赞成追求成功；公共服务部门的态度坏得令人惊骇；居民毫无顾忌地食用肥腻的猪肉、咸甘草、廉价啤酒和杏仁糖等等。但我还是继续警觉地，并且不无困惑地关注着丹麦人的幸福现象。

比如，看到下面的调查结果，我摇头不信。盖洛普世界民意调查请155个国家的1 000名15岁以上受访者，按照从1到10的得分，对自己现在的生活和未来期待的生活给出评价，丹麦高居榜首。盖洛普还提了其他一些关于社会支持（“如果遇到麻烦，你有没有随时可以寻求帮助的亲戚朋友？”）、自由（“在你的所在国，你能否自主作出生活选择，你对这种自由度是否满意？”）、腐败（“在你的所在国，商业界是否普遍存在腐败？”）等问题。答卷表明，82%的丹麦人给出了“生活美满”的回答，只有1%给出了“生活困苦”的回答。“每日体验”一项满分10分，他们给出的平均分是7.9，为全世界最高。与之相比，非洲的多哥是得分最低的国家，只有1%的人给出了“生活美满”的回答。

“也许他们应该问问住在哥本哈根西南伊斯霍伊（Ishøj）的索马里移民过得幸福不幸福。”我每次听到此类调查报告，心里就会冒出这个念头。我发自内心地怀疑，那些研究人员至多只去了欣欣向荣的哥本哈根郊区，根本没有去过更远的地方。

而今，丹麦人的幸福故事到了最后的高潮：2012年，联合国有史以来的第一份《世界幸福报告》（World Happiness Report）新鲜出炉，它由经济学家约翰·赫利韦尔、理查德·莱亚德和杰弗里·萨克斯共同编撰，他们把已有的“幸福”研究成果——盖洛普世界民意调查、世界价值观调查和欧洲价值观调查（World and European Values Surveys）、欧洲社会调查（European Social Survey）等等作了个大汇总。你猜结果怎么样？排在第一名的是比利时！好吧，我是开玩笑的。丹麦再一次被评选为全世界最幸福的国家，紧随其后的是芬兰（第二名）、挪威（第三名）和瑞典（第七名）。

正如王尔德《不可儿戏》中的布莱克奈尔女士所说，“失去父亲或母亲可以认为是不幸，失去双亲，就可能是粗心大意了。”赢得一次幸福调查也许是运气好，但是，自1973年以来，次次在此类调查中独占鳌头，这就让人完全有理由写出一篇权威性的人类学论文了。

不过，作为世界上最宜居的国家，丹麦并非没有竞争对手。联合国的报告指出，北欧各国均能够提出本国的生活质量最高的理由。联合国的这份报告发表后不久，《新闻周刊》宣布，芬兰才是生活质量最高的国家，而不是丹麦；根据联合国自己提出的人类发展指数，得分最高的则是挪威。还有一份近期发表的报告称，如果身为女性，瑞典是最宜居的国家。

所以，在此类名目繁多的主观境况认知调查、满意度调查和幸福调查中，虽然丹麦不一定每次都当仁不让地稳居第一，却每次都相差无几；即使它不是第一，也必然是另一个北欧国家居于第一。新西兰或者日本偶尔会挤上榜单（也许还有新加坡或者瑞士），但是总的来说，所有这些报告传递出来的信息十分明晰，像一杯加了冰块的杜松子酒那般清澈透明，那就是，斯堪的纳维亚人不仅是全世界最幸福、最满足的人，他们也是最和睦、包容、主张平等、追求进步的人，他们富足、现代、开明，他们接受最好的教育，思想解放，技术领先，他们欣赏最美妙的流行乐、最精彩的电视侦探片，甚至近几年来，他们还有最美味的餐厅可供享用。欧洲和美国的媒体对这一信息深信不疑，并热情洋溢地把它到处传扬。北欧这五个国家当中——丹麦、瑞典、挪威、芬兰和冰岛——有全世界最完善的教育系统（芬兰），有适度世俗、文化多元的现代工业社会的典范（瑞典）；有利用巨大的石油财富进行明智而合乎道德的长远投资，而不是执迷于建造愚蠢的高楼大厦或者发展红灯区和性产业的社会（挪威）；有全世界两性最平等、男性寿命最长且大量出产鳕鱼的国家（冰岛）；还有有着雄心勃勃的环境政策和充裕资金的福利国家（所有五个国家）。

人们似乎达成了不容辩驳的共识：为了过上圆满、幸福、平衡、健康而明智的生活，如果你想寻找一个确定的榜样，就应该把目光投向德国以北、俄罗斯以西的那块地方。

我岂止是把目光投向那里。我先是远远地关注着丹麦人的幸福现象，眼看着它作为一股风潮势不可挡地席卷全世界，这样关注了几年之后，我又把家搬回到那里——其间定期回去，我看到的情况只是加深了我的困惑（天气还是那么恶劣吗？看情况。税率还是50%以上吗？没错。你每次要买东西，商店都在打烊吗？噢，是的）。

我搬回丹麦生活，并不是为了显示自己既往不咎的胸襟，也不是要发起宏伟的实验，测试人类的忍受力能够达到怎样的极限，而是因为我的妻子想要回到她的祖国，虽然我浑身上下的每个细胞都在大声呼喊：“迈克尔，你难道忘了当年在那里生活时是什么光景吗？”但是，多年共同生活的惨痛经验告诉我，通常情况下，长远看来，我最好还是照她说的去做。

在我搬回丹麦生活以后，要说有什么变化，那就是北欧热在世界范围内的蔓延更加如火如荼。整个世界好像对当代北欧文化拥有不知餍足的胃口：瑞典的犯罪小说作家亨宁·曼凯尔和斯蒂格·拉森的图书售出了数百万册；丹麦的全国性广播电台——丹麦广播电台卖掉了3个系列的犯罪惊悚题材电视剧《谋杀》（Forbrydelsen），卖给120个国家，美国甚至翻拍了电视连续剧。该公司后续推出了政治剧《权利的堡垒》（Borgen，直译为城堡，是人们对丹麦国会大厦的昵称），该剧赢得了英国电影电视艺术学院奖（BAFTA），BBC 4频道靠它吸引了上百万的观众；就连丹麦—瑞典合拍的犯罪题材连续剧《桥》（Broen）也热播一时。（其实，除了故事背景，《谋杀》没有多少原创性可言——我们在电视里已经看到过不少作风强悍的女警察了；《权利的堡垒》只是一部三流的《白宫风云》，只不过使用的道具更精致一些罢了；《桥》则是彻头彻尾的垃圾。）丹麦的建筑师群体，其中最当红的莫过于比雅克·英格斯（Bjarke Ingels），突然之间开始接二连三地担纲重要的国际建筑项目，交出类似乐高玩具组合而成的作品。从路易威登的橱窗陈设，到伦敦泰特现代美术馆的涡轮大厅，则随处可见奥拉维尔·埃利亚松（Olafur Eliasson）等丹麦艺术家的作品。丹麦前首相安诺斯·福格·拉斯穆森出任了北约新任秘书长，芬兰前总统马尔蒂·阿赫蒂萨里荣获了诺贝尔和平奖。丹麦电影荣耀一时，赢得了奥斯卡和戛纳电影节的众多奖项，托马斯·温特伯格、拉斯·冯·提尔、苏珊娜·比尔和尼古拉斯·温丁·雷弗恩等成了今日影坛享有盛誉的一代知名导演，演员麦斯·米科尔森（出演《007：大战皇家赌场》《狩猎》和《汉尼拔》）在丹麦和国际荧屏上成了如此熟悉的面孔，让人不由得想起约翰·厄普代克说过的那句著名的对句，虽然他指的是另外一名红遍天下的法国演员："我想我不会看到哪部法国电影里没有德帕迪约的面孔。"当然了，还有新式北欧菜肴的"革命"，哥本哈根的诺玛（Noma）餐厅走过了从籍籍无名的小店到引领国际潮流的历程，连续三次被评为全球最佳餐厅，她的厨师勒内·雷哲皮也一举成名，成了荣登美国《时代》周刊封面的明星厨师。

再说说丹麦以外的其他北欧国家。芬兰为我们奉献了"愤怒的小鸟"；摇滚乐队洛尔迪（Lordi）身着半兽人的装束赢得了欧洲歌唱大赛的冠军；手机如今已经成了人们装在胸前口袋、须臾无法离身的必备品。与此同时，瑞典的H&M时装和宜家家居仍旧岿然不动地雄踞商业街，而这里无法一一罗列的瑞典流行音乐出品人和歌手也继续称霸国际乐坛，此外，瑞典还给了我们Skype和Spotify。挪威依旧在为全世界供应石油和炸鱼条。冰岛则发起了富有冒险精神的金融狂欢。

不管我在什么地方查看新闻，总是不可避免地看到对斯堪的纳维亚（除了冰岛）异口同声的夸赞。如果我们对报纸、电视和广播里的报道信以为真，那么，北欧国家几乎从来不会做错事。北欧是平等、宜居的应许之地，那里的人们生活质量很高，热衷家庭烘焙。不过，我亲身在这块寒冷、阴沉的地区生活过，我看到了它的另一面，虽然斯堪的纳维亚生活的许多方面的确堪为表率，世界其他国家可以向它们学习的地方很多，但是，人们把我的第二祖国描绘成一个如此整齐划一、缺乏层次的地方，却着实让我恼火。

这种对斯堪的纳维亚一切事物的全新迷恋——不管是自由形态的学校、刷得雪白的室内设计、谋求共识的政治制度，还是厚实暖和的针织套衫——有一点尤其让我觉得奇怪：既然关于北欧全都是正面宣传，既然明知道所谓的北欧奇迹正处于有史以来的最高点，为什么人们没有蜂拥而至，到这里生活？为什么人们还是梦想在西班牙或者法国拥有一处住房？为什么他们不打起行装，向奥尔堡（Aalborg）或者特隆赫姆（Trondheim）进发？虽然看了那么多犯罪小说和电视剧，为什么我们对斯堪的纳维亚仍然知之甚少？为什么你完全不知道奥尔堡和特隆赫姆到底在什么地方（实话实说，不要撒谎）？为什么你认识的人当中没有人讲瑞典语，没有人“勉强会说”挪威语？请你说出丹麦外交大臣的名字，或者挪威最火的喜剧演员的名字。抑或一个芬兰人的名字，随便一个芬兰人。你一定觉得为难吧。

很少有人去过日本或者俄罗斯，也很少有人会讲日语或者俄语，但是，虽然你也许说不出这两个国家每一位政治领袖和艺术家的姓名，也不知道它们所有的二级城市的名称，我想，你至少能够说出几个人的名字或者几座城市的名称。斯堪的纳维亚则不然，它是一块真正的**未知领地**。罗马人懒得理会它。查理曼大帝根本不把它放在心上。北欧历史学家德里在论及这一地区的历史时写道，数千年来，“北方几乎完全处在文明人感兴趣的范围以外”。即使今天，这种缺乏兴趣也是相当普遍的。英国专栏作家吉尔（A. A. Gill）不久前还在《星期日泰晤士报》上撰文描写地球的这个角落，“那里的几个国家，我们分不清哪个是哪个”。

这个地区对人们来说普遍是个盲区——我首先要承认，在我搬到这里生活以前，我对这一地区一无所知——部分原因在于，很少有人到地球的这个角落来旅游。虽然这里有惊人美丽的风光，可是，前往斯堪的纳维亚的费用，再加上它恶劣的气候（更别提法国始终在那里，它把一大部分游客拉走了），很容易让多数人打消前来这里度假的念头。你看到过关于北方五国的游记吗？英国连锁书店沃特斯通的书架上，塞满了琳琅满目的地中海回忆录，把书架都压弯了——《橄榄林间的嗜酒狂人》、《橘子树上的婚外情》等等——可是，好像没有人愿意去芬兰的图尔库（Turku）小住，或者驾车游历瑞典、芬兰，写上一两本《图尔库的一年》、《车过越橘林》之类的书。

一天，我在本地的药店站了半个小时，等待接受服务（丹麦的药店是垄断经营的，所以客户服务不是他们重视的问题），百无聊赖之中，我突然想到，虽然《卫报》上刊登了丹麦女演员苏菲·格拉宝（《谋杀》中的明星）那么多光彩照人的剧照，虽然人们连篇累牍地写文章介绍法罗群岛的针织品，介绍用精心采集的草叶制作菜肴的20种食谱（这里我要举手声明，我自己就写过好几篇此类文章），事实却是，我们从学校老师、电视和报纸上获取的有关生活在蛮荒的亚马孙河流域的部落的知识，远远超过了我们对斯堪的纳维亚人及其真实生活的了解。

这一点很奇怪，因为丹麦人和挪威人是我们东边的近邻，冰岛人是我们北边的近邻，就国民性格而言，我们与这些国家的共通之处超过了法国人或者德国人：我们幽默、宽容、诚实，我们不相信宗教训诫和政治权威，我们在恶劣的天气面前泰然自若，我们的社会井然有序，我们厨艺糟糕，对服装裁剪不那么孜孜以求，等等。（这些特点与我们的南方邻国迥然相异，它们的国民性格是：情感外溢，腐败猖獗，幽默感流于浅白，情绪多变如同青春期的少年，个人卫生不拘小节，菜肴精美可口，着装雅致得体。）

你甚至还可以争辩说，我们英国人本质上是斯堪的纳维亚人。嗯，有点儿像。不可否认，英国与北欧的文化渊源是深刻而持久的，可以一直追溯到公元793年1月8日，这一天，维京人首次无耻地洗劫了林迪斯法恩修道院。当时的记录是这样写的，“野蛮人肆无忌惮的侵袭，给圣岛林迪斯法恩的神的教会造成了令人惋惜的浩劫”。

维京国王们后来统治了英国三分之一的国土——那块土地因此叫作丹麦区（Danelaw）——在其鼎盛时期，那位伟大的识破谀词的克努特国王，成了全英格兰当仁不让的君主。在萨顿胡挖掘出一艘葬船，它也为我们提供了英国与瑞典存在渊源的大量证据。有大量证据表明，维京各部落摈弃了烧杀掳掠、奸淫妇女的行为之后，他们定居下来，与盎格鲁－撒克逊人和睦相处，彼此通婚，对本地人口产生了重要影响。

毫无疑问，他们在英语中留下了自己的印迹。挪威奥斯陆大学的语言学教授詹·特里·法兰德不久前竟然宣称，英语是一门斯堪的纳维亚语。他指出，二者有很多共同的词汇，还有类似的动词后加宾语的语序（不同于德语的语法），等等。把约克郡分成北区、东区和西区三个“区”（riding），就是源自维京人对“第三”（third）的说法；我猜想约克郡的“山谷”（dales）也是从北欧来的（*dal*是丹麦语“山谷”的意思）；我还经常怀疑，英格兰北部口音的喉塞音会不会是受到了丹麦语的影响（丹麦人说话时，经常听起来好像不但把每个单词里不太重要的辅音吞下去，还要把自己的舌头吞下去）。此外还有几个表示工作日的词（*Wondin*或者*Odin*是星期三［Wednesday］；*Thor*是星期四［Thursday］；*Freya*是星期五［Friday］），以及许多地名。《末日审判书》，[1] 里，斯堪的纳维亚人用来表示定居点的名称随处可见：凡是以“-by”或者“-thorpe”结尾的城镇（意思是“城镇”或者“较小的定居点”），以前都曾经是维京人的聚居区，如 Derby、Whitby、Scunthorpe、Cleethorpes 等等。我的出生地附近有个城镇叫东格林斯特德（East Grinstead），我认为，这个名称是从丹麦语来的（*sted* 的意思是“地方”，在丹麦语中，这是个城镇名常用的词尾）。我以前在伦敦时的住处离丹麦山（Denmark Hill）只有 5 分钟的距离。众所周知，丹麦山这个名称得自年代较近的纽带：此地曾经是安妮女王的丹麦配偶的家，几百年来，丹麦和英国皇室以通婚的方式紧密交融。

家庭成员的名称——母亲（mother [*mor*]）、父亲（father [*far*]）、姐妹（sister [*søster*]）和兄弟（brother [*bror*]）也都非常相似。我认为非常可惜的是，英语终究没有采用斯堪的纳维亚语中非常实用的 *far-far*、*mor-mor*、*far-mor*、*mor-far*，把父亲和母亲一方各自的长辈加以区别。

“时至今日，约克郡的农民还可以与挪威农民聊养羊的话题，彼此都能听懂对方说话。”伊丽莎白·阿什曼·罗博士是剑桥大学的斯堪的纳维亚历史讲师，我向她问起维京人给英国留下了哪些遗产时，她这样对我说。我听到过类似的说法，说的是诺福克（Norfolk）的渔民和日德兰西海岸的渔民大体上能够对话交流。罗还指出其他一些文化纽带：从托尔金到 J. K. 罗琳等作家都受到了北欧文化的影响，北欧文化也影响了 20 世纪六七十年代的新时代运动和重金属音乐的发展。

当然，斯堪的纳维亚的影响也蔓延到了西边更远的地方。挪威的维京人雷夫·埃里克森（Leif Ericson）在公元 1000 年左右发现了美洲。可是，他认为纽芬兰没有什么吸引力，于是马上掉转船头打道回府。不

[1]（Domesday Book）其正式名称应是《土地赋税调查书》或《温彻斯特书》，又称“最终税册”，是由英王威廉一世于 1086 年下令进行的全国土地调查情况汇编。——译者注

过，后来持续了900多年的斯堪的纳维亚人向北美大陆移民的努力较为成功，有1 200万瑞典人、大量挪威人和一部分芬兰人，乘船横渡大西洋，前往北美。到了19世纪60年代，斯堪的纳维亚人一度占到了抵达美国的移民的十分之一，他们当中，许多人后来去了明尼苏达，因为那里的自然风光让他们想起故土家园。今天，据说美国有近500万挪威裔美国人和同样数量的瑞典裔美国人。如果没有早年的移民，我们就不会看到今天的好莱坞女星乌玛·瑟曼和斯嘉丽·约翰逊了。

当前的北欧热之所以让人觉得匪夷所思，是因为在20世纪，流行文化的影响基本上与现在的传播方向相反。举例说明，与斯堪的纳维亚某个年龄段的男性交往，到了某个时刻，话题几乎一定会转向英国六人喜剧团体蒙提·派森的小品。而女性则会热泪盈眶地回忆起英国电视连续剧《故园风雨后》中的男演员，或者说起她们在伦敦做互惠生时的情形。所有人都对英剧《楼上，楼下》、特雷沃·伊芙和《恶搞整九新闻》耳熟能详，并且坚决认为，《摆谱》（Keeping Up Appearances）是英国生活的真实写照。虽然斯堪的纳维亚人享有高度先进的教育系统，他们却迷恋《杀机四伏》到了欲罢不能的地步。只要让他们在电视上看到，一间长满常春藤的科茨沃尔德风格的木屋里新发现了一具死尸，他们就称心满意，好似上了天堂。就连英国内阁成员的更换也会登上丹麦的新闻。我想知道的是，有几位英国的内阁成员能说出他们的丹麦同仁的姓名？

也许这种朦胧的相似性，这种浅表的共同点，在一定程度上导致了我们英国人对斯堪的纳维亚缺乏兴趣，不肯透过表象，去了解他们真正的内涵。还有，虽然脸谱化的描述通常总会提到他们的性自由和健美体格，可是，他们仍然呈现为虔诚的、道貌岸然的路德宗信徒的形象。给人留下外表冷漠、内心狂热的印象，实在是高明的做法，不是吗？再说，斯堪的纳维亚人从不喜欢自我表白，因此，也无从修正我们的印象：他们不喜欢吹牛。吹牛违背他们的规矩（我们会发现，这一点千真万确）。翻开字典查一查“reticent”（寡言少语）这个词，里面不会画着一个腼腆的芬兰人站在角落里，低头看着自己的脚尖作为图例，但是在现实中，这却是芬兰人的典型形象。

我在写这本书期间，有几个北欧人（有丹麦人，也有瑞典人），尤其是许多瑞典人——对我的选题表达了发自内心的困惑：在斯堪的纳维亚以外，居然还会有人对他们感兴趣？“你为什么认为人们想要了解我们呢？”他们问道，“有什么好知道的呢？”“我们都很乏味，很呆板。”“世界上一定有更有意思的人可写。你何不去南欧看看？”斯堪的纳维亚人对自己的看法似乎与我们很像，有点像玻璃瓶回收站：其功能性和价值性一目了然，却极其无趣，乏味之极，让人顿时打消进一步深究的念头。工作勤恳，值得信赖，政治正确，斯堪的纳维亚人好比英国地方政府中的自由民主党人组成了五个国家，他们是联欢会上的精算师，是指手画脚的社会工作者，是缺乏幽默感的扫兴之人。

那么，我用什么来吸引读者的注意力，让大家把这本书从头看到尾呢？答案很简单。我发现，丹麦人、瑞典人、芬兰人、冰岛人乃至挪威人，特别让人着迷，我相信，一旦你发现了他们既聪明、进取，同时又非常古怪，你也会迷上他们。如果奥普拉在这里逗留的时间不止是一个下午，她一定会发现北欧人的更多优点，我也不得不勉强承认，我们可以向北欧五国学习的地方要多得多——他们怎么生活，他们优先考虑什么，他们怎么处置财富；社会如何更好、更加公平地运行；人们如何在工作和事业之间求得平衡，终身学习，彼此扶助。还有那个最终的命题：怎样生活才幸福。北欧人也很风趣，当然，大多数时候不是故意为了逗乐，就我所知，这种风趣恰恰是最好的风趣。

于是我更加深入地探究北欧奇迹的秘诀。难道有一种斯堪的纳维亚模式，它规定了怎样过更好的生活？北欧的例外论（人们用例外论来形容北欧奇迹）当中，是否存在某些因素可以传递给别的国家，还是说由于其独特的历史和地理条件，它们只在该地区适用？斯堪的纳维亚以外的人们，如果知道了生活在地球这个角落的真实情形，还会那么羡慕丹麦人和另外几个北欧国家的国民吗？

“如果你必得在世界的某个地方重生，而你的才能和收入属于一般水平，你会愿意做个维京人。”《经济学人》杂志在北欧主题的专刊中如此宣告，这句话貌似恭维，实则稍许带有讽刺挖苦的意味。可是，北欧实行极权统治，瑞典人古板规矩；挪威人因石油财富而腐化堕落，甚至到了不肯自己剥香蕉皮的地步；芬兰人给自己开药，吃得人事不省；丹麦人否认现实，他们负债累累，职业伦理正在消失，早已丧失原先的国际地位；冰岛人本质上是未开化的野人——这方面的讨论在哪里可以看到呢？

只要近距离观察北欧各国及其国民，只要拨开西方媒体报道的那一层迷雾，不把他们当前所描绘的斯堪的纳维亚信以为真——星期日副刊专题报道瑞典的消夏别墅，别墅里住着金发女士，她们身穿碎花连衣裙，手挎插着紫娇花的花篮，身边环绕着头发蓬乱得颇具艺术气质的孩子们——你就会看到，真实的画面更为复杂，往往略嫌晦暗，偶尔令人费解。这幅画面包罗万象，既有生活在这几个舒适、平等、同质化的国家的一些不太要紧的弊端（换句话说，所有人挣一样多的钱，住一样的房子，穿一样的衣服，开一样的车，吃一样的饭菜，读一样的书，去一样的地方度假，对针织品和胡须持一样的观点，秉持大体类似的宗教信仰，这情形委实无聊——更多内容见后文论述瑞典的章节），也有北欧社会更为严峻的裂痕：酗酒问题，种族主义和伊斯兰恐惧症，社会平等在缓慢衰退，以及公共部门触角延伸、覆盖广泛，不得不用高水平的税收来支撑；在过去的 50 年里，税率在不知不觉中缓慢提升，像致命的潮水，窒息了一切希望、热情和高远的抱负，除非身在其中，否则一定会觉得荒谬至极……

……讲到哪里了？噢，对，我决定踏上这次旅途，尽量把我的北欧经验的空白点一一填充。我启程出发，深入探索了这五个国家，分别多次重访，与历史学家、人类学家、新闻工作者、小说家、艺术家、政治家、哲学家和科学家约谈，甚至拜访了圣诞老人和精灵卫士。

这次旅程最终让我从丹麦乡间的家园出发，一路去往挪威境内寒冷的北极水域，去往冰岛可怕的间歇泉边，去往瑞典住宅区中臭名远扬的罪恶之地；让我的足迹所及之处，从圣诞老人的洞穴到乐高乐园，从丹麦的里维埃拉到“烂香蕉”地区。

不过，在出发之前，一位丹麦外交官朋友先给我上了一课；他耐心地忍受我发了一通长篇大论，上述大部分内容均有涉及。开口说话之前，他停顿半晌，重重地叹了一口气。他说，严格说来，芬兰人或者冰岛人都不是斯堪的纳维亚人：斯堪的纳维亚人指的是最早生活在维京土地上的人，只包括丹麦人、瑞典人和挪威人。但是，我在游历这一地区的旅途中发现，芬兰人保留了随意加入或者退出古老的海盗俱乐部的权利，合适的时候加入，不适合的时候退出。至于冰岛人，如果有人说他们是斯堪的纳维亚人，我不认为他们会生气。从严格的意义上说，如果我们把所有五个国家放在一起讨论，就应该使用“北欧”这个词。但这本书是我写的，我保留任意使用“北欧”和“斯堪的纳维亚”这两个词的权利，在这本书中，这两个词基本上可以互换。

那么，我们上路吧。要想揭开北欧奇迹背后的真相，最好的切入点莫过于从聚会开始。

丹麦

第 1 章

幸 福

傍晚时分，浓重的雨云终于裂开一道缝隙，露出一抹湛蓝的天光。我们像怯生生的受到救护的动物，大胆地走出户外，站在天幕之下，呼吸着清凉潮润的空气，转而沐浴在日落前最后的温煦之中。天边泛起粉红色的霞光。夜幕降临，粉红色的霞光渐渐变成魔法般的、仲夏季节的白光。终于，墨蓝色的夜幕无边无际地铺展开来，宛若天象仪一般，漫天繁星闪烁其间。

仲夏节是斯堪的纳维亚日历上的一个亮点，它最早是异教徒的节日，后来被教会据为己有，并重新命名，用来纪念"Sankt Hans"（圣约翰）。在瑞典，人们头戴花冠，围着五月花柱载歌载舞；在芬兰和挪威，人们欢聚一堂，燃起篝火。我旅居丹麦，我们的仲夏节就在我朋友位于哥本哈根北部的消夏别墅的花园里庆祝，大家开怀畅饮啤酒和鸡尾酒。10 点钟，我们围在篝火旁，唱起了"*Vi Elsker Vort Land*"（"吾爱吾邦"）和其他一些打动人心的民族颂歌。大家把用旧园艺用布和一把扫帚做的女巫像烧掉——我朋友 8 岁的女儿告诉我，这样女巫就被送到德国的哈尔茨山去了，那里是女巫聚会的地方。

丹麦人是举办此类欢庆活动的高手。他们对社交聚会郑重以待，喜欢纵情豪饮，参加社区合唱尽心尽力，对待朋友随和友善。他们举办非常热闹的庆典，称之为 *fest*。我们这次庆典就专门安排了两名吧台招待员，布置了两台大烤架，上面炙烤着猪肉，肉块慢慢变成诱人的焦糖色，稍后还有最重要的 *nat mad*，也就是午夜小吃——香肠、奶酪、咸猪肉和面包卷——这是为了给来宾解酒，也为了让大家能够熬到第二天早上日出时分。

事情经常是这样的，我发现自己在第三杯金汤力鸡尾酒下肚之后，脑海中就开始蠢蠢欲动地冒出一些犀利的人类学洞察。我突然想到，这次仲夏节的聚会倒是一次解剖丹麦人幸福现象的绝好时机。我这位朋友的联欢会鲜明地体现了丹麦社会让我肃然起敬的许多特点，我认为，正是这些特点让他们产生了那种被大肆渲染的满足感。我站在渐渐熄灭的篝火旁边，在脑海中逐一列举这些特点。

首先是这座郁郁葱葱的花园里的氛围，花园四周用高高的山毛榉篱笆围起来，入口处规定必须插一根旗杆，一面大大的红白双色的丹麦国旗迎风招展。酒水的供应源源不断，气氛十分轻松，没有人提高嗓门，也没有人借酒生事。

其次，孩子们四处跑来跑去，嬉戏玩闹。丹麦儿童被允许自由地游荡和冒险，在英国人看来这是很老派的做法；对于丹麦人，让孩子们参加仲夏节的夜晚活动却是极其自然的，他们和成年人一样是联欢会不可或缺的组成部分。将近午夜时分，孩子们还在奔跑嬉戏，大喊大叫，玩捉迷藏的游戏，差点要撞到可乐和热狗上。

参加聚会的人们大多早早下了班，用不着“开小差”悄悄地溜出去，也用不着假装生病。他们直截了当地告诉老板，自己要去参加聚会，要去海岸以北一小时车程的地方，所以必须早点下班，好作些准备。他们的老板——如果他自己还没有为了同样的理由提前下班的话——心平气和地同意让他们早走。丹麦人注重工作与生活的平衡，这种闲散的态度令人耳目一新，我们会在后面看到，这种态度产生了重要的结果——既有积极的一面（幸福感），也有可能消极的一面（有时候，人确实需要鼓足干劲儿，全力以赴：比如在全球经济衰退的时期）。我在这个国家很少见到“活着是为了工作”的那种人；相反，许多丹麦人——特别是在公共部门上班的——对自己长期致力于尽可能缩短工作时间的态度非常坦率，毫无歉意，当然，前提是能够养家糊口和维持可接受的舒适度。丹麦人每周的工作时间几乎只有一百年前的一半左右，比欧洲其他国家短得多：欧盟的平均工时是 1 749 小时，丹麦人只有 1 559 小时（不过希腊人工作 2 032 小时，所以，工时并不是一个衡量生产率的硬性指标）。经济合作与发展组织 2011 年的一项研究调查了 30 个国家的工作情况。它指出，丹麦人仅次于比利时人，是第二懒的国民——这是在全球范围内的排名。

在实际生活中，这意味着多数人下午四五点钟就下班了，几乎没有人承受不得不在周末加班的压力；到了星期五，更是过了下午一点钟，就可以把工作抛在脑后。年假经常长达 6 周，7 月份，整个国家关门歇业，丹麦人成群结队、浩浩荡荡地出行了，就像生性温顺的野羚羊，纷纷前往距离自己的住处大约一个多小时车程的消夏别墅、房车公园或者露营地。

超过 75.4 万年龄介于 15 岁到 64 岁之间的丹麦人——占到了工作人口的 20% 以上——完全不工作，全靠优厚的失业补助或者伤残补助生活。《纽约时报》把丹麦叫作“全球最佳失业国”，它的失业津贴高达此前工资的 90%，可以连续领取两年（这还是近年来进行了改革，过去可以领取 11 年）。丹麦人把自己的这种制度叫作 *flexicurity*，这是个新造的词，它把丹麦公司可以临时通知、随意炒人而无须给予赔偿的灵活性（与瑞典不同，在瑞典，工作仍然是终身制）与劳动力市场所享有的保障结合了起来。人们知道，即使失业，维持生计也完全没有问题。

丹麦人感到幸福，还有其他原因吗？我们还必须把消夏别墅包括在内——这是一座朴素的L形单层建筑，每家每户都一样，成千上万座这样的别墅散布在海岛岸边。丹麦人来到这些砖木结构的秘密据点放松心情，他们头戴太阳帽，脚穿人字拖，烤几根热狗，喝几口廉价的嘶嘶冒泡的窖藏啤酒，惬意极了。即使他们自己没有消夏别墅，多数人也认识拥有消夏别墅的人，或者他们也许在某块露营地永久性占有一块地盘，或者在 *koloni have*（即出租花园区［colony garden］）拥有一间小屋。出租花园好似一块认租地，但更多地强调吃着热狗，喝着价格便宜、泛着泡沫的窖藏啤酒，无所事事地晒太阳，而不是在园田菜地里挥汗如雨地干活。

这座消夏别墅如同大多数别墅一样，用小古玩和宜家的多年生植物装点。一面墙是书架，架子上摆放着被翻过多遍的平装书；必不可少的橱柜里装满了各种棋类和拼图玩具，有些图板已经遗失；当然，还有壁炉，事先已经备好了木块，以便人们在海里游泳回来暖身之用。地面是不铺地毯的木地板，这样易于清除沙子和杂草。刷得雪白的砖墙上挂着"亲戚们"创作的艺术品——家庭成员当中有人涉猎油画和水彩画，这些作品通常是些故作天真的诡异的抽象画。

我前面说过，今天晚上，酒水的供应源源不断，像约旦河一样无尽地流淌。与这一地区的其他国家相比，丹麦对开怀畅饮的态度最为放任。不同于另外四个北欧国家，丹麦没有国有的酒类专卖机构。在这片嘉士伯的家乡，每家超市和街角店铺都出售酒水。瑞典人早早就成群结队地来到他们南边的这个邻国，这天晚上我就能看见厄勒海峡（Øresund strait）对岸的瑞典那明灭的灯光，他们抛开顾忌，无拘无束地体验一把他们眼中丹麦人那离经叛道、喜欢享乐的生活方式。（丹麦的年轻人则去柏林寻欢作乐。)

夜色渐浓，我们一群人一路说笑着来到海滩上，脱掉衣服，踮着脚走进水里。我下了很大决心才适应了裸泳，不过，裸体在这里没什么大不了的，更何况现在天色已经全黑了。海水淹没大腿的瞬间，我凉得一个激灵，恨不得拔腿就逃，赶快去穿衣服，但我终于还是鼓起勇气，潜入水下；全部没入水中以后，我才再次记起，丹麦夏天的海水是多么暖和，真让人意想不到。

在这样的夜晚，你很容易理解，过去的几十年，丹麦人为什么对自己的生活如此满足。只要还没到付账的时候，身为人到中年、中产阶级的丹麦人，生活必然是相当美好的。事实上，很难想象生活怎么才能更好。但是，在丹麦这个国家生活，并非一向如此称心如意。为了达到目前的这种乐天惜福的状态，丹麦人承受过可怕的伤害、侮辱和失败。后来，培根肉出现，拯救他们脱离了苦海。

第 2 章

培根肉

很久很久以前，丹麦人统治着整个斯堪的纳维亚半岛。丹麦人喜欢童话，不过，这个故事却是真实发生过的。1397 年缔结的卡尔马联盟是丹麦人历史上最辉煌的时刻，他们的女王玛格丽特一世，其地位相当于英国的伊丽莎白一世，统治着挪威、瑞典和丹麦这个松散的联合体。卡尔马联盟持续了一个多世纪，到 1520 年，时任丹麦国王的克里斯蒂安二世在所谓的斯德哥尔摩血案中，贸然处斩了 80 多名瑞典贵族，造成了一次外交失误。虽然丹麦设法把挪威人的联盟又延长了几百年，此后，却是瑞典在这一地区的历史中发挥了更为积极主动的角色，它基本上把丹麦的脑袋按在了抽水马桶里，英国和德国则排着队去拉马桶的手柄。

文艺复兴时期，在伟大的国王克里斯蒂安四世统治期间，丹麦有过一段短暂的回光返照——此人相当于英国的亨利八世，与亨利八世一样好大喜功，骄奢淫逸——在他治下，丹麦启动了野心勃勃的军事和建筑工程，其资金主要来源于他在赫尔辛格（Helsingør，又称埃尔西诺

[Elsinore]）向进出波罗的海的船只征收的通行费。赫尔辛格扼守厄勒海峡的咽喉，一度成为北方的巴拿马运河。可惜的是，在主要与瑞典的战争中，克里斯蒂安四世在战场上连连败退，终于使自己的国家沦落到破产的边缘。他的瑞典对手古斯塔夫二世·阿道夫国王（瑞典的古斯塔夫二世）的崛起令他妒火中烧，他耗尽生机，于 1648 年去世。一位历史学家这样描写克里斯蒂安四世的葬礼，“财政上，丹麦已经落魄到如此地步，在她的荣耀至极的国王终于安息之际，国王的皇冠已被典当，就连盖在他棺木上的丝绸也是赊账买来的”。与之相反，古斯塔夫二世·阿道夫（在他的后半生，与日耳曼人的战争成了他孜孜以求的事业）在与日耳曼人的战斗中阵亡，他去世时，已经把瑞典发展成了北方的强国。

克里斯蒂安四世死得其时，没有活到亲眼目睹丹麦遭遇惨败的那黑暗的一天。根据 10 年以后，也就是 1658 年签订的《罗斯基勒条约》，瑞典人迫使丹麦人放弃了今日瑞典南部的斯科讷（Skåne）、布莱金厄（Blekinge）和哈兰（Halland）省，以及波罗的海上的博恩霍姆岛（Bornholm，这座岛后来被归还，至今仍属丹麦管辖）。人们很容易忘记上述区域曾经有过多么浓重的丹麦色彩，因为在现在的地图上，它们显然是瑞典的组成部分——打个比方，好似瑞典下巴上的山羊胡子——可是，在此之前，它们一直都是丹麦领土，失去它们让哥本哈根痛彻心扉。

接下来的几个世纪对丹麦人更加残酷，我恐怕不得不说，英国人也对加重丹麦人的痛苦发挥了举足轻重的作用。1801 年，一支英国舰队在副司令纳尔逊的率领下，袭击了停泊在哥本哈根城外的丹麦海军，以免它落入法国人之手。1807 年，英国人为了相同的原因卷土重来，这一次把哥本哈根连续炮击了三天，造成了 2 000 多居民死亡，相当一部分城区毁于炮火。据说这是历史上首次对民用目标发起袭击，这很不公平——连当年的英国媒体都同声表示谴责——而实际上，袭击产生了适得其反的效果，反而把丹麦人推到了法国人的怀抱。时至今日，如果你前往哥本哈根古老的大学图书馆，会看到楼梯半腰摆放着一只陈列柜，里面有一本书，在它的书页中还嵌着几枚英国炮弹的碎片。这本书的书名叫《和平守卫者》(*Defender of Peace*。我想说一句，我一直觉得，这个书名起得那么凑巧，让人感到诡异)。虽然多数英国人早已把曾经轰炸哥本哈根的历史忘得一干二净，丹麦人却还会时不时提起这个话题。"可是，那是因为你们威胁要加入拿破仑一边。"我每次都这样为历史上的英国人辩护，不过，他们好像并没有得到安抚。

写到这里，我觉得自己好像不得不违背本意，解释说明一下19世纪初的欧洲地缘政治，但我还是要抵制这种诱惑。从根本上说，当拿破仑战争尘埃落定以后，每个国家都至少一次变换过立场，丹麦发现，按照又一份可恶的条约——这一次是1814年签署的《基尔条约》，曾经由丹麦管辖的挪威，如今变成了瑞典的领地。

丹麦人该多么害怕签署条约的时刻啊。在丹麦人多灾多难的一百年间，稍后几年签署的另一份条约，最终把丹麦周边那些麻烦不断的领土剥夺殆尽，即石勒苏益格和荷尔斯泰因。1864年，丹麦人又不得不放弃一千多年的防御线丹尼维尔克(the Danevirke)，把它拱手让给了普鲁士人。(同样，我很想花一点笔墨把事情的始末一一道来，不过，就像巴麦尊勋爵说过的那句名言，"石勒苏益格－荷尔斯泰因的问题太复杂了，欧洲只有三个人知晓它的原委。一个是阿尔伯特亲王，他已经死了。第二个是一名德国教授，他发了疯。我是第三个，我把它忘得一干二净。)这里只说明一点足矣：在谈判过程中某个格外黯淡无光的时刻，丹麦国王甚至提出，可以让丹麦加入德意志邦联，这个提议遭到否决以后，他又提出放弃冰岛。但是，俾斯麦是个要么不做、要做就做到最好的人，所以，石勒苏益格和荷尔斯泰因这两个公国都永远成了日耳曼的领土，丹麦的国界被再次重划。

石勒苏益格和荷尔斯泰因归了南边的邻国，丹麦失去了它剩余土地和人口的约三分之一，有估计认为，它因此失去了一半的潜在收入。时光荏苒，它又先后失去了在印度和西印度群岛的那些小块殖民地，连法罗群岛都投票要求自治。谢天谢地，幸亏冰岛还在。丹麦与冰岛还连着一根纤细的丝线：两国有一位共同的君主。但是，到了最后，连这根丝线也被那个最不可能的“解救者”扯断了，此人就是阿道夫·希特勒：1940 年 4 月，他派军队入侵丹麦，不经意间为冰岛解除了它的丹麦国家元首。

1939 年，丹麦和德国签署了互不侵犯条约，可是，丹麦人却在条约签订后长达 7 个月的时间里，不派人去把守多处军事据点，这无异于公然邀请纳粹入侵。丹麦纳粹党的实力在增强，主要是由于得到了农民和地主的支持，此时，他们在议会有了自己的代表。德国人判断得没错，丹麦人不愿意发起报复，不愿意刺激希特勒发起轰炸，丹麦人在 1807 年已经承受过英国人的轰击了。

事实是，德国人在占领的头三年几乎没有遭到抵抗，当时的丹麦国王和首相都批评新生的丹麦地下组织，因为地下组织偶尔会发起零星的颠覆活动。与挪威人不同，挪威人在抵抗活动中体现了非凡的勇气和智慧（诚然，挪威的崇山峻岭和严酷气候帮了他们很大的忙），丹麦则别无选择，只能作为温顺的德国卫星国表示臣服。有人甚至把丹麦归为德国的盟友，因为丹麦为德国提供紧缺的农产品，甚至在“二战”期间提供军队，在东线和柏林参加战斗。丘吉尔把丹麦叫作“希特勒的宠物金丝雀”。

如果说这接二连三的失败和领土丧失没有对丹麦人造成持久的影响，那是不可能的，不过我还要再深入一步。我怀疑，屈辱的历史比任何其他因素——比地理条件、比路德宗的教义或者维京人的文化遗产，甚至比现代的政治制度和福利国家，在更大程度上造就了丹麦人的国民性格。明白了吗？正是挫败和失落，曲曲折折地造就了丹麦人。

一落千丈的境遇使丹麦人更加紧密地团结起来，使之成了一个比其他北欧国家更具凝聚力的部落。历史学家 T. K. 德里写道（关于把挪威割让给瑞典），“丹麦国王和人民接受了这个损失……把它视为共同的不幸，它让他们团结起来，他们渴望避免今后发生类似的变化”。丢掉的领土、各种各样的打击和无数的屈辱迫使丹麦人把目光转向了内部，不仅灌注给他们一种害怕改变、害怕外部力量的意识，这种恐惧绵延至今，而且还灌注了一种非同寻常的自我满足和对自己仅有的微薄之物的敝帚自珍。

丹麦再也不是曾经的欧洲强国，它收缩内敛，把大大缩小的国土范围内所剩无几的资源加以检点，下定决心再也不要在领土方面抱有勃勃野心。接下来就是一个可以称之为“积极收缩”的过程。丹麦人采纳了杯子半满的视角，主要是因为他们的杯子的确是半满的，我认为，正是这种视角为他们铺平了道路，让他们建成了如今被大肆夸耀的成功社会。

当然，国民心理是许多因素共同作用的结果，我在这里为了说明自己的观点而把问题作了简化，但是，这种眼界缩小、自我封闭的冲动和随之而来的民族浪漫主义却是丹麦人的一个首要特点，一句丹麦人至今耳熟能详的格言集中体现了这一点：

Hvad udad tabes，skal indad vindes.

（失于外者，得于内。）

这句话是作家 H. P. 豪斯特（H. P. Holst）1811 年写下的，后来，丹麦石楠协会（Danish Heath Society）选中了这句话，并以实际行动作了诠释，让它从此深入人心。该协会致力于排除日德兰半岛沙质土壤中的水分，开垦滨海土地。协会的工作如此卓有成效，到 1914 年，丹麦成功地开垦出大块新鲜的可耕地，其面积相当于此前划归德国的领土面积。

不过，豪斯特的这句名言也概括了此后丹麦文化史上伟大的“黄金时代”的真髓，那是 19 世纪中叶，社会流动性增强，艺术活动蓬勃发展，一名洗衣妇的儿子汉斯·克里斯蒂安·安徒生出版了第一本童话故事集，他成了丹麦最早一批真正的国际知名人士；索伦·克尔凯郭尔写出了划时代的存在主义著作；伟大的古典雕塑家巴特尔·托瓦尔森、画家 C. W. 埃克斯伯格（C. W. Eckersberg）及他的学生克里森·考克（Christen Købke）、皇家芭蕾舞团的大师奥古斯特·布农维尔等，他们共同努力，使当时的丹麦兴起了丰富多彩的艺术活动的高潮。丹麦人对这些真正世界级艺术家的作品趋之若鹜，几乎把它们视为那个遭受了惨痛损失的时代全部的安慰。他们在学习做他们至今仍然最为擅长的事情：感恩并尽可能地利用现有的资源；珍惜全社会的简单快乐；歌颂自己的丹麦属性；最重要的是，避免惹恼德国人。

安妮·努德森是丹麦全国性的宽幅报纸《周末报》的编辑，这份报纸也是丹麦最重要的政治和社会评论媒体。她的办公室位于哥本哈根市中心，我与她约见时，她对照着一张时间表，向我说明 *danskhed*，即“丹麦属性”（Danishness）这个现代概念的形成过程：

1658 年，丹麦被瑞典打败。1807 年，丹麦被英国炮击。1814 年，丹麦失去挪威。不过，当时，日德兰半岛的人们还不知道西兰岛上的人们对这一切怎么看。当然，炮击影响到了中产阶级和军队，但

是主要局限在哥本哈根；失去挪威，奥尔堡的感受最深，它当年是丹麦第二大城市，非常富裕，它的贸易损失了 75%。即使这样，也还是只有极少数人对此事件有看法。丹麦国民意识的形成其实是发端于 1849 年宪法，从那时起，人们第一次可以说起“丹麦人”，这个词第一次有了连贯统一的含义。之后不久，石勒苏益格就发生了那场可怕的战争，它真正奠定了所有丹麦人同仇敌忾的基础。战败方采用了新的说法，我们这么小，这反倒更好，社会民主党（Social Democratic Party）继续坚持这种观点。在别的国家，建立社会民主的坚实基础是进步、工业、现代性，可是在丹麦，它的基础是 *koloni have*（那些温暖舒适的认租区）。

换句话说，在瑞典人努力推进伟大的现代而进步的社会议程之际，丹麦人却退后一步，从他们狭隘的国家浪漫主义情调中寻求逃避。狭隘至今仍是丹麦人的一个显著特点，[1] 只是他们那骤然改变的认同感和民族自豪感造成了一种奇特的两重性，可以恰当地描述为“谦卑的骄傲”，许多人常常误认为那是一种装模作样的矜持。

我来解释一下。假设你对他们的国家一无所知，你在结识一个丹麦人的前五分钟左右，他通常会说几句类似这样的话，“我们是个小国家。我们只有五百多万人口；我们人与人之间没有太大的差别”。他可能还会补充说，他们这里没有高山，也没有瀑布，你开车四个小时就可以走完丹麦全境。可是，过了一段时间——这段时间从 5 分钟到一

[1] 一个极好的例子是丹麦的新闻报道。通常情况下，丹麦很少有事情发生，即便如此，新闻编辑仍然会把丹麦国内发生的平淡无奇的事件摆到最重要的位置，而不理会世界其他地方发生了什么。有一次，我对丹麦的全国广播新闻非常气愤。在日本发生海啸和利比亚内战打响之后，它的头条报道是，部分出租房屋的租户也许不知道，他们缴纳的家庭财产保险可以帮助他们反对提高租金。于是我给那位新闻编辑打去电话，质问他到底是怎么想的。“嗯，我们不认为利比亚有多少新鲜的内容可写。”他有点不好意思地对我说。

年不等，视你遇到的具体丹麦人而定——你就开始察觉到，他表面上一脸歉意的谦恭背后，有着不容摧毁的骄傲。比如说，他也许会随口提到，丹麦有世界领先的风力发电产业，丹麦没有穷人，丹麦有免费的教育和医疗系统，还有优厚的福利待遇。他会告诉你，他们是全世界最可靠、最平等的人，他们有全世界最好的餐厅，对了，维京人的话题可能也会冒出来。

翻开今天的报纸，就能看到这种分裂的自我形象的典型例子。报纸的一面是一张漫画，画着几个中国商人在看世界地图。一个人说，“丹麦？丹麦在什么地方？去把我的眼镜拿给我好吗？”——意思是指，在欧盟国家中，丹麦得到的来自中国的投资最少。另一面的大标题则写道，“首相托宁可以给中国施加压力”，意思是丹麦首相即将访问北京，她将在访问期间与中国领导人讨论一两件令后者不怎么乐意听到的事。

丹麦人有一种深深的合情合理的满足感，因为他们知道，自己在比较而言一穷二白的基础上，发展建设成了也许是地球上最为成功的社会。这个“也许”是我加的。在丹麦人看来，没有也许。

这一成功的一大依托是丹麦在 19 世纪中叶发起的“中小学光荣使命”，它为丹麦奠定了基础，让它成了欧洲最早一批实行全国免费小学教育的国家。不到 30 年之后，又建立了民众中学（Folk High Schools），由诗人、神学家和狂热的反日耳曼人士葛隆维创办（时至今日，葛隆维仍是一位伟大的民族英雄，丹麦的首席宣传官）。丹麦近代史上其他一些关键时刻还包括，根据 1849 年宪法，国王放弃了专制权力，国家和平地转向民主体制，随后不久又推行了无比重要的农业合作社。当谷物价格遭到廉价的美国进口谷物的冲击一溃千里时，有了这些合作社，丹麦农民便能够在几乎一夜之间，从农作物耕种转向生猪养殖。这时候，有人发现，英国人喜欢用某种五花培根当早餐，就想办法把猪肉生产标准化，以满足英国的这一需求，丹麦的劳动力由此找到了用武之地。

他们一发不可收拾：今天，丹麦是世界最大的生猪屠宰国，每年宰杀 280 多万头生猪。丹麦的猪肉工业占到了世界猪肉出口总额的约五分之一，占到全国农业出口的一半和全国出口总额的 5% 以上。而奇怪的地方在于，你即使踏遍这块土地的天南地北，目之所及也见不到一头猪的影子。

15 年前，我自己第一次踏足这片土地时，对丹麦一无所知。在我们深入探究丹麦成功背后的秘密之前，我要先抽出几分钟时间，告诉你当代丹麦人的某些生活侧面，我认为，你或许不知，正是这些地方使丹麦成了如此宜人的居住地。这些内容似乎没有条理，不过请你耐心地看下去，我认为它们很好地总结了丹麦生活的概况：

——丹麦第二大岛菲英岛（Funen）南部风光旖旎，它那连绵起伏的地形宛若一位侧卧的裸女。

——吃过一顿腌鲱鱼、红洋葱裸麦面包的午餐，再喝上一杯乐堡（Tuborg）啤酒和一杯冰凉的杜松子酒之后，那种微醺的感觉美妙极了。

——*Flødebolle* 是一种外面涂了一层巧克力的意式糕点，底座为威化饼干。（有点像 Tunnock 品牌的茶点饼干。有时候底座是杏仁糖，但是要避免选择这种底座的蛋糕。）

——不用操心停车位。

——丹麦国家博物馆收藏钱币的展馆的视野很不错，可以看到马路对面、丹麦议会大厦克里斯钦堡宫后面的皇家马厩。

——*overskud* 这个词的意思接近于多余的精力。比方说，“我现在不能割草，我刚吃过午饭，还喝了不少酒，这会儿没有 *overskud*”。不懂这个词，我不知道自己这么多年是怎么过来的。还有一个绝妙的丹麦词语是 *smask*，指人在比如吃苹果或者早餐麦片的时候发出的惹人讨厌的声音，或者广播节目主持人说得口干舌燥时的嗓音。

——我写到这里时，窗外有一只麻鸭在鸣叫，好似雾角吹响。

——有一次，我在哥本哈根街头一处相当于伦敦牛津街的地方，看到丹麦首相在选举前视察民情，周围没有一个人关注他。

——阿纳·雅各布森设计的海滩路（Stran dvejen）加油站是全世界最雅致的加油站。

——电视连续剧《小丑》是斯堪的纳维亚版的《抑制热情》，只是粗俗下流得多。

——去哥本哈根以北那座古老的巴肯游乐园（Bakken）游玩，就我所知，它是瞬间把你带回到童年时光的最好去处。

——婴儿在咖啡馆外面的婴儿车里睡觉，这种现象在丹麦全国各地司空见惯，而且发生在各种天气条件下。（美国前住房部专员凯瑟琳·奥斯汀·菲茨，曾经提出一个对各国进行排名的概念，叫作“雪糕指数”，它考察一个国家有多少比例的国民，相信自己的孩子可以独自出门，走到最近的店铺买一支雪糕，再安然无恙地走路回家。根据这个指数，丹麦必然会荣登榜首或者名列前茅。）

——*Pyt* 是个感叹词，表示不要放在心上，大致可以翻译成“随它去，别想它了”。仲夏节要开办聚会，可是天公可能不作美？*Pyt med det*！（“管它呢！”）

——丹麦的电影院里有葡萄酒和啤酒出售，观众可以把酒水带入放映厅。这一点难道还不足以说明，丹麦是个多么文明的社会吗？

——演员贾斯珀·克里斯滕森（《007：大战皇家赌场》中怀特先生的扮演者），他那张扭曲疲倦的沧桑脸孔似乎镌刻着尘世间无尽的忧伤。

——在哥本哈根运河区的克里斯钦港（Christianshavn），蜀葵从碎石缝里生长出来。

——丹麦画家哈莫休伊的室内画，灰色调的层次非常丰富。

——乐高玩具“死星”给人无穷的乐趣。

美味的糕点、腌鲱鱼和复杂的组合玩具能够构成使人产生幸福感的要素吗？也许不能（我自己的回答其实是，能）。当然，丹麦的成功、其国民那持久的堪称奥运金牌级别的幸福感背后，还有多得多的内涵。

第3章

基尼

回到消夏别墅的聚会。我朋友的仲夏联欢会最触动我的也许是，前来参加这天晚上聚会的人颇为驳杂，他们的社会和经济地位各不相同，远比我在英国的类似场合可能结识的新交更为宽泛。到目前为止，我的聊天对象已经包括一名妇科医生、一名葡萄酒作家、一位议员、几名演艺人士（东道主是一名歌手）和几位老师（好像哪儿都少不了老师的身影），此外还有几位工匠和厨师，一名行李搬运工和为数众多的公共部门从业人员，其中有一名护士、一位公务员和一名博物馆管理员。那边那位，是晚间节目主持人，丹麦电视界的黄金女郎，她正在和一名屋顶工人交谈。我身后这位是一名议员，他正在与人热烈地争论，丹麦在某次手球联赛上胜出的概率有多大，与他争论的则是一个在附近地区种植草莓的人。

丹麦人好像确实有一种不寻常的天赋，能够不管一个人的年龄、阶层或者世界观，马上与之打成一片。这种兼容并蓄给我留下许多珍贵的记忆，最难忘的一次是在一个朋友的40岁生日聚会上，他那八旬高龄的祖母被安排坐在丹麦最声名狼藉的说唱艺人旁边，两个人一晚上聊得热火朝天，十分投机。

当然，丹麦人大致是个庞大的中产阶级社会，或者像丹麦人愿意让你相信的那样，几乎是个无阶层的社会，这一点对它的包容性当然大有助益。在过去的一百多年来，丹麦的社会和经济发展，一直在为缔造这个经济平等、性别平等的社会而努力。一句丹麦名言总结得很精辟——也是一句话，类似于豪斯特的那句“失于外者，得于内”，它出自葛隆维笔下，所有丹麦人烂熟于心：

Og da har i rigdom vi drevet det vidt，når få har for meget og færre for lidt.

（我们将大步推进平等，让这里没有太多富人，穷人更少。）

这听起来好像某种乌托邦的幻梦，可是，大体来说，丹麦人成功地实现了这个梦想。历史学家托尼·霍尔在《斯堪的纳维亚：与巨怪为战》（*Scandinavia：At War with Trolls*）一书中写道，葛隆维建立民众中学的基础原则是，“只要可能，就要教导人们懂得，无论社会阶层与职业如何，他们属于同一个民族，正如人只有一位母亲、一种命运和一个目标”。其结果就是，根据《新政治家》（*New Statesman*）周刊，90% 的（丹麦）人口几乎处于一模一样的生活水平。这种显著的经济平等不仅是丹麦人的幸福感和丹麦成功的根本，也是北欧地区整体上的成功与幸福的根本。为了搞清楚个中缘由，我们必须暂时绕道前往意大利北部，了解一下那里 19 世纪末的情况。

1884 年，意大利科学家科拉多·基尼出生在特雷维索一个富裕的地主家庭。基尼是个学术天才，26 岁时他已经当上了卡利亚里大学的统计学专业负责人。他是个冷漠无情、工作刻苦、独断专行的人物，在事业之初与墨索里尼结交，当上了领袖墨索里尼的中央统计学院院长。他去世时，被公认为有史以来最伟大的意大利统计学家，为人口统计学、社会学和经济学领域的发展开辟了新的道路。

考虑到基尼的生平，他的初衷未必是为我们提供一种统计学抑或其他学科的理论——许多人认为，他提出的这个理论具有极强的启发性，它是北欧例外论的根本所在，甚至对我们时代那个终极的世俗问题：怎么过得幸福，它也可以给予有益的指引。

这正是基尼系数，是基尼 1921 年向全世界提出的一种统计学方法，用来分析财富在一国的分配情况。基尼系数加以量化的是，一个社会要想实现财富的绝对平均分配，必须把社会总收入的多大比例进行重新分配。时至今日，这都是一种巧妙而简洁的方法，它用一个简单的数字来表现人群的不平等（虽然我被告知，严格地说，它其实不是一个系数，不过，这个问题就留给那些追根究底的书呆子去讨论吧）。

一国的基尼系数是这样测量的，在图中用一条 45 度对角线表示财富的绝对平均分配（即所有人都和别人一样富 / 穷），然后把实际的财富分配情况与这条线进行比对，考察它的偏离程度。与零值的绝对平均线相偏离的这条线，叫作“洛伦兹曲线”，它是一条简洁美丽的表示贫富的抛物线，追踪一个社会的收入或者财富的分散情况。弧线与对角线之间有一块面积，它被换算成一个系数，通常用小数表示。一国的洛伦兹曲线越接近于 45 度的绝对平等线，基尼系数就越接近于零，说明这个社会的财富分配越平等；洛伦兹曲线偏离对角线越远，基尼系数就越接近于 1，说明这个社会的贫富差距越大。

我们的北欧之旅已经启程，它引人入胜，启人思考，时而让你开怀大笑，时而又让你深深感动，如果你实在抽不开身（必然有你情有可原的理由），无法与我同行，而只能从这本书里提炼出一条有价值的信息，那么我希望是这一条：从诺贝尔经济学奖获得者约瑟夫·斯蒂格利茨、作家弗朗西斯·福山等杰出人物，到庄严肃穆的机构如联合国等，他们所表达的人类学、政治学、社会学和经济学的主要思想都是，基尼系数直指一切问题的要害，这个要害不仅关乎社会的平等程度，也关乎它的国民的幸福与健康。愿意的话，你可以这样认为，它是人类幸福感的要义所在。

关于用基尼系数测量社会平等的问题，流传最广、政治影响力最大的专著是流行病学家理查德·威尔金森和凯特·皮克特2009年出版的著作。在《精神层面：平等的社会发展更好》(*The Spirit Level: Why Equality is Better for Everyone*)一书中，威尔金森和皮克特用世界银行和联合国等机构公布的统计数据，比较了全球23个富裕国家的情况——他们声称，这番比较清楚地、系统地、无可辩驳地证明了更为平等的社会何以在一切方面、各个角度，都比不平等的社会更好。

威尔金森和皮克特连篇累牍地使用了大量图表(已成他们的标志)，透彻地说明他们的论点：严重的收入不平等与西方社会所面临的几乎所有社会问题都存在直接的相关性，从肥胖、犯罪、吸毒，到精神疾病、抑郁症和心理压力。最关键的是，问题不在于贫穷和富有的绝对水平，而在于一国的最低与最高收入的差距，这才是问题的根本。所以，虽然说(比如)英国与柬埔寨的贫穷标准相差甚远，英国拥有洗碗机的人数比柬埔寨要多，这却绝对不能保证英国的犯罪率比柬埔寨低，或者英国人比柬埔寨人更幸福或者更健康。正如《纽约时报》在这本书的书评中指出：

美国是全世界最富裕的国家，也是在医疗保健上花钱最多的国家，希腊的平均收入水平只有美国的一半，可是，一个出生在希腊的婴儿，它的新生儿死亡风险却比美国低，预期寿命也比美国长。

在威尔金森和皮克特的几乎所有图表中，那些极不平等的社会——美国、英国，奇怪的是还有葡萄牙——其 20% 的高收入群体的收入是 20% 的低收入群体的 9 倍，它们无一例外都深受各种社会问题的困扰，而最平等的社会受到各种社会病的侵害则最少。

他们最为激进的结论是，不平等给穷人与富人一视同仁地造成压力；社会越不平等，它从个人财富中获得的好处就越少。不平等的压力不仅仅滋生嫉妒，它不止是垂涎邻居家的亲密与奥迪 A8 那么简单。不平等还会造成抑郁、毒瘾、认命，以及包括未老先衰等身体症状，它的影响波及全体国民。换句话说，个体的主观境况认知，无论贫富，是相互依赖的。在穷人中间做个有钱人，会承受很大的压力。它会加强你的竞争性消费（一国企业的广告支出随着经济不平等的增加而增加，因为贫富差距越大，人们对广告信息越是敏感和依赖，受广告的诱惑也越大，这一点很能说明问题），而你永远不知道，周围的乌合之众什么时候就会扑过来抢走你的财富。

平等的论点很有说服力，虽然也不是没有批评的声音，我们过一会儿就会看到。我在这里就能看出一个突兀的悖论：经济平等导致社会成功的理论如果成立，那么，世界上最幸福的国家也应该是经济最平等的国家。但实际情况并非如此。虽然世界各国的基尼系数排名每年都有变化，第一的位置却通常要么由瑞典占据——今年便是，而且已经持续了好几年——要么由被视为荣誉北欧国家的日本占据。

几十年来，丹麦被研究人员和机构以及奥普拉等广泛地评选为世界上最幸福的国家，它通常在基尼系数的名单上排名第五或者第六，居于北欧五国的末尾。如果基尼系数是收入平等的最好指标，如果收入平等是社会乌托邦的关键要素，那么，为什么丹麦人频频被认为是世界上最幸福的国民，而不是瑞典人？在北欧五国中，丹麦处于最南端，它税率最高，自然资源贫乏，国民健康状况糟糕，历史不堪回首，经济脆弱，流行音乐乏善可陈；而瑞典更为平等，按照多数参数都远比丹麦更为成功。

我不知道这个问题该怎么解释，于是就给理查德·威尔金森打去了电话。

“唔，我的回答会让你失望的，”威尔金森教授叹了口气说，“我并不认为国际上对幸福的衡量有多么可靠。举个例子，让美国人说自己不幸福，听起来就好像他承认自己很失败，但是让日本人说自己不幸福，听起来就是夸耀自己很幸福，所以，我认为这个问题要谨慎看待。我们发现，与不平等相关的主观测量存在一些系统性问题。比如，人们怎么使用‘幸福’这个词，或者怎么自我呈现。我并不认为那些调查一无是处，只不过我不太把它们当真。我们所有的测量都是客观的，比如死亡率、肥胖等等。”

他说得对，幸福调查存在明显的瑕疵。幸福感是主观的，而且显然很难量化，更何况正如威尔金森所言，幸福的概念各有不同，看你询问的对象是谁。对于北欧五国的国民，幸福感也许的确大致符合某个具有可比性的参数，但是它对一个玻利维亚人和一个图西族人（卢旺达与布隆迪境内的少数民族）的含义却可能不尽相同。文化上的偏差也许不仅存在于回答问卷的人们，也存在于提出问卷的人们：举例说明，我们不可能注意不到，瑞士人发布的世界幸福报告称，加强直接民主（例如瑞士人在各州享有的直接民主）是幸福感的关键。另外一些人则在测量幸福的时候干脆去掉财富因素——比如新经济基金组织（New Economics Foundation）的幸福星球指数（Happy Planet Index）——结果，瓦努阿图和哥伦比亚等国成了世界上最幸福的国家，这显然荒唐透顶。有人知道瓦努阿图在什么地方吗？

我还想到，很有可能，这类民意调查成了一个自我塑造、自我强化的例子。丹麦人清楚地知道，全世界都认为他们是最幸福的，所以，这种意识，再加上他们对享有这种好名声的喜悦与得意（这无可厚非），进而影响到了他们对此类生活质量调查问卷的回答。这只是我的一点想法。

按照威尔金森和该领域其他专家、比如伦敦大学学院（University College London）的流行病学家迈克尔·马莫特（世界健康不平等研究的顶尖专家）的看法，分析人们的健康状况，比询问他们的幸福感、满意度或者其他主观感受所得到的回答，能够更加准确地反映人们的真实境况。健康状况不同于幸福感，它比较容易量化。

遗憾的是，丹麦人的健康得分很低，这一点众所周知。根据世界癌症研究基金会近期的一份报告，丹麦人的癌症率是全世界最高的（每10万人就有326例，英国260例，排名第12位）。他们还有北欧五国中最低的平均寿命和最高的酒精消费，他们喝的酒甚至比以爱喝酒著称的芬兰人都多。

“是的，丹麦人的健康统计数字很糟糕——多数人都觉得难以理解，”威尔金森教授呵呵地笑了，“人们认为，这个结果是由于大量吸烟造成的。幸福调查与真实的健康状况之间存在着严重脱节。既然我们可以对生活境况进行客观的测量，为什么还要作简单化的幸福测量呢？”

我请教授容我多谈谈幸福问题。我说，站在北欧国家的角度，我有一个假说。有没有这种可能，社会一旦实现了一定程度的平等，那么，超过这个限度的更高平等只会导致幸福感的收益下降？如同对财富的测量所证明的结果，人一旦拥有了足够的平等来满足基本需求，更高的平等不一定能够导向幸福感的相应增加。这能否解释丹麦人何以被认为是全世界最幸福的人，虽然他们并不是最平等的？

“哈佛的同事认为，就某些健康数据而言，也许存在拉平，”教授说，“但是，你看看我们的图表，我们把所有的健康问题和社会问题的数据摆在一起，没有迹象表明，在另一端存在拉平。它是一种线性关系。我的观点是，我们不知道人们如果比瑞典人还要平等，会出现什么情况。”

归根到底，在威尔金森看来，基尼系数就是一切（“它是政府可以使用的最为有力的工具。”）虽然我极不情愿与一位如此杰出的学者意见相左，但我却不能肯定，基尼系数就是万能灵药。我无法打消自己的猜想，那就是，一旦社会达到了一定程度的收入平等，其他因素对决定人们的幸福感就变得更加重要。

而且我渐渐认为，关于其他因素有哪些，我有了自己的见地。

第 4 章

泡沫道具

“胆小鬼啊，胆小鬼啊……”我们从中学礼堂的门缝里挤进去时，400 双眼睛齐刷刷地向我们扫了过来，又立刻齐刷刷地转回去，低头去看歌谱。“你去唱凡坦戈舞曲（Fandango）好吗？”

我的妻子对合唱团熟门熟路，她马上就找到了女高音组，消失在人群中。我呢，完全不知道自己是女高音、男高音还是阉伶歌手，于是我和着音乐的节拍点着头，尽量作出一副好像从小在群众合唱团长大的样子，侧着身子慢慢走到一个空位边，做出齐声合唱的口型。

我生性不爱凑热闹。有些人甚至因此说我是个隐士，这话有点言过其实，但我的确很少晚上出门参加活动，与其出门，我宁愿备好一盒佳发蛋糕，窝在绵软舒适的沙发里，观看拉里・桑德斯的 HBO 电视情景喜剧。相反，丹麦人也许是全世界最爱交际的人。据丹麦智库“芒达戈摩根”（Mandag Morgen，字面意思“星期一早晨”）称，丹麦人加入协会、俱乐部、工会、社团和小组等的人数为世界之最，他们的社交圈也最为广泛——16 岁以上的丹麦人 43% 加入某个团体。平均起来，每个丹麦人的私人交际圈有 11.8 人，英国人是 8.7 人。丹麦有 83 000 个地方性和 3 000 个全国性社团和协会——平均每个丹麦人加入 3 个社团。三分之一以上的丹麦人参加运动俱乐部或者协会。这些机构既包括普通的休闲娱乐团体——比如麻鸭观察员俱乐部或者丹麦棉花糖协会——也包括仍然拥有强大力量的工会，丹麦的工会会员总数占到了全国人口的约四分之一（125 万）。丹麦对支持这些团体给予了法律保障——即 *Folkeoplysningslov*，也就是《通识教育法案》——只要协会本身组织适当，正式登记，地方政府就提供各种支持，比如免费提供房屋和资金等。

现阶段，丹麦人尤其迷上了角色扮演——打扮成《魔戒》中的巫师甘道夫或者精灵的样子，表演发生在森林深处的故事，人们手持泡沫道具 boffers（角色扮演者手中所持武器的名称），上演暴力的故事情节。丹麦还有 219 个民间舞蹈俱乐部，不过别担心，就像生猪很少被看见一样，你也很少看到丹麦人跳民间舞。

就像我那位朋友的仲夏节庆祝会那样，其中最关键的是，丹麦的俱乐部和协会往往吸引各行各业的人们加入。举例说明，一个朋友每周一次去室内曲棍球俱乐部参加活动，它的成员有一名车间工人、一名医生、几位中层管理人员，还有一位护林员。另一个朋友星期三在帕肯（国家体育馆旁边的那座公园）踢足球，一起踢球的有多名公共部门工作人员、平面设计师和商店职员，还有一位媒体顾问。我的熟人参加了一个酒吧竞猜小组，它的成员竟然有两名学者、一名媒体顾问（媒体顾问在哥本哈根有点泛滥成灾）、一名售货员，还有一位风度翩翩的英国人，此人是获过奖的最高水平的记者。

这些俱乐部、协会和社团宣告了丹麦社会非同一般的凝聚力。丹麦人确实比别国的国民显得更加 *tilknyttet*，也就是“关系紧密”。想来你对“六度分隔理论”并不陌生——人们最多通过五个中间人，便可与全世界任何一个陌生人发生关联（或者认识凯文·贝肯的搭档）。根据我的经验，在丹麦人中间，只需三个中间人，甚至更少。两个素昧平生的丹麦人在本地的聚会上相遇，平均不超过 8 分钟，就会发现双方有一个彼此都认识的熟人，或者至少有一个朋友的朋友是双方认识的（8 分钟是我观测得出的结果）。超过 3 个中间人而发生关联的情况相当罕见。

丹麦人喜欢俱乐部和协会，这一点与其他北欧邻国相同。瑞典人加入工会的人数更多，他们在空闲时光，尤其乐于参加志愿活动：他们把这种勤奋地自我提升的本能叫作 *organisationssverige*，也就是“组织的瑞典人”。芬兰人以工作之余喜欢参加学习班著称，尤其是业余学习演奏古典音乐，他们也喜欢加入管弦乐队。挪威人则喜欢集体参加户外活动，最有名的莫过于越野滑雪，滑雪已经成了他们的一个典型特征。

我们似乎可以顺理成章得出结论，这种社会凝聚力与人们在谈到丹麦人的幸福感时经常提及的另一个因素紧密关联，那就是他们异乎寻常的信任度。所有北欧国家都享有高度的信任，而丹麦人是全世界最愿意相信他人的。2011 年经合组织开展的一项调查显示，88.3% 的丹麦人表示对别人高度信任，超过了其他国民（接下来依次是挪威、芬兰和瑞典；在接受调查的 30 个国家中，英国排在值得称赞的第 10 位，美国只排在第 21 位）。还是这项经合组织的调查，96% 的丹麦人说，他知道自己在必要时可以向某个人求助。丹麦人甚至相信他们的政府首脑，能够证明这一点的是，他们前去参加普选的人数占到 87%。另外一些调查表明，丹麦属于少数几个国家，它们的信任度在过去 50 年保持着从未中断的上行曲线。透明国际组织的年度腐败认知指数（Corruption Perception Index）把丹麦和芬兰评选为世界上最少腐败的国家，瑞典和挪威紧随其后。

在城市生活过的人都知道，匿名状态会造成责任感和信任缺失，那么，似乎可以顺理成章地推论：彼此知根知底、熟门熟路的人数越多，则会产生相反的效果，即责任感和信任增加，而紧密联结的丹麦部落正是这种情况。有一个例子体现了这种纽带对丹麦人彼此之间的行为方式所产生的影响。我刚刚搬来丹麦的时候，只要我车里坐着一个丹麦人，每当我认为自己完全有理由向另一条车道的司机或者路边的行人按喇叭时，我的乘客就会在座位上局促地动来动去。他压低嗓门说，“要是他认识你怎么办？”诚然，这只是个小小的例子，但是我相信，这种高度的相互关联必然在一切方面产生了影响，从犯罪率到不胜枚举的利他行为——利他的姿态极有可能被熟人看到，并广为传播。[1]

全世界最幸福的人，也是最爱与人交往、最愿意相信别人的人，这不可能是巧合，但我还是想搞清楚，丹麦国民性的这三个典型因素之间还有哪些关联，这也是我听从妻子和孩子们的劝说，来参加此次居民合唱周的原因。合唱周为期6天，每年夏天在靠近德国边境的岑讷（Tønder）举办，这是个田园牧歌式的日德兰南部小镇。我想亲自体验一下，获取第一手感觉，丹麦人从集体主义的处事态度中——从他们所谓的“第三部门”活动中，得到了哪些好处。在这个极其发达的公民社会，还有什么比欢聚一堂，齐声高唱七八十年代的流行歌曲更能体现公民性的事情呢？

计划是这样的，我们星期天下午（很晚）到达，在接下来的5天里，要排练10首左右的歌唱节目，然后在星期五晚上的音乐会上公开表演。我发现，合唱团的多数成员都住在同一家青年旅社，所以我们一日三餐要顿顿一起吃饭，晚上还要聚在一起唱些别的流行的丹麦民歌和

[1] 这方面唯一奇怪的反常现象是公共服务的态度。丹麦人——事实上是所有北欧人——在这方面可谓一塌糊涂。在英国人看来，他们的态度经常显得无以复加地粗鲁。有人向我解释说，这是“平等主义的悖反”，就好比说，“我和你一样重要，所以，我要过去，我完全有权利把你的购物车撞到一边去。”但是，我认为我永远无法接受斯堪的纳维亚的这种野蛮和粗鲁（瑞典人是最冒犯人的，我们会在后文看到）。噢，还有，他们不分场合地使用“fuck”这个词——广告、儿童读物和教堂里，到处可见这个词——让美国人和我母亲感到窝火。

圣歌。只为自娱自乐。

有人也许认为，这是一次难得的机会，可以亲身体验梦寐已久的丹麦公民生活，可是实际上，整整一个星期，我在这里的体验远远超出了我的舒适域（我会在另一章详细解释，不过，“青年旅社”和“圣歌”可以给读者一点提示），近乎一种灵魂出窍的体验。唱诗班的其他歌者——今年达到了破纪录的 400 人——几乎全都是中老年人，清一色白人，后来我发现，大部分是丹麦的公共部门工作人员。我和这些人没有多少共同点，这话并非对他们表示批评；而且，我要赶快说明，这是我的损失，不是他们的损失。实际上，我的格格不入是相当有益的，因为这样我就可以退后一步，隔开距离观察这次活动。我很快认识到，我无意中领悟到了北欧模式的凝聚力、高度信任和集体主义的一个意想不到的隐喻。这个隐喻，在以前参加过合唱团的人们听来也许显而易见，却让我深受触动：个体成员努力用一个声音歌唱，并且安心地知道，即使自己唱错了调子，跟不上节拍，或者忘记了歌词，也可以有所依靠，其他人会带着自己顺利地唱完熟悉的旋律。今天在场的这 400 人，来自丹麦全国各地，因为他们喜欢唱歌，但更重要的是，他们喜欢在一起唱歌，原因很好理解。在合唱团歌唱有益身心健康，使人惊讶地感动于群体的力量；众人的声音环环相扣，层层叠加，宛转悠扬地向天际飞升，进一步强化了集体意识，加深了社会共同体的信任。这就是社会资本，和着安德鲁·劳埃德·韦伯的乐曲，它在无形中积累。

这种由社会活动所蕴蓄的信任，在丹麦社会的其他方面有何体现呢？“丹麦人真的不锁自行车吗？”有一次，某英国广播电台的采访人员问我，他对这个地区怀着格外美好的想象。不是的，在哥本哈根，还是要上锁的；不过，到了乡村地区，房门、汽车和自行车经常都不上锁。如果你驾车行驶在乡间道路上，你会看到，有出售水果和蔬菜的小货摊无人看管，如果想买，你只需把应付的钱放入一只诚信箱即可。我前面也提到过，人们的确把睡着的婴儿丢在咖啡馆和商店外面的婴儿车里，即使在城市，他们也可以让孩子独自上下学，通常骑自行车往返，从六七岁就开始了。不过，除了这几个例子，我得承认，我想不出更多证据，表明丹麦人比我们其他人更愿意相信别人——相应地，更值得信赖。毕竟，在英国的乡村地区也能见到诚信箱；而你只要翻开丹麦的报纸，就能看到大量关于诈骗、走私、伪造等等犯罪行为的报道。（事实上，我和我的丹麦出版商讨论过这个话题，他说，他最相信瑞典人，因为“他们缺乏撒谎或者欺骗的想象力”，他说。）

我原本非常好奇：一个社会的信任度怎么测量呢？原来极其简单。

“你去问人们，‘你认为你所在国家的国民在多大程度上值得信任？’”奥胡斯大学的经济学副教授克里斯蒂安·贝扬斯科夫告诉我。一个刮着大风的春日下午，我在丹麦第二大城市奥胡斯市中心的一座咖啡馆与他碰面，我们一同坐在昏暗的里屋。

举例说明，欧盟发起的欧洲晴雨表调查提出的问题是：“一般来说，你认为多数人都可以相信，还是你在跟人打交道时必须处处小心？答卷者给出从1到10的回答。人们给出的回答可以直接说明，丹麦人不仅最乐于相信别人，而且，贝扬斯科夫说，也是最值得信任的，因为这句问话中的“别人”，当然就是别的丹麦人（如果你向美国人提出这些问题，“别人”当然就是别的美国人）。

贝扬斯科夫是研究社会信任、主观境况认知和生活满意度等问题的专家，他告诉我，该领域还开展了其他一些极具启发性的实验。“早在90年代，就做过一项实验（1996年，由《读者文摘》开展），实验人员在好几座城市里掉落钱包，然后计算有多少只钱包被还了回来。奇妙的是，在人们表示更愿意相信别人的地方，有更多钱包失而复得。我想，他们用了40只钱包做这个实验，只有两个国家，40只钱包全都还了回来，就是挪威和丹麦。我当时想，这个结果太完美了，不可能是真的。但是，4 年前，电视二台（丹麦电视频道）又把这个实验做了一遍，就在哥本哈根的中央车站，可是，他们根本没有机会把钱包丢掉——总是马上有人捡起来，急匆匆地跑上前去还给失主，所以只好放弃这个实验！”

在贝扬斯科夫看来，信任不仅使人心情愉快，在无形中增强社会凝聚力，就像《草原小屋》（*Little House on the Prairie*）里那样，你买一把芦笋，把钱放进诚信箱，会产生温馨的喜悦之情，信任也为丹麦的经济成功作出了显著的贡献。比如，根据他的计算，丹麦社会的高度信任为每人每年节省 15 000 克朗（合 1 500 英镑）的司法开支；还有人相信，社会资本占到了经济总量的高达 25%。这个数字占 GDP 的比例可不是个小数目，足以覆盖福利国家的相当一部分成本。

道理是这样的，如果社会信任度高，那么，官僚机构会更为直接有效——企业间进行交易的成本降低，时间缩短，企业可以少花时间请律师拟定价格昂贵的合同，减少诉讼。握手是用不着花钱的。凡是想在法国或者美国做生意的人很快就会明白，在这两个国家做生意牵涉到诸多不便，因为人们默认的假设是，对方想趁自己不备捞一把。丹麦公司相互之间可以更为自由地分享知识，透露机密信息；一般认为，这是 20 世纪 70 年代，风力发电业在丹麦蓬勃发展起来，并最终使之成为世界领先国家的一个原因。

贝扬斯科夫还认为，在高度信任的社会，教育也更为有效，因为学生信任老师，也彼此信任，所以能够更好地集中精力用心学习。高技能行业也受益明显——岗位所要求的技术水平越高，检查员工是否履行了应尽职责的难度就越大，相应地，信任就变得尤其重要。检查高级顾问、建筑师、IT 技师或者化学工程师有没有恪尽职守，一则程序复杂，二则所费不赀，所以信任就变得更加重要，这也是丹麦、芬兰和瑞典这几个高度信任的社会，在诸如制药和电子等高科技行业居于领先地位的一个原因，它们还吸引了外国公司在这些领域投资设厂。“跟德国生意人聊一聊，他们会说，这就是他们看中我们这里的优点，”贝扬斯科夫说，“他们认识到，这里可以廉价雇到高技能工人。”

可是，这种乐于相信别人的倾向是怎么来的呢？高度信任与压倒一切的群体本能难道深深地根植在丹麦人的心灵深处吗？他们的集体主义态度是过去500多年来，领土与实力一再遭到削减和褫夺的苦难历程留下的遗产呢，还是“失于外者得于内”的豪斯特思想，也即把生活狭隘化的体现？又或者是近代形成的——是福利国家、高税收和经济平等的标志性产物？

这个问题很有价值，至少值百万克朗。

第 5 章

鸡

先有鸡还是先有蛋？对我来说，这个问题很好回答。我来回答一下：鸡从某种下蛋的生物，也许是鱼，进化成了下蛋的鸟类。就是这样。回答完毕。可是丹麦的高度信任与它的社会凝聚力哪个在先，哪个在后，要揭开这个问题的谜底就复杂多了。

是社会凝聚力促进了信任，因为它用共同的目标或者利益把人们团结起来；还是信任在先，信任是人们走到一起的前提条件？毕竟，如果你不相信某个人，你或许不大愿意星期五晚上和他排成一队跳舞，对吧？

我猜想信任与社会凝聚力是错综复杂地交织在一起，二者相互加强，难以分解。关于信任，我确知一点，那就是它似乎与一国的绝对财富没有太大关系。如果有关，为什么比较贫穷的爱沙尼亚在经合组织的信任指数排行榜上排在第 7 位，而更为繁荣富强的韩国和美国却排在榜单的末尾部分？过去还有一条理论，富人在财务上的风险较小，所以更容易相信别人。如果这是对的，那么，为什么根据透明国际的腐败认知指数，超级富有的文莱排在第44位的垫底位置？

究竟是什么原因成就了丹麦的信任度、社会凝聚力，乃至丹麦人的幸福感？当前，对这个问题的回答在丹麦本国也是个极易造成政治分歧的话题。这个话题包罗万象，涵盖了在一切问题上两极分化的政治观念，比如移民、税收、阶层、平等，对了，还有维京人。

挖掘丹麦人幸福感的原因，已经在这个向来以共识为导向的社会里，造成了反常的分裂和对立。简单说来，在一个阵营，人们认为，丹麦的高度信任和社会凝聚力，以及延伸开来，它的幸福感，是丹麦经济平等的产物——我们姑且把这一派叫作"基尼派"。自然，基尼派是丹麦福利国家模式的拉拉队长，他们认为，福利国家模式对通过税收，公平地重新分配国家财富起到了根本作用。读了威尔金森和皮克特的论点，我也认为，这是丹麦社会高度信任的主要原因——不平等造成敌意、仇恨、嫉妒和猜疑，那么，平等当然产生相反的效果。于是，当我把超过一半的收入以税收的形式交给政府时，也不那么难过了。虽然当时觉得心疼，但是我想到眼前的财务损失，终究会成为全社会的财富，仍然间接地让我获益，便感到释怀和安慰。

另一方面，还有一种货币论的、中间偏右的解释——奥胡斯大学的生活质量经济学家克里斯蒂安·贝扬斯科夫就属于这一派——他们认为，丹麦人一向具有高度的信任和社会凝聚力，这个特点在福利国家诞生很久以前便已形成。在这个阵营的议事日程上，当务之急是缩减丹麦福利国家的规模，降低丹麦的税收，他们认为，高福利不可持续；他们较少强调经济平等，而是更加重视激发社会创造财富的动力，促进丹麦糟糕的生产率实现增长。

第二个阵营认为，丹麦和斯堪的纳维亚其他几国所享有的经济平等绝不是福利国家制度创造的，这一地区的福利国家制度其实是建立在更为广泛的社会平等的基础之上，它早在公共部门和高税收之前便已存在。贝扬斯科夫声称，对战前信任度的研究表明，丹麦人向来乐于相信别人，是信任和社会凝聚力为福利国家作好了准备，而不是反过来。“如果你想重新分配财富，在高度信任的社会比较容易进行，因为人们相信，金钱会被妥善地分配给那些应该得到帮助的人。我们一直都有信任，这种信任是福利国家的基石，”他对我说，“是的，今天，丹麦的不平等水平较低而幸福感极强，但是，如果二者之间存在相关性，你会预计，这种相关性也在其他不平等程度低的国家体现，可是事实并非如此。”

贝扬斯科夫认为，威尔金森和皮克特绘制了那些人所共知的图表，意图表明不平等与数不清的社会病之间存在直接的相关性，他们漏掉了几个不符合他们假说的重要国家和地区。“他们包括了韩国，却没有包括中国台湾。包括了斯洛伐克，却没有包括捷克共和国。如果你把这些国家和地区包括进去，那些图表就变成了一片混沌（而不再是简单的线性相关）。那是个变戏法的花招。在丹麦，没有人把那本书当真。”

我得承认，我感到困惑不解的是，虽然日本是少数几个基尼系数与北欧各国不相上下的国家之一，它在经合组织的信任指数却只排在第 16 位；日本人是平等的，却并不彼此信任。我们知道，过去 20 多年来，丹麦人的收入平等程度其实在下降，他们的信任度却在持续上升。这两点好像都在削弱这条理论的说服力，即经济平等促进高水平的信任。

福利国家制度把所有人的钱平等地分配，提供平等的教育机会、免费的医疗保健等等；既然丹麦的信任和凝聚力不是福利国家的产物，那么，它们来自何处？

第 6 章

维京人

“我们听过丹麦勇士当年的英雄业绩，他们出身高贵，勇敢无敌！”

——《贝奥武甫》，无名氏

丹麦勇士在战场两端集结，他们吵吵闹闹地排成圆形阵地，咆哮、嘶吼。这些人是体型高大的野兽，他们身披锁子甲和皮毛外衣，手握长矛、斧头和刀剑。他们挥舞着手中威力无比的武器，那锋利的刀刃寒光凛凛，在薄雾中熠熠闪光。他们的领袖在激励士兵冲锋陷阵，必要时，要不惜战死沙场。我离表演现场的距离不太近，但是，场上的临阵打气相当带劲儿，士气涌动，连我也恍然觉得身上泛起丝丝凉意。

“要番茄酱吗？”

“不用了，谢谢，这样就好。谢谢。”

我吃了一大口烤野猪肉三明治，这是我从附近搭建的工艺品和杂货摊买来的，类似的摊位有很多。过了一两分钟，只见两支军队越过长满青草的堡垒，向彼此冲杀过去，战场上霎时间刀光剑影，杀声震天。

我远远观望。只见双方短兵相接，厮杀中险象环生，难分难解，让人看得心惊肉跳；两支军队看起来就像两只巨大的豪猪在咆哮、撕咬。

“一定有人会把别人的眼珠子打掉的。”我心里想。果不其然，前几天的表演中，就有人差点儿被打掉眼珠子：“发生过各种各样的事故，最多的是手指和胳膊被打断。去年有个家伙，就差点儿被打掉了眼睛。眼球被推回眼眶里，幸运的是，过了一个晚上，它自己复位了。”

我在和特利堡（Trelleborg）的导游麦克聊天。特利堡是丹麦较大的一处维京人遗址，位于西兰岛西部。公元980年，传奇的维京国王哈拉尔蓝牙（Harald Bluetooth，著名的蓝牙无线电技术就是用他的名字命名，该技术在斯堪的纳维亚发明）建造了这个气势恢宏的环形要塞，我们正在观看当年战争场面的再现。

丹麦人非常热衷于再现历史场景，他们自然念念不忘丹麦的辉煌无出其右的那个时期（**绝无仅有**的那个时期）：在从8世纪晚期开始的200多年间，维京人在北欧的广阔土地上肆意横行，所向无敌，他们统治了苏格兰和爱尔兰的某些区域，把巴黎的大门摇撼得砰砰作响，他们还发现了北美大陆。在这个时期，像蓝牙、斯温一世（Sweyn Forkbeard）和克努特大帝等丹麦王公，利用家乡的战略位置——与现代的德国、法国和英国隔着遥远的距离——以及他们新近发明的快速而敏捷的船只，向今日欧洲所在的区域发起了闪电般的袭击，给毫无防备的基督徒造成了巨大的破坏。是的，多年来，不知道多少个丹麦人提醒过我，丹麦王公还统治了英格兰的东部和北部（虽然我还是必须指出，他们的统治加起来不超过30年，约克郡当时基本上是一块沼泽地）。

我之所以来到特利堡，是为了了解维京人，因为据某些人所说，维京人是解开丹麦人异乎寻常的平等主义之谜的最好钥匙。有些人认为，高税收挫伤努力工作的积极性，压制雄心抱负，打击创新；福利国家助长社会底层不负责任的依赖行为，社会民主离共产主义只有一步之遥；对于这些人，用历史甚至遗传学来解释北欧奇迹，更合他们的心意。

“你听过那些脍炙人口的故事吧？公元800多年，维京人攻打巴黎，”贝扬斯科夫对我说，“一个巴黎人举着白旗或者别的什么东西走出来，要求与维京人的国王对话。据说维京人爆发出一阵哄笑，说，‘我们都是国王。’以前，我们不认为信任和平等在那个时期（维京时代）就已经建立。我们认为，信任与福利国家之间存在纽带，信任是可以改变、可以培养的，福利国家促进了信任，但是现在我不这样认为了。福利国家制度直到1961年才真正开始实行，而在那以前很久，斯堪的纳维亚就存在高度的信任。要想解释（斯堪的纳维亚与其他国家之间）信任水平的差别是怎么来的，就必须至少追溯到19世纪。”

去到一家丹麦公司，你看不出谁是CEO，谁是办公室文员，这是维京人的平等主义在起作用。你看到妇女把孩子丢在咖啡馆外面的婴儿车里睡觉，这是维京人的社会信任。丹麦首相走在哥本哈根的街头，几乎没有人回头去看一眼，这是维京人对阶层和领袖的态度。或者说，他们是这样认为的。

遗憾的是，事情并非如此简单明了。至少，如果你询问维京遗址特利堡的导游麦克，他就不这样认为。“当年的社会没有阶层是以讹传讹。不是的，那时候有很多冲突，”麦克对我说，他身穿羊毛外套，脚蹬厚实的皮靴。“当年有store mand，字面意思是‘老大’，也就是首领；然后是中产阶级农民；然后是奴隶阶层，萨尔（thrall）。如果你有钱，有一大片农庄，你就养一群随从，培植自己的势力。”

换句话说，维京人当然有国王；就信任而言，维京人具有严格的荣誉规则，这也是事实。你可以认为，今天丹麦社会的高度信任与当年的荣誉规则一脉相承。“维京时代的社会有个根本要素，就是荣誉，”伊丽莎白·阿什曼·罗博士对我说。我从特利堡回来以后，对丹麦人的维京遗产更加感到困惑，就给她打去电话请教。“荣誉就好比信用评级。人们的一举一动都在现实生活中产生反响，一言一行都会影响到他的身份地位。勇敢和荣誉对他们来说尤其宝贵，因为这些是衡量一个人是否可信、你能不能把女儿嫁给他的标杆。”

可是，维京人也是野蛮残暴、不讲道德的叛徒，以烧杀奸淫、无恶不作著称，而当代丹麦人则好得多。

“唔，是的，他们确实烧杀掳掠，作恶多端，不过，当时显然是暴力横行的时代，时代如此。但他们也遵守法令。英语表示法律的词汇就来自诺尔斯语。”罗接着又说，在严酷的北欧土地上，协作和团体精神是极其重要的。“有许多例子表明，人们在一起工作，因为他们单靠个人无法存活。人们需要朋友和联盟，团结和伙伴关系很早就出现了，送礼物可以加固私人关系。”

回到奥胡斯的咖啡馆。贝扬斯科夫坚持自己的观点，那就是，即使丹麦人的信任度不能上溯到维京时代，至少也在福利国家之前便已存在。为了证明这个论点，他举例说明，他能够根据过去 150 多年的移民来源地，预测美国各州的信任度。结果是，某些州的信任度很高，比如明尼苏达，它在 19 世纪中叶大量接收来自斯堪的纳维亚的移民（即在福利国家制度之前），另外几个州的信任度较低，这些州的移民大多来自比如希腊和意大利南部。[1]

“哇噢，厉害，”我说着把接骨木花茶放在桌上，“这就转到了一个相当棘手的话题，不是吗？”

“是的，太敏感了。”贝扬斯科夫表示同意。他有点不安地四下张

[1] 这让我想起米尔顿·弗里德曼那个有名的故事。“瑞典没有穷人。”瑞典的一个左翼人士向他夸耀说。弗里德曼对由国家推行平等不是很热衷，他回答说，“这很有趣，因为美国的瑞典裔当中，也没有穷人。”这句话隐含的推理是，瑞典移民在美国的成功是由于文化或者遗传使然，与瑞典的社会民主政策无关。当然，弗里德曼轻巧地忽略了一点，那就是，19 世纪那些选择千里迢迢移民美国的瑞典人，其性格本身具有鲜明的主动性；想必弗里德曼在故意胡搅蛮缠。

望，我此刻才意识到，自从我们谈起这个话题，他就在不时环顾周围。“我不喜欢这个话题，因为它意味着，事物很难改变。”

“可是，等一下，”我说，心下顿时释然，“如果你的理论没错，那么，瑞典的信任度应当比丹麦低得多，因为它有相当比例的移民来自所谓‘不可信任’的非欧洲国家，这将导致瑞典最终成为一个不太成功的国家。可是现实并非如此。”

贝扬斯科夫指出，向瑞典移民是个缓慢进行的过程，这有助于保持信任度相对不受影响，而在一些由移民构成的大型社区，比如马尔默（Malmö）那处名声不好的玫瑰园（Rosengård）社区，很难开展信任度研究。“即使是警察，也不能去那里，所以犯罪及类似事件未能得到及时充分的报道。事实上，瑞典的信任度确实有点低，但我们看到的却是，移民并未改变信任度，因为如果你问移民，‘你相信大多数人吗？’瑞典和丹麦移民身边的大多数人自然是瑞典人、丹麦人。”

“我知道说这样的话政治不正确，万不得已说出来，也没有益处：既然你移民来到丹麦，你就必须适应丹麦社会。不过，这个问题倒是促使我们更加深入地挖掘、寻找证据。我们发现，不能泛泛地议论‘移民群体’。举例说明，我们观察到，与其他穆斯林移民群体相比，伊朗移民对丹麦人的信任度相当高，因为伊朗人自认是波斯人，不是阿拉伯穆斯林。现在我们认识到，也许要搞清楚某个特定的土耳其移民来自哪个地区：是来自海岸地区还是伊斯坦布尔，伊斯坦布尔的信任度与希腊较为接近（换句话说，不太可信）。讲法语的魁北克和讲英语的加拿大之间也存在显著的差别。”

抛开烦人的种族脸谱化不说，在我看来，给某些民族扣上不可信任的帽子是很不妥当的，理由还有很多，尤其是我还有一个疑问始终无法打消：和幸福感一样，想必各个国家对信任的理解也各不相同，而在幸福调查中，关于信任，似乎总是偏向于北欧对信任的观念。再加上还有一点值得再次说明，加拿大和瑞典的信任得分都很高，而这两个国家都有大量的移民人口。

至于维京人，他们有奴隶也有国王，一面横冲直撞，烧杀掳掠，一面又创作气势磅礴、自吹自擂的诗歌，夸耀他们的丰功伟绩。此类行止，他们的现代继承人全都没有（除了国王，他们保留了国王，这个问题我们稍后再谈）。要说斯堪的纳维亚人只继承了祖先的优点，未免太片面、太简单了。不过，我还是得承认，我对财富分配之重要性的信念稍微受到了动摇。

我接下来约见了欧·凯·彼泽森，他是哥本哈根商学院的负责人，也是北欧地区一位深受尊敬的经济学家。他在哈佛、斯坦福以及斯德哥尔摩、悉尼和北京的大学里教过书。因为他是一位经济学家，所以我本以为他对这些问题会抱持中间偏右的自由主义态度，不料却是大错特错。

新建的哥本哈根商学院大楼是我见过的最接近于理想化的建筑模型。学生们三五成群，懒洋洋地或躺或坐在做过景观美化的、修剪整齐的草坪上，看不出存在种族和性别隔膜，有的三三两两走在路上，还不时有人骑着比赛用的无齿轮自行车从我身边经过。一切如此美好。简直就像科幻影片《千钧一发》（Gattaca）中的场景。遗憾的是，我比预约的时间恰到好处地提前一分钟到达，却在接待处意外地发现，彼泽森的办公室不在这里。还要走路 20 分钟，才能到达他所在的那栋漂亮的灰泥粉刷的别墅，它坐落在树木葱茏的腓特烈堡一条安静小巷的尽头。我满头大汗地赶了过去，心中颇为慌乱，而彼泽森立刻就让我放松下来，既让我的心情得到抚慰，也让我对丹麦的制度感到自在。

“啊，胡扯。那都是胡扯，”我向他请教维京人遗产的理论，他笑着说，“绝对是因为平等，因为我们的税收和福利国家制度。按照我的理解，信任的基础，是福利国家制度，就是这样。你信任你的邻居，因为你知道，邻居像你一样纳税，邻居生病的时候，得到和你一样的治疗，邻居和你上一样的学校。你知道，不管年龄、性别、财产、家庭背景或者宗教信仰如何，你们有相同的机会，有相同的安全网——这就是信任。你不必与邻居竞争，也用不着嫉妒他。你不必欺骗你的邻居。”

“福利国家制度是战后时期国家制度最重要的创新。在那以前，丹麦分裂成 25% 的最高收入人群和 25% 的最低收入人群；现在，我们只有 4% 的最高收入人群和 4% 的最低收入人群。”

我遇到过许多像彼泽森这样的丹麦人，通常都是他的同辈，他们也许对自己这代人所取得的成就有些过于自满，不过，说到国家今后将往何处去，他并非没有自己的疑虑：“我认为，丹麦目前遇到了一个重大问题。我们正处在历史性的发展过程中。我们可能从传统的、平等的北欧福利国家，发展成为更像欧洲大陆的法国或者德国那样的国家，以两个社会层级为基础——工作的人和劳动力市场以外的人。（右派）认为，大陆模式不成问题，大陆模式所带来的不平等也不成问题，可是，我不这么认为。我非常担心传统模式被彻底抛弃，像英国那样，因为到时候，社会资本和信任就会出问题，导致犯罪率攀升等等。我们在这些方面的相对优势就会丧失殆尽；我们能够战胜德国的唯一方式，就是让社会变得更加平等。”

事实却是，丹麦不再是没有阶层的社会，像彼泽森和其他左翼人士宣称的那样。过去 10 年里，被认为处在贫困线以下的丹麦人口的比例几乎翻了一番，从 4% 增加到了 7.5%。精英人士越来越多地聚居在哥本哈根市区或者周边的居民区。（居住在此类社区的标志有：1. 有一家烤串寿司快餐店 Stick‘n’Sushi 的分店；2. 菲亚特 500 汽车随处可见。）中上层和上流社会也越来越多地把孩子送去就读相同的学校，据丹麦的全国性报纸《政治报》（*Politiken*）报道，这种趋势自 1985 年以来一直在加剧。笼统地说，经济不平等自 20 世纪 90 年代中期就一直在扩大，以至于 20% 最高收入群体的收入达到了 20% 最低收入群体的 3 倍多——这是经合组织提供的数字，它与彼泽森的说法相互矛盾。这个差距仍然比英国要好，英国高收入者的收入是低收入者的 6 倍，但也说明，丹麦远不是一个平等的社会。

不过，我可以理解为什么外国访问者也许认为丹麦没有阶层，尤其是如果他们的印象得自在哥本哈根度过一个长长的周末，或者看过几集《权利的堡垒》。可是，只要在丹麦做一番广泛的游历，或者花点时间了解一下丹麦社会阶层的标志，就能无比清晰地窥见其脉络。

多年来，我见识过丹麦的几位地主乡绅，这是件好坏参半的事情；我可以肯定地告诉你：除了一两个例外，他们和英国的地主乡绅一样古怪，一样傲慢，我估计如果按人口平均，也一样数量庞大（丹麦的乡间随处可见小小的城堡和庄园）。不过，丹麦社会经济状况出现两极分化，更具代表性的例子，也许是生活在“威士忌带”与“烂香蕉”区域的丹麦人的差距。前者生活在丹麦的“黄金海岸”Strandvejen（海滩路），在那块狭长地段，触目可见豪华的别墅、现代派平房和看得到海景的公寓楼，许多房屋由战后丹麦具有传奇色彩的建筑师设计（前面提到过“世界上最美丽的加油站”，由丹麦建筑设计大师阿纳·雅各布森设计，就位于此地）。海滩路从赫勒乌普欣欣向荣的郊区开始，向北延伸 20 多英里，这里有得天独厚的美丽海滩，有米其林星级餐馆，有雅各布森设计的著名的贝拉维斯塔住宅区，有林木森森、郁郁苍苍的鹿之园（Dyrehaven），再往北，还有斯堪的纳维亚最可爱的美术博物馆“路易斯安娜现代艺术博物馆”。

海滩路上的渔村和汉普顿式的海滨豪宅是丹麦精英的家园——丹麦的电影明星和导演、声名显赫的律师、银行家、对冲基金投资人、体育明星、CEO 和 IT 创业家等，纷纷在这里安家落户。这里的房价用英国和美国的标准来看微不足道，平均在 100 万英镑左右，即使涨起来，也不超过 300 万英镑，但是在丹麦人眼中，海滩路是个象征，既象征着他们在确信没有人旁观时所渴望拥有的一切，也象征着一个原本朴素而平等的社会中那粗俗的、应受谴责的反常现象。

那么，“烂香蕉”又是怎么回事呢？这是个近年来由媒体新造的词汇，用来形容大块月牙形的乡村地区。它受到诸多问题的困扰，比如高失业率、低工资、基础设施崩溃、医疗保健水平低下和学校表现不佳等。该地区从日德兰北部沿着西海岸向南延伸，然后向东弯折，跨过菲英岛，终结于洛兰岛和法尔斯特岛南部。这只“香蕉”也叫 *udkantsdanmark*（“边远”或者“边缘”的丹麦；内陆地区），基本上全是乡村——事实是，它包含丹麦的绝大部分领土面积——环绕在丹麦两大城市哥本哈根和奥胡斯与北西兰（North Zealand）的外侧。

因为年轻人和受过教育的人不断地流向城市，失业者和老年人则向相反的方向流动，丹麦的这些省份正在缓慢死去。接连上台的政府虽然先后投入大笔公共资金，却未能遏制这种衰败趋势。

“是的，我看到了差距，”我提到了这个问题，彼泽森也承认，“但这些问题不是很严重。我在曼哈顿生活过。我去过北京和别的地方。我们没那么穷。他们（烂香蕉地区的人）也绝不会饿肚子。在丹麦，贫穷就是买不起两台电视机！”

我却不那么肯定。哥本哈根与丹麦其他省份之间，在就业机会、交通状况、公共服务、文化产品，嗯，还有赏心悦目的休闲娱乐等方面，经常存在显著的失衡，这种差距似乎显然是不健康的。

还有人担心，在医疗保健和教育这两个方面，丹麦正在变成一个由两个阶层构成的国家。越来越多能够负担得起的丹麦人转向了私人医疗保健——最新数字是超过 8.5 万人——而民意调查一再表明，虽然丹麦拥有按人均计算全世界最为庞大的公共部门，人们对福利国家制度的满意度却在急剧下降。也许因为他们为之贡献了很多金钱，所以对它抱有格外高的期待；根据埃森哲管理咨询公司开展的一项调查，只有22% 的丹麦人认为，丹麦的公共部门工作出色。

展望未来，人们最担心的是学校表现的巨大差距，取决于你在丹麦的哪个地区接受教育。《政治报》前不久作了一项调查表明，伊斯霍伊中学（Ishøj Gymnasium，gymnasium 是丹麦人对中学的称呼）的学生，在总分 12 分的情况下，他们的平均得分只有 5.4 分，该区位于哥本哈根以南，其居民绝大多数是工人阶层和移民，而更为富裕的北西兰某学校的平均得分是 7.7 分。（全国的平均分是 6.9 分。）[1] 这种教育机会的失衡击中了丹麦未来平等的要害。

这种趋势并非丹麦独有。芬兰也面临着类似的挑战。瑞典对流向城市的移民潮有更加深刻的体会，近 40% 的瑞典人生活在它的三大城市——哥德堡、马尔默和斯德哥尔摩。如今，瑞典北部大部分地区人口减少，破败荒废，严重缺乏市政服务。这种现象的出现有两个原因：首先，瑞典本来就是一个地广人稀的国家（它的陆地面积是丹麦的十多倍，人口却不到丹麦的两倍），其次，过去一百多年来，瑞典的工业化势头远比丹麦强劲。只有挪威似乎抵制住了这种趋势，它那巨大的石油财富和由奥斯陆下放权力的悠久传统——不管生活在挪威的哪个地方，都有权得到各种服务，这一点由法律予以保障——使它的各省相对人口稠密，基础设施也较为完备。

“我们解决这个问题应该更容易一些，因为我们的国家这么小，可是，在人们心里，这个国家一点儿也不小，”托本·川内斯对我说。我到他设在哥本哈根的办公室去拜访。他是洛科威研究基金会（Rockwool Research Foundation）的负责人，这是一家独立的社会研究机构（很奇怪，它的资金来自一家制造隔热材料的企业）。他认

[1] 奇怪的是，出于谁也无法给我解释清楚的原因，丹麦的“7 级”学分制是从 −3 到 00（不及格），然后是 02、4、7、10，直到满分 12 分。

为，劳动力缺乏流动性是丹麦外省问题的根本所在。反讽的是，在这个热衷骑自行车的国家，丹麦人却不喜欢骑着自行车——听从泰比特派（Tebbitian）限制移民的呼吁[1]——去找工作。

“媒体对年轻人找不到学徒工作作了大量报道，但是然后你会发现，公司其实也找不到足够的年轻人来为自己工作，因为公司不是设在哥本哈根或者大城市。”托本解释说，“这个世界上有很多人，为了得到一个在丹佛斯（Danfoss，一家生产温控器的企业，总部设在日德兰一块不那么热闹的区域）上班的岗位，宁愿付出自己的右胳膊；可是，你听到许多丹麦年轻人发牢骚，他们被要求离家到外地去找工作，这对他们多么不公平。教授这行也是这种情况——人们宁可留在哥本哈根做一名副教授，也不愿去奥胡斯做一名教授。我认为这很糟糕。怎么保证丹麦全境的工作岗位和福利水平全部达到现代标准，这是个真正的挑战。”克里斯蒂安・贝扬斯科夫同意他的观点：“有些地区没有工作。人们不愿意到那里去工作。我在日德兰西南部长大，现在，那里有个大问题是，没有医生愿意搬到那里。丹麦人不流动。”

的确，丹麦人不太喜欢冒险。有些人在 20 多岁时也许会打起背包，到东南亚或者南美洲旅行，但是此后，他们就倾向于在家乡附近安顿下来。我们看到，他们一年一度成群结队地前往消夏别墅，许多人满足于在一小时车程的距离之内度假。到了 7 月，他们钻进雪铁龙 Berlingos，前往海岸边的木屋，那样就心满意足了。人们好像觉得，世界存在于一箱油的车程之内，没必要冒险到更远的地方去。

“我不认为情况可能发生改变。哪里有工业化，哪里就有城市化。”马丁・阿格鲁普对我说。他是中间偏右的智库“政治研究中心”的主任，我在他位于哥本哈根市中心腓特烈堡的办公室与他约见。“世界上

[1] 诺曼・泰比特（Norman Tebbit），英国保守党政治家，曾积极鼓吹限制移民，认为英国应永远是单一文化、属于白人的基督教社会。——译者注

没有一个地方出现过相反的潮流。人们想在城市里生活，他们想从乡村搬到靠近城市的地方。你想阻止它、扭转它吗？那么，代价会相当高昂，我不认为付出那么高的代价是值得的。”

阿格鲁普不是我见到的唯一一个直言不讳的丹麦人，他也作好了准备，愿意公开表明自己的观点：他乐于看到本国的经济不平等进一步加大。还有一个人与他观点相同，即丹麦人民党的欧盟议员摩顿·米瑟施密特，此人是丹麦最走极端的右翼政客（坦白地说，这个人很讨厌），公开反对“绝对平等主义”，他认为追求平等社会是出于狭隘的思想动机，他也反对这种动机。

阿格鲁普不像米瑟施密特那么极端，但是在谈话过程中，我向他身后望去，看到他办公室的墙壁上挂着一帧照片。照片里，他骄傲地站在一位身穿一袭蓝裙的熟面孔旁边，神采焕发。那位女士是玛格丽特·撒切尔。

“那么，马丁，”我把目光收回，注视着我的采访对象，“我们来谈谈税收问题。”

第 7 章

72%

如果你想用一个统计数字，用一条不容置疑的简约而又具有启发性的资讯来概括描述北欧各国，该选择哪个数字或者哪条资讯呢？对于冰岛，也许是人口数量，它可以告诉你关于这块土地你所需要了解的一切，它透露了这座海风吹拂、冰天雪地的岛国，几个世纪以来对人有多大的吸引力，并且可以提供强有力的线索，揭示近几年它的“破产”风波何以发生。对于芬兰，我给出的基本事实是它最常用的 3 种处方药的名单（请读者不要跳过这段内容）。对于瑞典，也许是它的移民人数。对于挪威，是它那巨大的以石油收入为基础的财富基金。

至于丹麦，定义它的统计数据一定是税率。丹麦有全世界最高的税率，既包括直接税，也包括间接税。丹麦人为自己从商店里购买的东西花钱最多（比欧洲平均多花费 42%——有时候甚至比挪威人花钱还多），他们买车最贵，在饭店吃饭最贵（比欧洲平均贵 150%），这都是因为他们要交税。在丹麦，图书是奢侈品。像样奶酪的价钱就更别提了，说起来我更是一肚子牢骚。

丹麦政府是怎么把选民的收入据为己有的呢？我们来数一数他们有多少种办法。

首先是所得税。所得税的基准税率 42% 起步（英国是 20%），最高可以达到 56%。

所得税之外，还有 1% 多一点的“教会税”（church tax，这是非强制的，但是大多数人都缴纳这笔税，因为退出太麻烦），还有叫作 *ambi*（*arbejdesmarkedsbidrag*）的税。我一直没有搞清楚 *ambi* 到底是什么名目，交到了什么人手里，但是，这些税种加起来，就把直接税的最高税率抬升到了 60%。

如果你拥有住房，可能要向收入剩余部分的 5% 说拜拜了，你要交物业税。根据德勤近期的一项报告，如果把贷款成本、水费、采暖、修缮等等费用计算进去，丹麦人拥有住房的成本比欧洲人平均高出 70%。如果使用电力，政府会再把这份账单增加到 76.5%。

如果你想买一辆新车，要在车款之外再加 180% 的税（所以我的车开了 15 年还没有换，车里的味道都变了）。汽油（75%）和路税（road tax，每年约 600 英镑）也是全世界最高的。

增值税（丹麦叫 MOMS）是 25%，购买一切商品都要交纳增值税，包括食物和儿童书籍，只有报纸不收。

这还没完。几年前，政府试图对培根肉和黄油之类的产品开征“脂肪税”，因为这些食品被认为对公民的健康有害。遗憾的是，该项政策甫一出台，许多丹麦人纷纷驾车到德国和瑞典去购买此类产品，这个税种只好取消。此外，丹麦与瑞典东部之间修了一座气势雄伟的公路铁路两用桥，丹麦的西兰岛与菲英岛之间也有桥梁连接，如今这些路桥的费用早已还清，可是，人们仍然每次过桥都要交纳将近 30 英镑的费用，而且是单程，这其实也是一种税收。

林林总总加起来，丹麦人的直接和间接税负总计在 58% 到 72% 之间。换一种说法，丹麦人只能对其收入的三分之一决定去向和用途。再换一种说法：在丹麦，即使你在私营部门工作，至少在星期四上午之前，你也是在为国家干活。[1]

如果你想知道，我还可以告诉你，丹麦人的薪水并没有多么优厚：在经合组织最新的毛收入排行榜中，丹麦排在第6位，在爱尔兰和美国之后；到了月底，丹麦人算一算自己还有多少钱，一样觉得紧巴巴。

所以，你能理解为什么丹麦的经济自由主义者觉得，他们有理由要求减税。只是有个现象着实奇怪：丹麦的其他人对税收没有多少怨言。人们当然也发牢骚，可是一到真正行动起来，改变税率的时候，丹麦人却怎么也不肯投赞成票。自20世纪70年代初以后，反对高税收的政党在丹麦政坛走马灯一样轮流登场，却没有一个政党凭借减税宣言取得了持久的成功。目前，减税是自由联盟党（Liberal Alliance party）的竞选口号，他们在上次选举中只赢得了区区5%的选票。我能够想象，在某几个国家，如果政客企图把选民收入的60%到70%据为己有，他们一定会落得悲惨的下场；可是丹麦人对自己缴纳的税金的态度却相当淡定。提到这个话题，他们也许会翻翻眼睛、耸耸肩膀或者抬高眉毛，表示他们不反对降低税率，可以稍微降一点儿，前提是病患和失业者仍然得到妥善照顾，医院和学校有充裕的资金，至关重要的安全网要完好无损。

“的确如此，”我提到这个现象时，中间偏右的智库人士马丁·阿格鲁普叹了口气表示认可，“我们是全世界税率最高的国家，可是，用降低税率的口号却不能赢得多少选票。”对于许多丹麦人而言，他们的税负似乎成了集体牺牲的终极象征。

[1] 丹麦语中，税收（*skat*）这个词兼有“珍宝”和“亲爱的”的意思。而毒物（*gift*）这个词兼有“已婚”的意思。过了这么多年，我还是不太明白这是因何而来。

安妮·努德森除了是《周末报》的编辑，还是一名受过专业训练的人类学家。她在本书的前面部分为我们讲解过丹麦属性在历史上的形成过程。她多年研究丹麦人的性格密码，尤其对他们的福利国家制度兴趣浓厚。她向我表达了她对丹麦公共部门之庞大的担忧，并且提出了她对丹麦人与税负之间关系的看法。

"丹麦人说，'我交了很多税'，这是一件骄傲的事，"她对我说，"这是一种表示身份的姿态，就像给别人发救济一样。生活在东桥区（østerbro，哥本哈根布尔乔亚波西米亚族，即 BOBO 族的聚居地）的人们 30% 把票投给红绿联盟（Enhedslisten，丹麦最左翼的主流党派），原因就在这里。"

这个观点与我的丹麦朋友、科普作家托·诺雷钱德作过的巧妙阐述不谋而合。他在 2005 年的著作《出手大方的人》（*The Generous Man*）中解释说明了人类和动物如何受到进化法则的驱动，必须作出大公无私的表现或者炫耀绰绰有余的东西：孔雀张开沉重的羽毛，显示它多么强大；对冲基金经理一掷千金买下宾利轿车，夸耀他多么成功。也许，丹麦人之所以缴纳而且是高高兴兴地缴纳高得离谱的税款，是在以自己的方式向全世界、向彼此宣告，他们是多么 *overskud*（富余或者过剩）——这个丹麦词汇的用处实在太大了。"我如此成功，"丹麦人说，"我们的社会如此成功——对于像我们这样富裕和高成就的人来说，72% 的税率不成问题。"

好吧，这只是一种理论。丹麦人真的那么无私，那么利他吗？他们缴纳的税款得到了真正的回报，还是他们沦为了手腕高超的政治操纵的牺牲品？

米尔顿与罗斯·弗里德曼夫妇在其 1980 年出版的论述自由市场的巨著《自由选择》（*Free to Choose*）中，详细探讨了花钱的四种方式。他们认为，用这四种方式花钱，责任感是依次递减的：

1）为自己花自己的钱。

2）为别人花自己的钱。

3）为自己花别人的钱。

4）为别人花别人的钱。

意思很明白，越是接近于第 4 种模式，花钱就越是不负责任，但是，丹麦人不同意弗里德曼夫妇的观点——这不是第一次。丹麦人愿意把收入的一大部分交出去，用于社会福利，这当中似乎有两种力量在起作用。

第一种力量是，丹麦人相信政府会明智地花钱。“丹麦人愿意纳税，原因并不是我们格外大公无私，”奥胡斯大学的克里斯托弗·格林－派德森教授前不久在接受某丹麦报纸的采访时说，“而在于他们觉得，自己得到了有价值的回报——举例说明，运行良好的学校和医院。税收被认为是值得付出的代价。”

第二种解释是，丹麦人高度热心公益，他们各自辛苦操劳、埋头苦干时，一心只想让医院再多一只保育箱，让学校再多一台电脑。民意调查多次确凿无疑地显示，如果政府财政可能有盈余，多数丹麦人宁愿看到政府花钱增加福利，也不愿意减税。别忘了，这是在一个人均公共支出占 GDP 的比重排在全球第一到第三位的国家（介于 26% 和 29% 之间），视你引用统计数据的来源及其汇总方式而定。

也许丹麦人直觉地懂得，经济平等对社会各个阶层具有至关重要的价值，正如《精神层面》一书中论述的那样。或者，他们之所以对庞大的公共部门心安理得、心满意足，可能有着别的更加符合其自身利益的解释？恐怕确实别有缘故。而且这个原因极其简单，一目了然。

超过半数的丹麦成年人——根据某些估算，多达三分之二的人口——要么在公共部门任职，要么以某种福利补贴的形式得到公共部门的经济支持。在如此庞大的公共部门必须由税收支撑的情况下，让丹麦人投票赞成减税，不由得让人想起那个构想了很久的要火鸡还是要圣诞节的两难抉择。大多数人当然会投票选择维持现状，因为他们的生活依靠它。丹麦经济，就其本质而言，是一个围坐成一圈的蠢人互助组，这个圆圈无比巨大，它的资金来源全靠私营部门，而私营企业的数量正在缓慢减少，困境重重。

除了这一点，丹麦人还有其他一些不那么干净的财务小秘密，他们宁愿把全世界蒙在鼓里，这些秘密使他们貌似圣徒一般慨然接受高税收的行为越发显得可疑。

第一个秘密是，丹麦的黑市交易非常活跃。前不久，托本·川内斯所在的洛科威基金会研究小组公布了几个吸引眼球的统计数据，涉及丹麦的黑市交易。根据它的调查，50% 以上的丹麦人称自己在过去一年购买过商品或者服务而没有缴税，还有 30% 的人承认，如果碰到划算的交易，他们愿意达成黑市交易。

“加起来就占到了 80% 以上。”川内斯表示震惊。我在他哥本哈根市中心的办公室拜访了他。“几乎是所有人！不过，这并不是双重标准。我把它叫作‘先进的道德’(advanced morals)。人们认为，既然自己有一份工作，缴纳了所得税，那么，下班回家后，(如果他是一名管道工) 帮邻居修一下水槽，得到 100 克朗的报酬，也没什么不对。”

哥本哈根商学院的欧·凯·彼泽森对丹麦黑市的轻松态度让我颇为意外。“我们的黑市很特别，在某种程度上，人们对它心知肚明，它是被默许的。我们想取缔它并不难，但是，那会摧毁私营服务部门一个基本的组成部分，他们就活不下去了。私营服务部门是丹麦目前最大的问题，因为它由小公司组成，只有 5 到 7 个员工，最多不超过 20 人，如果取缔黑市，很容易把他们搞垮。”(丹麦 76% 的公司雇用员工不超过 19 人。)

换句话说，政界对公共部门的工作者和福利申请人的偷税漏税问题视而不见，是为了丹麦私营部门的更大利益；反过来，私营部门创造财富，使公共部门的工作者和福利申请人有薪水和福利可领。这是一种非常务实、典型斯堪的纳维亚式的解决方案，类似的做法在瑞典、挪威和芬兰也可以看到。

对于这些信仰路德宗的、谨慎小心、过分节俭的丹麦人，第二个奇怪的悖论，是其领先全球的巨额私人债务水平。虽然丹麦的国债相对不多，只有欧盟平均水平的一半，但是，根据国际货币基金组织近期的一则警告，丹麦人的个人债务却淹到了他们戴的古琦眼镜的高度。今天，丹麦家庭的债务收入比是西方世界最高的：丹麦人的平均负债额达到其年收入的310%，是葡萄牙人或者西班牙人的两倍以上，意大利人的4倍。这是个惊人的数字，可是，丹麦媒体或者丹麦人在餐桌上却很少讨论这个话题。当然，这并不妨碍丹麦人摆出一副恨铁不成钢的神色，对那些狡黠、懒惰、“得过且过”的南欧人表示谴责和鄙夷。

丹麦人高负债的部分原因，是由前自由党（Venstre）政府2003年推出灾难性的只付利息抵押贷款所致。[1] 这项政策助长了随后几年房地产业的蓬勃发展，部分房屋的价值上涨了1 200%；许多业主把自己新买的房屋抵押，向银行大量借贷。（今天，超过一半的房贷是这种“根本还不了”的坏账。）只要房价持续上涨，这么做就没有问题，可是，拐点不可避免地到来；房屋价格自2008年以后一路跳水，使许多人拥有的住房变成了负资产。今天，丹麦具有偿还能力的只剩下领取养老金的人，他们在无息贷款推出之前还清了自己的抵押贷款；三四十岁的中年人则负债累累，我想，用一个恰当的经济学术语来形容，他们“被坑惨了”，尤其因为丹麦人的生产率向来赶不上他们的支出，而且差

[1] 令人费解的是，Venstre的字面意思是“左派”，但它其实是丹麦的一个中间偏右的政党，大体上相当于保守党。

距巨大。终有一天，人们要为此付出代价。

也许比债务更让人担心的是，丹麦人喜欢借贷远远胜过喜欢储蓄：这是个致命的组合。“既然一切都由国家买单，为什么还要存钱？我交了那么多税，所以我用不着存钱。”欧·凯·彼泽森这样解释丹麦人对储蓄的态度。他的同胞是西方国家中储蓄最少的：只占他们年收入的 1%，其他西方国家的平均比例是 5.7%。不过，彼泽森似乎依旧不为所动：“丹麦人有全世界最大的养老基金，所以养老金是有保障的。我不担心这一点，债务可以用这笔储蓄来偿还。这是个问题，但它对下一代没有影响，不像希腊或者美国。”

我从彼泽森的办公室出来，走在腓特烈堡草木葱茏的大街上，道路两旁矗立着气势雄伟的别墅，我突然产生了一个想法。丹麦人对储蓄和借贷“得过且过”的态度，是不是他们幸福感的又一个外在表现呢？对于一名经济学家，甚至像我这样对金融一窍不通的人看来，他们对借贷和支出的态度几乎无异于自杀，可是，会不会还是丹麦人笑到最后呢？他们说，钱，生不带来死不带去，所以，债务也不会跟着你去到来生。即使债务缠身，丹麦人显然有办法照样生活得无忧无虑，他们对银行贷款的态度是不是对的呢？过去几年来，银行似乎并不是清白正直的典范，那么，为什么它的客户要做到清白正直？

可是，丹麦人声称，他们乐意一只手把钞票交给政府，另一只手忙着上网申请多借一些钱，用来购买高质量的德国产汽车、顶级品牌 Bang & Olufsen（简称 B&O）电视机，时不时去一趟普吉岛度假，或者把一只鼓鼓囊囊的牛皮纸信封塞给波兰建筑工人，这真是个悖论。

事实是，他们的这种做法由来已久。1694 年，英国驻哥本哈根大使罗伯特·莫尔斯沃思就在他的回忆录《丹麦纪事》（*An Account of Denmark*）中写道：

丹麦这个国家深受高税收的困扰。结果导致所有人都想尽办法在税金上做手脚……总体来看，我的结论是，那些名目繁多的税费在道义上不可能持续下去。本国人民的负担已经如此沉重，他们有理由盼望遭到别国的侵略，而不是保卫自己的国家不受侵略；因为他们几乎没有财产，也没有房屋可以失去。

丹麦人如今的行事风格几乎与希腊人别无两样，可是他们的形象却似乎全然未受玷污。至少在这一点上，你不能不佩服他们。

第 8 章

热水浴缸三明治

一国国民以悠闲自在的生活态度、以追求中庸和谋求共识、以放松随和闻名于世，想不到却在经济上如此极端：福利国家极端主义，借贷和债务极端主义，税收极端主义，（低）工作时间极端主义，等等。这非常奇怪，不是吗？

你可能会以为，这个拥有最高税率、某些公共部门的支出全球最高、在过去三四十年间每年以 2% 的速度增长的福利国家，也会拥有同样出色的公共服务、一流的医院、最便利的交通系统和最好的学校，对不对？丹麦人除了是全世界最幸福的人，在这些更为有形的、可以用统计数据证实的领域，也应该得分最高——至少得分非常高，对不对？

可是，冰凉的统计数据并没有给丹麦蒙上一层熠熠生辉的光芒。联合国人类发展指数依据诸如预期寿命、识字率和人均国民总收入等，评估一个国家的发达程度；通常情况下，丹麦排在第 16 位，低于爱尔兰、韩国和除芬兰以外的其他几个北欧国家。

具体说来，国际学生评估项目（PISA）是国际上接受度最高的针对学校标准的排行榜，它对丹麦教育系统的看法尤其不容乐观。最近一份报告是 2009 年发布的，在多数关键项目上，丹麦都排在全球前 30 个国家的后三分之一，在科学一项甚至排在英国后面，这实在很能说明问题（与芬兰形成对比，芬兰几乎全部排名第一或者靠近第一）。

“谁在乎它呢？”我提到丹麦的 PISA 成绩不佳时，欧・凯・彼泽森说，“PISA 测量的是在丹麦不太要紧的能力。如果测量我们的社交能力、协作、同理心、团队工作能力，丹麦肯定排第一。”我认为，公平地说，彼泽森也许有他自己的考虑，因为他多年担任丹麦的教育理事会主席——他指出，现代的丹麦有大量中小企业，这些企业都实行扁平管理，社交能力远比在“3 个 R”上得高分更为重要。

我和彼泽森讨论过这个话题之后不久，丹麦某大学发布了一份报告，把 PISA 的方法论批得一无是处。该报告写道，丹麦儿童与世界其他国家相比成绩显著不佳，这不是事实。PISA 的计算方法不对。不巧的是，这篇报告发表后没过多久，丹麦广播电台——它在丹麦相当于 BBC 在英国的地位——播出了一套扣人心弦的纪录片，由 4 部分组成，它比较了丹麦和中国的 16 岁学生在 4 个方面的成绩：数学、创造力、社交能力和英语。我认为，公平地说，多数丹麦人原本以为，中国学生会在数学方面胜出，而丹麦学生具有更好的社交能力和创造力，也更擅长英语。结果却是，这套系列纪录片在整个丹麦教育系统、电视观众和政府部门引起了巨大的冲击波。丹麦学生在前三项被中国人完败。只在英语一项，丹麦人获胜。（这些结果对丹麦的教师工会全无帮助，当时，它正在举出种种理由反对增加授课时间，虽然他们的授课时间已经比欧洲其他国家更少。所以，他们要求减少授课的理由难以成立。）

这些年来，我本人与丹麦的公共服务部门打交道的次数相当有限，我的体会零零散散，不成体系。就丹麦的医疗服务而言，我的头一个儿子出生时，我看到的是国际一流的技术水准，有不同凡响的助产士、热水浴缸和三明治；到第二个儿子出生时，就和第三世界差不多了，助产士心不在焉地在产房里进进出出，好像在照看小火慢炖的汤锅，只在最后忙乱了一小会儿。除此之外，我没有精准的第一手资讯，只听闻了一些零星的趣闻轶事，这当中既有盛情的赞美，也有庸医误人的可怕故事——换句话说，和其他国家的医疗服务系统没什么两样。

其实，前不久我倒是有过一次生动的体验，它与丹麦外省大幅削减医疗服务有关。我的小儿子的一只眼睛里进了东西，于是我带他到最近的急诊室，大概在 30 英里以外。候诊室里挤满了人，我儿子用两只手捂着眼睛，表示他的眼睛出了问题，我护着他，走向唯一的空座位。旁边的座位上是胖得出奇、身上有刺青的一家人，他们还带着一只同样粗壮、好似水桶一般的德国腊肠犬（“肥胖是急诊吗？”我在接待处排队时，无聊地想着。看他们的样子，我认为可能是的）。

我终于排到了队首，却被告知，医生不能给我的儿子看病，因为我没有预约。这对我又是个新情况：看急诊要预约？这是前不久推行的缩减成本的措施，接待员叹了口气说，为了精简系统。

“啊，对不起！下次，在有人不小心把自己弄伤以前，我一定先打电话来。”我客气地调侃了一句，领着蒙着眼睛的儿子走出了医院大楼。

鉴于丹麦人为了享受医疗服务，把相当一部分薪水交了出去，同样让人意外的是，他们去看牙医、去验光必须花钱，买处方药也要花钱（处方药的价格比英国贵）。他们接受物理治疗和心理治疗，大部分费用也必须自掏腰包——这两项在英国都是免费的。就连救护车服务也私有化了。也许正因为如此，丹麦才变成了北欧大家庭里那个病怏怏的胞弟，我们看到，它的癌症发病率最高，预期寿命最短（78.4 岁），它的酒精消费在欧洲也属于最高水平。丹麦人还似乎嗜糖如命，他们人均消费的糖果为全球之最（每年 7.81 公斤）。也许不那么让人意外的是，他们还是全球最大的加工猪肉制品消费者，这个话题近些年招致了好几次健康警告（根据我查到的资料，丹麦每人每年要吃掉65公斤猪肉）。而且，事实证明，他们还不情愿戒除吸烟的习惯，我猜想主要是因为他们的烟草业举足轻重，而且他们还有一位受人爱戴的长寿的女王，这位女王是个有名的烟民。丹麦直到2007年才禁止在学校里吸烟。

至于丹麦的教育系统，显然我自己不可能亲身体验过，不过，我的孩子们此刻正在丹麦的学校里读书。起初，他们就读*folkskole*，也就是公立学校。丹麦*folkskole*学校的历史可以追溯到19世纪初，*folkskole*是他们民族认同的构成要素，更是社会平等的构成要素。正如丹麦社会主义人民党前任党首维利·瑟芬达尔所说："*folkskole*是一种巧妙制度的绝佳典范，它把各个社会阶层的孩子们汇聚一堂，由此让我们的社会团结起来。"罕见地，我发现自己与瑟芬达尔意见一致（他被认为是守旧的左派，在他钻进部长专车的那一刻，他的理念被迅速抛弃），不过他是对的，他说，*folkskoler*是促进丹麦社会凝聚力的关键因素。可是，如同英国的综合系统，人们越来越担心，学校倾向于为了照顾中下水平的学生，而牺牲成绩好的尖子生可能取得的成就；为了不让差等生掉队，而降低教学水平；不赞成考试。虽然我知道，我说这样的话，听起来就像反动的老浑蛋，可是，丹麦的学校好像的确太过注重社交能力，而对实际的学习关注不足。

后来，我们把孩子们转到了一家*privatskole*（私立学校），那里较多强调比如制止学生用椅子互相打闹，以免击中彼此的脑袋。（我应当指出，丹麦的私立学校是得到国家财政支持的，家长只需支付额外的费用，这笔钱以英国私立学校的标准来看微不足道。）

丹麦的公共服务经常处于岌岌可危的状态——铁路系统几乎破产，医院效率低下，中小学糟糕得令人发笑——随着思考的深入，我不禁产生疑问，丹麦人仍然觉得自己交纳的税金得到了很好的回报，是不是因为他们其实不太清楚那些钱被花到了什么地方。前不久，自由联盟（右翼，经济自由主义政党）的一名议员提出，应该把所有公共支出的明细都列在个人报税表上，这样丹麦人就可以知道自己交的税有多少被用于教育、多少用于国防，等等。在我看来，这谈不上是什么革命性的创想，可是，也许不出所料，这个提议会在议会引起哗然之后寿终正寝。可是，这个主意不好吗？那么多税收到底用到什么地方去了？

“激励失业人员再就业花去200多亿丹麦克朗。我们有相当昂贵的儿童保育系统，此外，当然还有转移支付。”马丁·阿格鲁普说，指的是用于养老金、失业和疾病津贴、儿童与住房补助以及助学金的上千万克朗。有一百万丹麦人领取住房补贴，养老金则本质上是个无底洞。

我想暂时再说一说那个合唱团的比喻。正如我在倾听繁复的《波西米亚狂想曲》的片刻蓦然想到，如果你只是数百人的合唱团中的一员，你很容易浑水摸鱼，留在集体当中。你即使把麦克风关掉，只是做做唱歌的口型，也不会有人察觉，因为他们只顾操心自己的声音好不好听。这种情况很容易滥竽充数。

我越来越觉得，太多的丹麦人在太久的岁月里正是这么做的。近期媒体曝光率最高的案例是那位“*Dovne Robert*”（懒汉罗伯特），此人30多岁，受过良好教育，身体健康，他年年领取失业救济金，已经领了11年之久。他玩弄这套系统，就像音乐大师演奏斯特拉迪瓦里名琴。不出所料，这个故事引起了轩然大波，似乎切实推动争论走向深入，不过，如今罗伯特作为媒体上的熟面孔过着惬意的生活，而且，本质上，他依旧处于失业状态。

毫无疑问，丹麦人终究必须痛下决心，发起存在争议的改革并承受其波及广泛的后果，就像瑞典人在上世纪90年代初银行业危机爆发之后的所作所为，瑞典因此发展形成了远比以前更为强大的经济。丹麦的公共部门和税收水平无法持续发展。如同西方社会的整体情况，丹麦的人口步入老龄化，处于工作年龄的人口逐年减少，出生率处于20年来的最低点。唯一的问题是，哪位政治家、哪个政党有 *conjones*（魄力）做出那些可能极其不得人心，却实属必要的决策呢？

丹麦人似乎面临着异常艰难的抉择，这些抉择不仅对他们长远的经济稳定，而且对他们那被大肆渲染的幸福感产生直接后果。可是，他们面临抉择吗？在我的童年时期，英国社会到处弥漫着个人主义的、铁娘子一代的、“贪婪是好的”的氛围，也许，这导致我对类似丹麦社会的集体主义的好处视而不见。毕竟，丹麦和英国，哪个国家有更多的贫穷、更高的犯罪率、更显著的不平等以及讨厌的脱口秀主持人杰里米·凯尔呢？谁的国民更幸福呢？是时候该听一听丹麦模式最著名的拥护者给出的理由了。

第 9 章

大黄蜂

看起来非常眼熟，可是我怎么也想不起来，何以这么眼熟。我以前从未涉足克里斯钦堡宫，即丹麦的国会大厦，但我却油然而生一种强烈的似曾相识的感觉。

上午我早早到达，一路畅行无阻地通过了几乎不存在的安保系统。我身上有什么东西触发了金属探测仪，却没有人过来阻拦我，于是我继续往前走，到了接待处。对于一个近年来收到过若干次恐吓，并发生过几次真实的恐怖袭击的国家来说，一切都显得极其放松。

在一间没有窗户的等候室，我等了很久——等得实在无聊，我居然有闲工夫琢磨，为什么丹麦语的欢迎标语 *Velkommen til Folketinget* 后面没有感叹号，而英语翻译“欢迎来到丹麦议会！”则加了感叹号。终于，一位身穿精干套装、身材高大的女士来了。我随她走上一段宽阔的宫殿台阶，穿过几道气势雄伟的长廊，最后被送到了一间屋顶很高的办公室。办公室足有半个足球场那么大，摆放了几把经典款的丹麦桌椅，墙上挂着大幅的抽象派油画作品。

我突然产生了毛骨悚然的感觉。我知道这个地方。我来过这里。就在这时，丹麦政坛那位举足轻重的老人莫恩斯·吕克托夫特走了进来。多年来他是丹麦税收政策的主要设计师，现任国会发言人，也是执政的社会民主党主席。我恍然大悟自己对这个地方何以会有似曾相识的感觉。

“是《权利的堡垒》！”我指了指整个房间，惊叹道。吕克托夫特皱了皱眉头，看起来有点莫名其妙。“我刚才在想，为什么这里看起来这么眼熟。原来是因为《权利的堡垒》，那部电视连续剧。”

《权利的堡垒》是一部丹麦电视剧，讲述虚构的丹麦女首相比吉特·尼堡的故事，它在复制的克里斯钦堡宫内拍摄。这部电视剧在英国和美国的荧幕上热播一时，当然还有丹麦的荧幕，半数人口每到星期天晚上准时坐在电视机前收看，它的故事情节诡异地预言了赫勒·托宁-施密特当选丹麦首位女首相。剧中有一位不修边幅的老先生，他给尼堡出谋划策，教她在少数派的政府中与敌对势力发起短兵相接的政治斗争。我想，吕克托夫特就像那位老先生在现实中的化身。他坐下来，继续警觉地看着我。

自 20 世纪 60 年代以来，吕克托夫特一直活跃在丹麦政坛，当代丹麦的大多数重要决策都有他的参与，或者说幕后有他的身影，尤其是税收负担从 1960 年占 GDP 的 25% 增加了两倍，达到今天破纪录的将近 50%。

他前不久出版了一本小册子《丹麦模式》(*The Danish Model*)，其中突出说明了他自 1981 年进入议会以后，参与推行的多项经济和劳动政策。这本小册子试图解释丹麦的所谓“大黄蜂”经济：传统的经济学思想认为，这种高税收、庞大公共部门的模式会抑制增长、创新和竞争力。它应该行不通。正如物理学原理告诉我们，笨重的、不符合空气动力学原理的大黄蜂应该飞不起来。可是，丹麦经济和大黄蜂都实现了腾飞。

“首要动力是缔造一个具有竞争力、高增长、高就业的社会，同时人与人之间的经济差别要比世界上绝大多数国家都小，而且更加和谐，社会保障更高。”吕克托夫特对我说。他年近七十，如今不再留着一度成为其标志的山羊胡子。一张矮桌摆在我们中间，他呷了一口咖啡，从桌上的盘子里剥了一颗糖吃。“丹麦的分配模式——对钱和准入资格的分配——比美国或者英国向更多人敞开机会的大门，让他们可以过上体面的生活，可以发掘自己的潜力。我们一直在努力向新自由主义的怀疑论者证明，这只大黄蜂能飞起来。”

在吕克托夫特看来，丹麦战后的成功是由于财富再分配和就业市场的灵活性所致，它们得到了优厚福利的支持。“我们比其他欧洲国家更为灵活，”他敲着桌子表示强调，“我们有义务确保人们在失去工作以后不会变穷，他们在找新的工作时得到帮助。我们还必须有能力培养更加合格的劳动力，这两者是相辅相成的。”

他是否不接受右派的观点，即税收打击工作、创新和冒险的积极性？果然，他不接受。他认为，看看美国和丹麦中产阶级的可支配收入，一旦把儿童保育和医疗保健这两项纳入考量，二者的水平大致相当。在丹麦，儿童保育和医疗保健都可以免费获取——75% 的儿童保育成本由国家买单，医疗保健当然也是，还有相当一部分老年护理——在美国，人们交税较少，但是这些服务也必须自己掏钱。区别只在于你在哪个阶段为它们掏钱罢了。

“真正的差别是，患病或者失业风险较大的人群在我们的制度之下生活得更好，高收入者则不然。他们在世界其他国家会生活得更好。不过，这是否意味着那些高成就者、高技能人才，为了避免纳税，会移民离开丹麦呢？这才是真正的问题。”高明的政治家很少提出自己尚无答案的问题，吕克托夫特对这个问题显然也有自己的回答。他认为，没有证据表明出现了这种现象，财富的创造者留在丹麦，不存在人才流失的问题。

如今，人才流失是个很难量化的问题。就我耳闻目睹的一些情况，纽约和伦敦随处可见创造力活跃、雄心勃勃的丹麦移民。几年前，《纽约时报》刊登了一篇报道，标题如下：“年轻工人逃往低税收国家，丹麦感到压力”。丹麦工业联合会多年来隔三岔五发一通牢骚，称高税收正在把人才赶到国外。

我还提到了丹麦糟糕的 PISA 成绩，人们对医疗服务的抱怨，并且指出，丹麦的公共铁路系统“丹麦国家铁路”（Danske Statsbaner，DSB）近年来处于破产的边缘。对此，吕克托夫特对丹麦的纳税人得到的回报还感到满意吗？

“公共服务有些角落，存在每况愈下的情况，”他谨慎地表示认可，“存在功能失调，当然，我们正在努力补救。”

我指出，瑞典的经济状况明显比丹麦要好，这种情况已经持续了很多年。在法国巴黎银行（BNP）的列表中，丹麦在缓慢地下滑，瑞典则始终岿然不动。《华盛顿邮报》把瑞典叫作“复苏的摇滚明星”，《经济学人》近期有一篇文章专题报道了北欧地区表现得多么出色，基本上都是关于瑞典的内容。丹麦的 *flexicurity* 制度被认为具有灵活性，应对及时，它有宽松的劳动法和优厚的福利，瑞典与之相反，瑞典的就业立法相当严格，福利较低，而工作保障更高（就我的理解，瑞典员工必须在 CEO 的办公桌上解大便时被抓了现行，同时点火烧掉了划时代的新产品设计图纸，才会收到第一次书面警告，攒够 5 次警告，公司才能够要求仲裁，即使走到这一步，要解雇他，也还必须征得前台女接待员的同意）。同时，根据世界经济论坛最新的全球竞争力指数，瑞典排在第 4 位，丹麦则在一年之内从第 8 位下滑到了第 12 位（几年前曾经排在第 3 的高位）。根据经合组织的预测，今后，在法国巴黎银行的列表中，丹麦的人均收入将落到北部欧洲最低，瑞典则继续保持在前10名之列。许多人会指出，瑞典成功的关键在于，20世纪90年代，它大幅削减税收，大力精简公共部门，并且大刀阔斧地推行私有化。丹麦现在才开始被迫考虑这些改革。

吕克托夫特不同意上述看法。

“是的，可是，他们在金融危机期间利用货币贬值，卖掉了上市公司的大量股票，那是不可延续的。”换句话说，在吕克托夫特看来，瑞典近年来的经济业绩是建立在外部因素的基础之上，是卖掉家传宝贝的结果。

我喜欢吕克托夫特。他是丹麦一位德高望重的政治家，受到丹麦五花八门的政治派系的普遍敬重。但我还是不禁感到，他的脑袋即使不是埋在沙子里，至少也戴上了排除一切噪音的精密耳机。

除了脂肪税、保育箱和瑞典遥遥领先于自己等问题之外，许多丹麦经济的观察家首要担心的是它那可怜的生产率水平，自90年代中期以来，丹麦的生产率就一直落后于欧洲平均水平。关于这个话题，公共委员会、报纸专栏和电视节目中进行过无休止的争论，可是，没有人知道为什么丹麦人不像我们其他人一样，在上班时间全力以赴。

洛科威研究基金会的托本·川内斯认为，他也许找到了答案。“现在还要保密，我们这个月晚些时候要召开一次媒体发布会，”他告诉我，“我们作了数据收集。我们让人们每隔10分钟登记一次自己在做什么，这样我们就可以把他们的实际工作效率与口头上的工作效率加以比较。结果表明，虽然人们嘴上说自己完成了很多工作，实际上（他们完成的工作量）在减少。”

川内斯的意思似乎是说，1）丹麦人很懒，2）他们撒谎说自己不懒。丹麦人原来是具有英雄气质的拖延高手；当然了，这里是哈姆雷特的故乡。在任何一个工作日，他们都会竭尽所能地找一件事情，随便什么事，并花费心思在上面，只要它不是富有成效的工作。

“他们（接受调查的丹麦人）告诉我们，‘好吧，一般情况下，我要干这么多活儿，但是这个星期，我孩子的学校里有点事情要我处理。’”这样的借口无穷无尽——照顾生病的孩子、约好了看牙医，如此种种。工作岗位的级别越高，情况越严重：CEO 几乎是这群人当中最懒散的。川内斯接着说：“生产率的问题受到许多因素的影响，但是我认为，一个主要因素是，我们不再像过去那么坚持不懈，努力奋斗。”

当然，右翼人士再次指出，丹麦的高税收是导致生产率低下的原因：既然努力工作的结果是把更多钱交税，让自己的收入达到了最高等级的税率，那么何必努力工作呢？“我们开征酒精税和脂肪税，是为了限制人们饮酒和食用高脂肪食品，”马丁·阿格鲁普说，“那么，顺理成章的结论就是，所得税会起到同样的效果。看看瑞典。瑞典 90 年代初大幅降低了边际税率，结果发现人们干活更多，小时工资也提高了。”

莫恩斯·吕克托夫特绝对不接受税收起到了抑制作用的说法。“唔，几年前，我们的全球竞争力还排在前三位。”他反驳道。虽然他也承认，生产率是个问题，可是他说，丹麦人懒惰并不是丹麦的生产率增长缓慢的原因，而是丹麦成了它自身成功的牺牲品。政府成功地激发了很高比例的工作人口（在世纪之交的蓬勃发展时期，几乎没有失业）的活力，它把生产率最低的社会成员也动员起来，结果拉低了整体的生产率。我认为，这在以前也许是实情，现在的事实却是，我猜想，丹麦人的好日子已经过得太久，他们失去了源源不断的干劲儿。还有一份 2013 年由政府的统计部门——并非缺乏权威的小机构——发布的报告称，丹麦人的工作时间甚至比此前认为的还要少——每周不足 28 个小时。

“我们愿意工作多长时间，与我们希望享有多少公共服务之间，似乎存在脱节，”川内斯这样对我说，“我不认为丹麦人达到了应有的敬业程度，以便支持他们想要的福利国家（规模）。”我不由地感到，哪怕只是稍微减一点儿税——比如减少到瑞典那样的水平——减少转移支付和（比方说）国防支出（毕竟，人们禁不住纳闷，鉴于过去的记录，丹麦的军队到底有何用处），或许有助于扭转这种局面，激励丹麦人多一点时间在办公桌前工作，少一点时间去做发型。

虽然如此，我从吕克托夫特的办公室出来，却突然冒出一个让我凛然心惊的想法。展望未来，他会不会在今后某个时候赞成增加税收呢?

“你不能引用我下面要说的这句话，”他说（就我所知，这次会谈是记录在档的），“我认为，我们至少必须对税收制度再作一些修改，开征资源税。”

丹麦人啊，别说我没有提醒过你们。

第 10 章

牛仔工作服

该去了解一下传说中的“烂香蕉”了。我那些见多识广、高高在上地生活在哥本哈根的朋友们说，“烂香蕉”地区的人头脑简单、守旧落后，真是这样吗？我打好一只准备住一晚的背包，钻进我那辆吱嘎作响的破车，一路向西驶去。我驾车穿过气势雄伟的大贝尔特桥——侧风阵阵吹来，每次过桥都让人神经紧张——来到了菲英岛。

汉斯·克里斯蒂安·安徒生 1805 年出生在菲英岛，稍有能力便离开了家乡。这里与安徒生时代相比，没有发生多少变化，在许多丹麦人看来，这座岛屿只是哥本哈根与日德兰半岛之间的一块跳板而已。这种状况令我惋惜。因为一旦调整适应了这里慢节奏的生活，菲英岛上的乡村是非常迷人的，尤其是该岛南部，那里有成片原生态的田野，神奇的山毛榉树林和美丽的海滩。菲英岛没有像日德兰和西兰那样遭到农业产业化的严重破坏，岛上的地块面积较小，夏天可以收获非常美味的农产品；春夏时节驾车行驶在乡村道路上，有大量机会可以买到新鲜的豆角、土豆、草莓和芦笋，秋天则可以收获苹果、李子和樱桃。美国人会把这些瓜果蔬菜叫作“祖传宝贝”，但是对菲英岛上的居民来说，它们只是自己吃的应季瓜菜而已。

如同“烂香蕉”的其他地区，菲英岛的人口规模也在下降，年龄在老化。开车经过一座座村庄，可以看到散落的土黄色炉渣砖砌成的房屋，很多房屋年久失修，破败不堪。附近看不到一个人。面包房关了门，肉店不见了，蔬菜水果店消失，所有的零售活动如今都集中在超市，集中在它们那毫无魅力的城外仓库里。超市像虹吸器一样，吸干了像福堡（Faaborg）这样原本韵味浓厚的古镇的生命力。

我谙熟丹麦的这一地区，因为我的岳父母生活在这里。为了探索未知，我继续向前，往日德兰方向驶去。[1]我对日德兰半岛知之甚少，多半因为我每次造访，都会很快离开，并且纳罕自己当初为何而来。日德兰半岛多风，空气中弥漫着粪肥的味道。当地居民让我想起约克郡人：唐突，易怒，不信任哥本哈根人及其浮华做派，也许还有点儿心胸狭窄、见识浅薄。人们身穿牛仔工作服，骑着冒烟的小型摩托车。不得不说，这里的女人惊人地美貌（尤其是奥尔堡，不知何故），但是，就文化消闲或者自然风光来说，日德兰可以提供的东西，几乎都可以从西兰得到。（我被告知，除了妓院的乐趣；那些有特殊嗜好者，我们姑且称之为“皮毛的愉悦”，可以在妓院里得到尽情满足。）[2]

我觉得也许到了重新评价日德兰的时候，再给它一次机会。毕竟，日德兰有丹麦最美的海滩，有全国最高点（只是一座不太高的山，叫作默勒霍希峰，海拔 560 英尺［约 176.9 米］，只有伦敦的碎片大厦约一半高度），还有乐高乐园。这里也是耶林石碑（Jelling Stones）的所在

［1］ 我得澄清一点，并不是因为菲英岛是我岳父母的居住地，我才急忙要赶往日德兰。

［2］ 这是合法的。丹麦是欧洲、可能也是全世界唯一的国家，规定兽奸不是犯罪；它担心这样的法规会使生猪养殖户遭到起诉，因为他们要对母猪进行人工授精。我看过相关主题的一档电视节目——我是出于研究目的——据估计，7% 的丹麦男性与动物发生过性行为。下次你观看丹麦国家队踢足球，不妨转动这个念头：极有可能，其中一名球员就与四足动物发生过关系。

地。丹麦用耶林石碑同时叫板英国的巨石阵和埃及的吉萨金字塔。所以，这里成了我的第一站。

有一条不成文的规矩，每个丹麦人一生中都必须至少去瞻仰一次耶林石碑。耶林石碑是10世纪的两块石头纪念碑：较古老的那块是国王老高姆（Gorm the Old）为纪念他的妻子泰娅（Thyra）所立；第二块是老高姆的儿子哈拉尔·蓝牙所立。第二块石头不仅纪念一位国王，也纪念他的王国从膜拜异教的神灵转变为顺从基督的教化，在某种意义上，它纪念的是丹麦本身的诞生，因为这块石碑最早用书面文字提到了“丹麦”这个名称。

我在一个阳光明媚的春日上午到达耶林，到处可见丹麦国旗迎风飘扬，我猜想在这座典型的丹麦村庄，这是日复一日的常态。家燕发出尖利的叫声，突然俯冲到墓碑上，新割过的草地散发出阵阵清香，给这一派田园风光画添上了点睛之笔。两块石碑立在教堂墓地里，有清晰的路标指向马路对面的游客中心，里面出售常见的廉价维京纪念品——瓶装的蜂蜜酒、饰有古代北欧文字的纸巾、圣殿骑士音乐CD等——同时有一项展览，它追踪记录了在此地进行过的各种各样的考古发掘，多半一无所获。几百年来，丹麦人一直在耶林石碑周边不懈地寻找皇室遗物，但是迄今为止，似乎只找到了几块方尖塔样的石碑。

我在教堂墓地站了一会儿，端详着那几块石碑。长久以来，那块高姆石被平放在教堂的墙角，用作座椅。如今，它摇身一变，成了标志着丹麦诞生的珍贵图腾，被郑重其事地安放在专门的可调节温度的玻璃间内，以保护它不受风吹日晒。两块石头——其中一块只有信箱大小，另一块是它的两倍——写着古代北欧文字的碑文，原来是红蓝两色，如今已经褪色。由于几百年来暴露在外，石碑受到侵蚀，如今，上面的碑文看起来很像罪犯为了熬过漫长的牢狱生涯，在监舍的墙壁上胡乱刻写的字句。碑身上还刻有斯堪的纳维亚发现的最早的基督图案：他像异教徒那样，身上缠绕着树枝。所以，耶林石碑不仅是早期皇室的一项公关活动（实际上，老高姆和哈拉尔蓝牙都不是“整个”丹麦的国王，只是他们希望打造这样的形象）；石碑还首次提到了一支有据可查的社会力量，尽管如今几成禁忌，这支社会力量却胜过一切其他力量，在最大程度上定义了北欧社会。虽然北欧人在成长期间几乎不受宗教的浸染，相比其他基督教国家的国民，他们上教堂最少；虽然教会对社会的教化今天已经甚少被人提及，但是，基督教在北欧的特殊形式，即路德宗，却深深地影响了北欧人心理的造就，并且至今仍然左右着此地民众的言行举止和处事方式。

在某种意义上，可以说，耶林石碑纪念的是北欧例外论的发端。正是由于基督教的到来——当年，当然是天主教——才开启了维京人漫长而缓慢的文明历程，终结了他们的某些不甚高尚的行为——比如一夫多妻制、奴隶制、血腥世仇等等。在接下来的几个世纪，教会主导了这一地区艺术和文学的发展，修道院成了主要的学习机构，有的主教——比如建立了哥本哈根的阿布萨隆主教——变得像国王一样势力强大，嗜杀成性。然后就发生了马丁·路德在教堂门口贴出《九十五条论纲》的出格行为。

在斯堪的纳维亚，宗教改革运动是比文艺复兴更为重要的文化和社会力量。正如 T. K. 德里在他论述北欧历史的权威著作中所写的那样，“时间已经过了三个半世纪以上，在德国发展成型的宗教观念传到斯堪的纳维亚以后，仍然获得比它在其发源地更为广泛的认可”。斯堪的纳维亚人心灵深处的某些东西对路德宗欣然信服，其接受度远远超过了路德宗的诞生地；路德的教义——及其衍生出来的卡尔文派和虔敬派——在此地更加深入人心，也许因为这里的人口具有更加独立的性格特点，大多生活在更为贫穷、更为隔绝的社区（新教不像天主教那么喜欢公开表达对上帝的崇拜，而是更多关注个人内心的安宁——这至少是我的理论）。当时的瑞典国王、无所不能的古斯塔夫一世说一不二，言出必行；他皈依路德宗，成了热忱的信徒，主要出于他自己的政治动机，这也有助于路德宗的传播。

路德向天主教的霸权发起挑战之后，便义无反顾，一往无前，至少就斯堪的纳维亚人而言是这样。天主教在几十年间几乎被消灭殆尽。丹麦和瑞典国王都欣然接受了新的信仰，虽然相对于欧洲其他地方的天主教信徒所遭受的迫害，这里的天主教徒的日子好过得多。1527 年，丹麦国王弗雷德里克一世（Frederik I）宣布，丹麦人民应当随心所欲地自由敬拜，“国王和法官大人是针对其王国境内的生命财产而言，而非针对其人民的灵魂归依而言。”（虽然如此，在当时仍属丹麦管辖的冰岛，缺席路德宗的礼拜仪式仍然会遭受鞭打的惩罚。）

到了 20 世纪末，世俗化以类似的方式无风无浪地取代路德宗，产生了广泛而深远的影响，至少斯堪的纳维亚的都会中心是这种情况。今天，路德宗的人气有时候好比英国中世纪流行过的逗熊游戏，尤其是倘若用上教堂的人数作为判断依据：如今，在整个斯堪的纳维亚，上教堂人数下降到了只有 2.5% 左右。

于是我在想，在今天的斯堪的纳维亚，路德宗还有影响吗？如果有，体现在哪里？

第 11 章

贝蒂娜鞋店

阿克塞尔·尼尔森（Aksel Nielsen）从小体弱多病，性格敏感，长大后，他成了个矮小瘦弱的年轻人。他 1899 年出生在日德兰北部莫斯岛上一个使人昏昏欲睡的小镇尼克宾（Nykøbing），父亲是个铁匠。他在当地的学校接受了基础教育，17 岁那年，他跟随一艘前往纽芬兰的纵帆船出了海。

书呆子气的阿克塞尔一生多次逃离现实生活，这是第一次；第二次发生在几个星期以后，在大西洋的另一侧，他跳了船。当时正是世界大战期间，夜深人静后，尼尔森喜欢躺在自己的铺位上悄悄地在笔记本上写写画画，再加上他口音奇怪，不会讲英语，这些行为引起了其他船员的怀疑。工友们认为他也许是个德国间谍。于是他又跑了。这一次他途经西班牙逃回丹麦，一路上靠在船上干活维生。

在故乡尼克宾，没有人稀罕阿克塞尔。当初他离家远行，父母就很不高兴，他出海又半途而归，更是加深了他们对他的意见。不过，事后看来，他前往北美洲的大胆之举反而成就了他。24 岁时，在遭到无数次退稿之后，尼尔森终于出版了根据他去纽芬兰历险的经过写成的小说，书名叫《来自拉布拉多的故事》（*Stories from Labrador*），他给自己改了姓氏，叫桑德莫塞（Sandemose），取自他的挪威母亲的家乡小镇附近的一处地名。后来他又写了几本书，他的风格是把虚构与真实交融，为此批评家经常把他与约瑟夫·康拉德作比，只不过他在叙述中经常穿插冗长但颇有见地的议论。

桑德莫塞的一生中还将多次逃离。接下来是逃往挪威，1930年，在一连串的财务失败之后，包括把下一本书的版权卖给两家出版商（我听到此事，立刻踢了自己一脚，提醒自己不要犯相同的错误），他带着妻子和三个孩子跑到了挪威。“二战”期间，他因为在外围参与了挪威的抵抗运动而再次出逃，这一次跑到了瑞典。他的参与无非是与真正的抵抗运动成员喝过一两杯啤酒而已，但是他们害怕桑德莫塞不能保守秘密，就劝他越过边境，前往中立国瑞典。1945年，他把妻子和三个孩子留在瑞典，只身回到挪威，又和另一个女人生了一对双胞胎。

人们都说，桑德莫塞惹人讨厌，靠不住，是个缺乏道德感的牛皮大王。他的一个儿子后来控告父亲分别犯有恋童癖、乱伦、虐待动物和重婚等多项罪行，在针对他的控罪书中，后来又添加了疑似杀害一名挪威人的罪行。前几天我在挪威航空的一架737上注意到，飞机尾部挂着桑德莫塞的肖像，该公司在着力宣传“挪威”英雄，他是其中的一位。我不得不说，他其实够不上充当一家企业的偶像。

桑德莫塞的著作如今几乎不再有人阅读，除了1933年出版的小说《穿过自己足迹的避难者》（*A Fugitive Crosses His Tracks*）中的某些片段。这是一本加了障眼法的影射小说，里面所写均为尼克宾的人和事，只不过尼克宾在书中换了个名称，叫“詹代”（Jante）。这本书引起了轩然大波，它讽刺了丹麦小镇的生活，那里被琐碎、嫉妒、背后中伤、飞短流长、小肚鸡肠和反向势利主宰。不用说，这本书在尼克宾尤其引发了愤怒的、气急败坏的抗议，因为它入木三分地揭露了当地居民的狭隘和浅薄，书中的许多人物很容易找出原型。

《穿过自己足迹的避难者》中有一段既定义，也折磨着丹麦人的内容，是生活在詹代这个虚构小镇的居民必须遵守的一张规矩列表。这些规矩日后就成了詹代法则（*Janteloven*），相当于丹麦版的《十诫》，它的影响和名声传播到了丹麦的边界线以外，传遍了整个北欧地区。

下面就是詹代法则的条目，倘若有人打算移居北方，他首先应当对这些规矩心中有数：

不要以为你是个人物。
不要以为你和我们一样。
不要以为你比我们聪明。
不要自作聪明地幻想你比我们好。
不要以为你懂的比我们多。
不要以为你比我们重要。
不要以为你能做成什么事情。
不要嘲笑我们。
不要以为别人在乎你。
不要以为你能教给我们点儿什么。

只要对作者的生平稍有了解，你就会认为，这些法则是一颗失衡心灵的产物，毫无价值，并立即把它们置之脑后。事实却是，桑德莫塞真正点中了丹麦人的死穴。不仅丹麦人，詹代法则在丹麦之外也得到了涟漪般的认可——挪威人对这些法则太熟悉了，我们还会听到，它在瑞典甚至是一支更为强大的维持常态的作用力。不过今天，你和丹麦人提到詹代法则，他们可能会翻一翻眼睛，深深地叹口气。他们对你说，如今这种现象已经绝迹，桑德莫塞的讽刺挖苦不再具有相关性，那是过去的落后现象，彼时，大多数丹麦人都是农民。就连玛格丽特女王也在上世纪 80 年代的某次新年讲话中谴责这种现象，并且代表大家（其他享受幸福生活的人）表达了自己的幸福感，以示人们并非犹疑不决、不敢宣示成功。可是，等一下，他们还是能够给你举几个“朋友”和“亲戚”的例子，他们“在外省地区”承受着詹代法则的压迫。他们最后承认，这种令人窒息的因循守旧在丹麦的某些黑暗角落也许仍然存在，但是，哥本哈根没有。丹麦的这座首都城市已经彻底全球化，其公民非常个人主义，人们使用社交媒体，观看真人秀电视节目，接受泛滥成灾的美式消费主义。

我的经验是，詹代法则在丹麦社会的某些层面比比皆是，不过，确实，在首都的繁华喧嚣中较少看到。我与搬离日德兰的人们谈话得知，詹代法则在日德兰半岛上至今仍然制约着人们的态度和行为，尤其在更为隔绝、更为传统的西海岸，这是确凿无疑的现实。前不久在一次宴会上，我的座位挨着一位女士，她向我解释，她觉得家乡的氛围多么压抑沉闷。“在西海岸，哪怕只是稍微打破常规，稍微显得有所抱负，都会被人皱眉头，”她告诉我，“人们发自内心地不喜欢打破现状。人人都知道你的事，人人都对你该怎么做有自己的看法。我必须离开。我尽可能早地来到哥本哈根，很少回去。”我想，对自己的家乡怀有这种感觉并不稀奇，不过，对于来自日德兰的人们，这种感受似乎格外深切。

那么，尼克宾的情况究竟如何？我要去拜访这个詹代法则的发源地，我会找到哪些迹象表明这些法则的存在呢？尼克宾全称尼克宾莫斯（Nykøbing Mors），它果真像桑德莫塞描写得那么气量狭小、自私浅薄吗？它的居民压抑自己的希望和梦想，互相拖后腿，不让人“认为自己是个人物”吗？如果是，我会看到这种心态的证据吗？

我驾车驶入了尼克宾，时刻警觉地留意着一切可能体现詹代法则的痕迹。路过该镇的标牌时，我的第一个念头是，它的名称本身是不是说明詹代法则在起作用呢？“莫斯”加在尼克宾后面，以便与丹麦的另外几处尼克宾相区别。为什么他们不骄傲地自称 *the* Nykøbing(独一无二的特指)，让别人费心与自己相区别呢？不过，事实上，我完全不希望找到确凿的证据，说明詹代法则在 21 世纪初的今天依旧根深蒂固、岿然不动，我只想确认它是否存在。我把车停在利姆海峡平静而幽暗的水畔边，快步走上了主干道商业街，稍微溜达了一会儿，然后赶往图书馆赴约。

尼克宾的商业街看起来与丹麦其他外省的商业街没有两样，至少这是乍看去给人的印象。有一家图书礼品店，店门外立着一个旋转货架，出售生日贺卡。有几家中等规模的男装店，出售通常的黑色牛仔裤、开领短袖衫和三颗纽扣的外套，这是丹麦人几乎在各种场合最喜欢的着装。有一家理发店，一家烟酒店，一个酒吧和一家药店，都是些典型的小镇店铺。我返身回去的时候，回头看了看了那些店名，这才注意到有点奇怪的地方。我的心里一阵欢腾！商店的名称！各家店名相当平淡，庸常得令人无奈，或者用丹麦人的说法，*tilbageholdende*（退缩或者“内敛”），哪怕连一丁点儿的促销或者打造品牌的暗示都没有。

理发店的店名是干巴直白的“理发”。酒吧就叫“酒吧”。卖衣服鞋帽的商店大胆地吸引路人的注意力，用了个眼花缭乱的名称，也无非是“衣服鞋帽”；书店叫 *Bog Handler*，意思是“书商”。有一家零售店似乎因为隔壁店家寡廉鲜耻的自我推销而受到冒犯，仅用“第 16 号”作为自家的店名；还有一家店似乎生怕有人责怪它自高自大，仅用 *Shoppen* 做店名，意思是“商店”。这些零售商岂止是缺乏营销技能，他们蔑视和摈弃一切常规的推销术。只有一家店铺胆敢挣脱这种无形的约束，在尼克宾的零售店铺中大胆地崭露头角：“贝蒂娜鞋店”。

“小心点儿吧，贝蒂娜，”我心里想着，继续沿着商业街往前走，

“在这些地方，人们不喜欢这么张扬。”

到了图书馆，我向阿克塞尔·桑德莫塞协会的主席本·杜邦提问，他是否认为詹代法则在尼克宾或者丹麦社会仍然显而易见（与此同时，我摆弄着自己的照相机，心中早有答案）。

“不，不，在桑德莫塞写作的那个年代是有的，现在已经没有了。”杜邦对我说。他戴着一副圆眼镜，是个和善的退休教师模样的人。“他写到詹代法则，人们互相打压，人人都认为对方伙同身边的其他人与自己为敌，这种现象已经消失了。詹代法则仍然存在的唯一地方是丹麦媒体。名人、作家、电影导演、体育明星经常说到它。用比利·奥古斯特（丹麦获得奥斯卡奖的电影导演）来举例说明。他每当导演了一部烂片，受到差评，就说，‘哦，那是詹代法则在起作用。’要说有什么的话，如今我们有正面的詹代法则——‘你应该认为自己是个人物。’”

我默默地打开相机，找出了我在尼克宾的商业街上拍摄的几张照片。杜邦浏览着那几张照片，脸上慢慢现出笑意，最后他大笑起来——让我深感欣慰。“我明白你的意思了。我看到确实存在人们退缩不前的因素。”他说。

对杜邦要公正：多数丹麦人宣称，詹代法则的心态在减弱。许多年前我初次到访丹麦时，确实较多察觉到它的影响；也许因为那时候我还年轻，雄心勃勃，并且有点儿不知天高地厚。我当时尚未领悟丹麦人神秘的行为准则，他们表面上看起来和英国人很像，我很快就发现，其实两者之间存在着深刻的不同。时间久了，我可能也在不知不觉中疏远了那些具有詹代倾向的丹麦人——如同人们疏远那些与自己毫无相似之处的人——但是，每当我走出自己的社交圈，还是时不时迎面遭遇詹代法则的冷遇；最常见的情形是我向别人解释自己靠什么维生时，对方脸上会露出困惑不解，又略带轻蔑的神情。由于工作的缘故，我有幸四处旅行，住奢华的酒店，吃丰盛的大餐，开昂贵的汽车，但是，我在与交往不深的丹麦人谈到自己生活的这些方面时，倾向于十分低调，否则，他们的反应只会让我感到费解和难过。

我最近遇到几个例子，表明詹代法则大体上仍在发生作用：有个朋友新买了一辆梅赛德斯，结果，在一段时间内，他不得不忍受弟弟的调侃，“谁叫了出租车”（哥本哈根的出租车也使用梅赛德斯轿车）；还有个朋友要买房子，他的妻子否决了一个选项，因为那座房屋虽然比他们看过的另外几处房子价格略低，却有一只不大的游泳池，而游泳池被认为是多余的。“我们不需要游泳池，”她说，“我们要游泳池干什么呢？”

我的朋友、报纸专栏作家安妮格莱斯·拉斯姆森前几天写文章谈到了她从华盛顿特区（现居地）回国以后的情形，引发了一场关于詹代法则的争论。她和朋友们说起她儿子的学习成绩。“我就不兜圈子了，”那篇专栏文章发表后不久，安妮格莱斯告诉我，“我说，‘他学习非常好，是班上的第一名’。一桌人都不说话了。”她是个丹麦人，她应该知道，这么说很不妥当，她马上意识到自己违反了行为准则。“如果我说，他很擅长角色扮演或者画画，就没关系，但是我夸他学习成绩好，这就大错特错了。”

“詹代法则就像重力法则一样正常，”报纸编辑兼人类学家安妮·努德森肯定地对我说，“到处都可以看到它，尤其是在农业社会，当年（桑德莫塞所处的时代），丹麦遍地都是农民，除了农民还是农民。丹麦建立民主体制时（1849年），这种思想成了国家的思想，社会民主党又给了它第二次生命，这种思想经由宣传和统一的学校制度代代相传，生生不息。”她补充说，“但是，你知道，嫉妒并不是重要的部分。重要的是它的包容性：我们想把你包容进来，但是，除非你是平等的，这种包容才是可能的。农民就是这样想、这样做的。”

我打开一份报纸，想看看能否找到詹代法则至今仍在发挥作用的事例，你猜怎么着，有一篇关于瑞典利乐公司（Tetra Pak）的继承人汉斯·劳辛吸毒堕落的报道：大标题幸灾乐祸地写道，“数十亿家财也救不了他”。还有一篇报道是一个张狂的丹麦商人的破产故事，他出身寒微，靠努力奋斗，购置了多款豪车，并且在国外拥有多处房产，只是犯了几年来不断地在媒体上炫耀的错误。这篇文章通篇洋溢着詹代法则作用之下的报复心理，详细列举了他不得不放弃的奢侈享受：“三年前，他骄傲地告诉本报社，他要买布加迪，要买兰博基尼，要买保时捷，”文章写道，“现在，他却囊空如洗，不名一文。”全世界的报纸都喜欢报道富人落魄的故事，但是，丹麦的报纸对此似乎过于津津乐道。

詹代法则在以神秘的方式发生发展。部分丹麦人享有豁免权：最醒目的反例是他们的皇室家族（我们还会回到这个话题）。艺术家的成功通常是受到赞许的，当然他们最好出身于家境殷实的中产或者工人阶级家庭，并且表现得一如既往，即成就没有在任何方面使他们发生改变。演员或者导演必须对红地毯的喧嚣表示鄙夷，而且要强调指出，他们在耐托（Netto）超市购物，和大家一样过着柴米油盐的寻常日子。

丹麦人很难接受在艺术性不那么鲜明的领域取得成功或者积累财富。诺玛餐厅的主厨勒内·雷哲皮告诉我，他走在大街上，有丹麦同胞冲他吐口水，喝令他“滚回老家去”（他父亲是马其顿人），尤其是丹麦电视台播出了他的餐厅（被英国某餐饮行业杂志连续三年评选为全球最佳餐厅）的纪录片以后。诺玛餐厅的厨师们最早开始推出革命性的北欧菜肴时，丹麦媒体把他们叫作“海豹浑蛋”。他们以为自己是谁，居然要对传统的丹麦饮食动手脚？丹麦人对体育明星赚取的财富似乎也很不以为然（许多人为了避税移居别国，这当然让事情雪上加霜），对流行歌手得到的追捧更是怀着五味杂陈的感情。

我经常对桑德莫塞之前詹代法则的起源感到好奇。毕竟，桑德莫塞声称，他只是在观察丹麦人身上当时存在的性格特点，那么，这些倾向必然早已存在。理查德·威尔金森教授告诉我，生活在较为平等的社会的人，没有必要过多炫耀，所以，也许这就是詹代法则的根源所在：丹麦人对吹牛的人尤其鄙夷，因为他们把平等看得如此之高。“狩猎—采集的社会——类似于史前社会——是高度平等的，”威尔金森说，“如果某个人做出颐指气使的支配姿态，就会遭到嘲讽、取笑或者排斥。这种策略叫作反支配策略，他们因此保持了更高的平等。”

或者会不会是这样，他们的路德宗精神遗产意味着北方人仍然在成功面前止步不前，不屑于浅薄的、个人主义或者精英主义的追求，看不惯对财富的肆意夸耀？虽然丹麦人把上教堂限定为一桩票价高昂的演出事件——圣诞节、婚礼、洗礼仪式——虽然全国各地的教堂几乎每个星期都有关门的，但基督教仍然对丹麦属性的概念、对丹麦人应该如何行为举止发挥着根本作用。与瑞典不同，在丹麦，教会和国家没有分离，宗教从课程设置中删除后，过了几年，又重新成为学校的必修科目。

也许这就是努力工作以求致富并展示自己的成功，何以仍然不被赞许的原因所在。大款巨富和行业领袖在丹麦很少成为榜样人物。已故的海运和石油巨头——也许是丹麦有史以来最为富有的非皇室成员——马士基·迈克凯尼·穆勒受人尊敬，但是既不被爱戴，也不是榜样人物。穆勒很明智，他尽量避免无端地炫耀财富。根据马士基公司企业沟通部门的说法，他严格地遵守工作伦理，直到 90 多岁还坚持出席会议，上班自带午餐盒饭，每天爬几段楼梯到自己的办公室。再加上他对公共设施多次慷慨解囊——他出资兴建了哥本哈根剧院及其他一些项目——这些举动似乎帮助他化解了詹代法则的不少敌意。

外国人该怎么应对詹代法则呢？怎么才能小心翼翼地避开它的陷阱和绊网呢？有两种办法可用：一种是扮演不明就里的外国人，像你在本国时那样行为举止，假装对别人皱起的眉头毫无察觉，若无其事地在丹麦社会穿行，夸耀你的成功和收获。另一种是处处小心，时时留意，严格自律。当一名中小学老师可能会好一点儿。

不管你用哪一种方法，要想从容自在地在丹麦生活，融入丹麦人的圈子，对詹代法则保持警觉都大有好处。不过，如果丹麦生活向你招手，恐怕还有另外两个极其重要的社会现象，是你必须领会和掌握的。

第 12 章

迪克西兰爵士乐

除了詹代法则，丹麦人的循规蹈矩还有两个主要驱动因素——*hygge* 和 *folkelig*。这两个词很难翻译：前者是指一种具有欺骗性的放松，一种非正式、丹麦独有的惬意或者欢乐，但它其实是高度规范化的，有着严格的社交礼仪，它无情地施加压力，迫使他人屈服从众；后者是一种包罗万象的文化民粹主义，它渗透了相当一部分丹麦主流文化，产生的效应与点物成金的米达斯之手恰恰相反，被它触及的一切都变得索然无趣。

我们先来说说 *hygge*，因为丹麦人把它看得比龙涎香和星尘还要珍贵。是的，经常可以用“cosy”（舒适、惬意、畅快）来替换 *hygge*[1]——“我们昨天的酒吧竞猜不是玩得很 *hyggelig* 吗？”“这些蜡烛多么 *hyggelig*，是吧？”等等——但是，“cosy”这个与它意思最相近的英语单词还是无法表达它的全部涵义。而且，还有 *uhyggelig*

[1] 如果你是德国人，这个词可以是 *gemütlichkeit*；如果是荷兰人，就是 *gezelligheid*。

这个词，它不是你料想的 un-*hyggelig* 的意思（这个意思要用 *ikke hyggelig* 或者不 *hyggelig* 来表示），而是含义丰富，既可以表示“有点阴森”“可怕”，也可以表示“毫无必要地对抗”“可疑”或者“诡异”。举个例子，失业率的数字可以用 *uhyggelig* 形容。我想，我还没听说过有人用 cosy 来形容统计数据的。

理论上，你可以对任何人、在任何地点和时间产生 *hyggelig* 的感觉；你可以与不限数量的人群共同体验这种感觉；也可以独自一人 *hygge*，不过我总觉得这有点不正常。*Hygge* 不必花一分钱。它完全民主，绝对平等，向所有人开放（当然，前提是你了解这些规则；而要想了解规则，你要么必须是个丹麦人，要么得到了一个好心肠的丹麦人的悉心调教）。然后还有 *råhygge*，字面意思是“未加工的 *hygge*”，如果你愿意，还有表示程度格外强烈的 *überhygge*。我可以告诉你，如果你想试着体验一下 *råhygge*，最好知道自己在做什么。

最初接触这个词，*hygge* 似乎指的是斯堪的纳维亚社会习俗中“还有什么不高兴的”那类场合，你的眼前顿时浮现出源源不断的葡萄酒、篝火、烛光和快乐时光。*Hygge* 要求平等参与（一个人独占众人关注的焦点是极其 *uhyggelig* 的），还要求参加者生活在此时此刻（“这次烧烤多么 *hyggelig*［这次烧烤此刻正逢其时］呀，是吧？”）民族志学者斯蒂芬·鲍里什在分析这种现象时写道，“它取决于所有各方在交际过程中全身心的积极参与……一种流动的均衡，持续的你来我往，宛如一进一退的舞步，它鼓励乃至于要求这样的参与度……要达到这个目标，必须具备一系列积极的社交技巧，包括调侃戏谑（全国性的消遣）、反唇相讥、讲故事和说笑话，还要耐心、敏感，并且能够充当热情的听众以及表演者。”

我恐怕不得不说，过了这么些年，我有点开始讨厌 *hygge* 了。让我终于对 *hygge* 感到厌恶的，与其说是冒泡的廉价啤酒（他们怎么有脸自称“也许是最好的啤酒”？这就好比英国人自夸 Sunblest 是最好的面包），咖喱鲱鱼，以及只要两个以上的丹麦人聚在一起，就一定会乐此不疲地发起的大合唱，还有吃一顿正式的丹麦晚餐，动辄拖拖拉拉，迟迟不能结束[1]；不如说是 *hygge* 那种为了达成共识，迫使人向中间靠拢的专断而无情的压力；它执着地避免在谈话中提到任何可能引起争议的话题；它一定要保持现场气氛轻松愉快，所有人如沐春风——就是那种安逸闲适、洋洋自得、琐碎无聊、平庸市侩的满足。

丹麦民族志学者杰普·特雷·林奈（Jeppe Trolle Linnet）曾经写过，“人们在 *hygge* 的时候，他们彼此翼护，保护自己免于承受竞争和社会评价的压力”。在这个意义上，*hygge* 好像一种自行组织的插科打诨的社交活动，其特点与其说是欢聚一堂，分享快乐，不如说是强烈排他，志得意满。林奈还写道，*hygge*“充当社会控制的工具，它用情调建立自己的等级，向那些被认为不能营造 *hygge* 的社会群体，隐约投射脸谱化的负面形象”。这里隐含的结论是，只有丹麦人真正懂得怎么欢度 *hyggelig* 的时光；外国人真可怜，他们的鸡尾酒会装腔作势，宴会上动辄唇枪舌剑，社交晚会繁琐复杂。同样，英国人类学家理查德·詹金斯也写道，*hygge* 的“规范化达到了强制的地步”。

这正是我初来乍到时的体会。我很快发现，例如，用故意唱反调的方法来激发讨论，是不受欢迎的，关于政治和社会问题的激烈争论也一样。这类话题会让丹麦人如坐针毡，左右为难。我承认，我有点儿夸大，但是的确，一般来说，在社交聚会时，丹麦人不喜欢发生面红耳赤的热烈争论。他们更喜欢对一些鸡毛蒜皮的事情刨根问底，某瓶葡萄酒在哪里买的，价钱多么便宜，这瓶酒是不是比上一瓶口感更好之类。

[1] 啊，有多少次，在喜庆的日子里，午夜的钟声已经敲响，我耐心地坐在席间，等待端来甜点，不料又一位年迈的阿姨，把一沓预先准备好的歌词复印件分发给大家。那是一首流行歌曲，她重填了歌词，用幽默的语气把东道主的生平趣事融入歌词里。

持这种观点的不止我一人。“我们瑞典人笑话丹麦人的狭隘和他们所谓的*hygge*——只要与家人和朋友度过愉快的时光就行，”一名瑞典学者告诉我，“有几位社会学家研究过丹麦人的仇外情结和种族主义，他们提到了*hygge*；丹麦人喜欢在自己与外部世界之间竖起藩篱，喜欢退缩在自己的地盘上，享受安逸舒适的生活。”

丹麦人极力渴望营造一种绝无挑战性的、轻松随意的*hyggelig*氛围，这种渴望与我的后殖民时代“吊桥理论”相吻合——也就是那种“失于外者得于内……”的心态；帝国崩塌之后，丹麦对所剩无几的文化和经济资本敝帚自珍，它把凝视的目光转向了内部。大家必须抱团取暖，必须认同共同的价值观，不管盛行的风向或者潮流是什么，也要坚守自己的价值观，这种需求也许扎根在丹麦失去领土的历史当中。这一小块平坦的土地就像一只救生筏，他们相互偎依，很快就学会了不要故意捣乱、惹是生非。*Hygge*是一种效果非常好的方式，它可以避开有争议的话题，或者把不愉快的记忆掩盖起来——“唔，好吧，以前我们有挪威，有石勒苏益格和荷尔斯泰因，现在，我们把它们都丢了；不过，我们有必要谈论这些历史吗？再来一瓶阿玛罗尼葡萄酒怎么样？英格阿姨：再唱一首歌吧！”

丹麦人以轻松随意而自豪：男人很少打领带，老师和学生彼此直呼其名，丹麦的政府首脑们早在骑自行车成为环保时尚之前，就骑着自行车到国会上班。可是，如同世间的一切其他竞逐，他们仍然保有自己的社会规则和正式流程。哪怕在丹麦人看起来最为随意的时候，这种随意往往也是高度仪式化的。事实上，在这种时候，外国人尤其应该保持高度警惕，因为陷阱已经布下：啤酒斟满，但是，要等主人举起酒杯，说一声*skål*，客人才能咂上一口；自助餐台上也许摆放着黑面包和三文鱼，但是，三文鱼一定要配白面包；还有，千万不要询问舅公奥拉夫在战争期间做过什么。

圣诞节是丹麦一年当中最为仪式化的事件。关于丹麦人过圣诞节的传统和规矩，可以写满厚厚一本书（我的丹麦出版商无奈地叹着气对我讲过，许多人都觉得太麻烦、太辛苦），要围着圣诞树唱颂歌，要做“杏仁游戏”（事先做好一块巨大的米布丁，里面藏了一枚杏仁，大家分吃这块布丁，全部吃完后，谁吃到杏仁，谁就是获胜者），要手挽着手排成一队，把家里的每个房间都跑一遍，嘴里还要唱着“*Nu er det jul igen*”（“又到圣诞节”）等等。为了让圣诞节的体验尽善尽美，丹麦人投入了严格的训练，公平地说，连我这样冷漠的伪君子，也没法不喜欢这样的圣诞节。

丹麦日历上还有许多别的特殊日子：*Sankt Hans*（仲夏节）我们已经见识过了；此外还有 *Fastelavn*（忏悔节，也叫儿童狂欢节），孩子们用棍子敲打一只猫（至少以前要这么做；现在是猛敲一只装满糖果的木桶）；*Store Bededag*（大祈祷节），这是个随机的宗教节日，在复活节后第四个星期五；还有 *Mortensaften* 节（我始终没搞清楚这个节日由何而来，它在 11 月份，当天要吃鸭子）。除了这些，还有五花八门的周年庆典和生日聚会，大家坐在一起进餐，发表讲话，唱歌，祝酒，往往遵循一套严格的程序（至于到底是怎样的程序，我建议读者去看一部丹麦影片《家宴》[Festen]。当然，丹麦人并不是每次聚会都会揭开石破天惊的真相，道出乱伦与自杀的秘密），以及婚礼、洗礼仪式和坚信礼——坚信礼本身是一门快速发展的产业。

想到这一切，可以说，丹麦人形成了复杂的仪式和社会符号，对局外人而言，它们就像（比方说）印度的耆那教徒或者哈西德派犹太教徒的仪式一样神秘难解：从摆放 *kolde bord*（相当于丹麦人的自助餐）的顺序，到人们在聚会上向其他客人自我介绍的方式，再到怎么谈论自己的孩子在学校里的学习成绩，处处都有规矩。

至于 *folkelig*，我与它的关系更是不含糊：我讨厌它。我讨厌它虚情假意的温文尔雅，讨厌它刻意营造的啤酒花园里飘荡着迪克西兰爵士乐的情调，讨厌它照顾最大多数人的十有八九涉及仇外的幽默感，讨厌它的想当然——它以为，人们对娱乐的要求无非是用一些东拼西凑、永远流行的夏季评论节目，使自己的心智受到麻醉（“看哪，一个男人打扮得像女王！”），以为人们只希望在聚会上享用工业啤酒和加工猪肉制品。不过这只是我的看法。也许很多人喜欢这些，好吧，我承认，我又成了讨厌的势利眼。

Folkelig 在丹麦的流行文化和生活中十分盛行。如果你希望避开它，就必须时刻保持警惕。我就是丧失警惕，才答应去参加我前面提到的那次在日德兰举办的合唱周活动。那是我在丹麦居留期间，绝无仅有的一段密集体验 *folkelig* 的时候。连续 6 天，我和 400 多名退休的公共部门工作者在一起，歌唱七八十年代的流行歌曲。第二天排练到一半时，我产生了深刻的认同危机；到了第三天，我开始考虑永远离开丹麦；可是到了第四天，我却奇怪地平静下来，为了那听上去使人放松的安排和集体主义的氛围。

星期五的音乐会一天天临近，大家的精神渐渐紧张起来，不过，始终没有人提高嗓门。我们那位无比耐心的合唱团指挥，软硬兼施、连哄带骗地带领我们完成了最后的排练，只不过中间唱错几个音符，漏掉几句歌词罢了。没有人发生口角，也没有人耍大牌。[1] 在合唱周的那几个晚上，排练了一天之后，我们先在学校咖啡馆的长条桌上吃晚饭，晚

[1] 严格地说，事实并非如此：有个小插曲——是我引发的。在精心编排的 20 世纪 80 年代组曲的结尾部分，合唱团的一位指挥选用了“闪手大师”（Grandmaster Flash）1982 年的名作《讯息》（The Message）中的两句说唱，要求男低音部和男高音部“有力地”予以表现。我指出，在“别再逼我，我已快到极限”这句歌词中，“极限”的发音应该是“*the* edge”，而不是“*thee* edge”，至少这是“闪手大师”的说唱方式。可是，男低音部有位 65 岁的退休英语教师根本不听，而且鼓动低音部的其他人反对我的意见。正确的发音是“*thee* edge”，他抱着胳膊，摇着头，嫌恶地望着我说。我坚持自己的看法，指出我的版本更有根据，而且更具冲击力。合唱团的指挥同意我的观点。可是，那位退休的英语教师和他低音部的老朋友们很顽固，他们在整个排练过程中始终坚持采用他的唱法，直到最后音乐会上的演出，在此期间，我们双方时不时怒目而视。

饭通常由肉食、煮土豆和看不出原材料的黏稠的褐色汤汁组成，还有盛在塑料烧杯里的温润的智利产赤霞珠，然后大家集合起来，唱起丹麦的民歌和圣歌，歌词咏叹丹麦的四季和乡村、社团和友谊、死亡和失落，歌曲的调子既爱恋又嘲讽，既谦虚又骄傲。

许多歌词由本尼・安德森创作，这位伟大的丹麦民谣诗人如今已届 83 岁高龄。一天晚上，安德森甚至为了这次活动亲临现场，我们演唱了他作词的几首丹麦歌曲，歌词写得心酸又甜蜜（“这一小块神经质的土地上，疯狂的人们在微笑”是他非常著名的一句歌词），聆听了对他事业生涯的回顾。在这些人心目中，安德森是一位重要的文化偶像，他退场时，某个年龄段的女士争先恐后地表示，自己是第一个站起来向他鼓掌欢呼的。

参加岑讷合唱周的人们温和善良，性情宽厚，苛责他们似乎有点无的放矢。对他们那加里・拉森（美国漫画大师）式的审美趣味（穿凉鞋的时候穿袜子，把衬衫下摆掖在牛仔短裤里，等等）以及内德・弗兰德斯（《辛普森一家》中的人物）似的感受力作一番讽刺挖苦，并不是什么难事。事实却是，你一辈子也别想再遇到比他们更加满足、和善、诚实、关心集体的人了。问题在于，对于像我这样愤世嫉俗的反人类分子，*folkelig* 所产生的效果就好比氪作用于超人，或者水作用于西方女巫。我立刻变得脆弱和困惑，并且开始质疑我是谁。长时间置身于 *folkelig* 的环境，让我崩溃窒息，喘不过气来。因为我是个坏人。

folkelig 有个格外明显的表现，尤其让来访者感到格格不入，那就是在 *folkelig* 或者 *hyggelig* 场合下居于中心的装饰物：丹麦国旗。丹麦人发自内心地相信，他们的国旗是全世界最美丽的，并且一有机会就把它挂出来——生日、葬礼、周年庆典，一切古老的节日。国旗被用来装饰礼品包装，用来点缀生日贺卡，用来插在蛋糕或者自助餐上。理查德・詹金斯得出一个巧妙的推论，丹麦国旗在星期二飘扬，常常表示

结婚25周年庆典，因为“算上闰年，如果初婚的婚礼在星期六举办，那么，25周年庆典就是星期二”。他声称，丹麦人每年花在国旗上的费用达到6千万丹麦克朗（合600万英镑）。使用丹麦国旗必须遵循各种仪式和规矩——国旗不得碰触地面，必须在天黑前降下，等等。它触动丹麦人集体主义的心灵，看到在风中飘扬或者画在孩子脸蛋上的丹麦国旗，他们会发自肺腑地流出眼泪——真是这样。我记得我母亲惊诧的表情，我儿子一岁时，我的妻子用推车把生日蛋糕推进来，蛋糕上赫然插着一圈丹麦国旗；我也记得自己的满心疑惑，我的岳父母打电话告诉我，在我自己的生日当天，他们在前院花园里升起了国旗（丹麦人家家户户、包括消夏别墅，甚至供孩子们玩耍的温迪屋的外面，都竖着一根旗杆。）

从一个英国人的角度，丹麦人对国旗的热情相当令人不安——就像发现自己真心喜欢的朋友投票支持英国独立党（UKIP）。丹麦的超市里，数不清的产品包装上饰有丹麦国旗图案（从土豆到洗涤剂，一切商品），某个并不重要的皇室成员的生日当天，公共汽车上到处挂着国旗，看到这种情景，有时候你会觉得，好像整个国家都是莱妮·里芬斯塔尔[1]设计好的布景。不过，丹麦人热爱国旗的真实情形并不像它给人的第一印象那么险恶。虽然近年来，丹麦国旗由于丹麦人民党（Danish People’s Party）仇外的民族主义受到些许玷污（他们一度企图通过立法，把丹麦国旗印刻在汽车牌照上，但是后来没有成功），丹麦人并不把自己张挂国旗的行为视为民族主义的姿态。这么做只不过是，嗯，*hyggelig*罢了。

“其他国家的人也都热爱自己的国旗，”前不久在丹麦的一次聚会上，有个客人向我表示抗议，“看看奥运会吧！”

[1] 莱妮·里芬斯塔尔（Leni Riefenstahl），德国舞蹈家、电影演员、导演、制片人、作家，拍摄过反映纳粹纽伦堡大会的纪录片《意志的胜利》和1936年柏林奥运会纪录片《奥林匹亚》。——译者注

“是的，”我说，“确实。可是，法国人不会在给猫过生日的那天升起他们的三色旗。”

理查德·詹金斯在他的著作《做个丹麦人：日常生活中的认同悖论》（*Being Danish*：*Paradoxes of Identity in Everyday Life*）中写到了丹麦人对国旗奇特的依恋。他似乎不认为这种做法是全然负面的。

“首先，民族主义并非一概不好，”他在电话里对我说，他家住英国北部的谢菲尔德，“重要的是，丹麦人以林林总总的方式使用国旗。就它的用途来看，它是最为复杂的国旗。自过去的150多年来，它已经成了幸福、快乐时光和庆典的标志。”

詹金斯对丹麦国旗最早发生兴趣，是他第一次到达丹麦机场时，看到成群的丹麦人挥舞着国旗迎接自己的家人和朋友归来，这种现象至今未变。

“我想搞清楚这是怎么回事。飞机上有皇室成员，我没有看到吗？”他说。他认为，丹麦人动辄挥舞国旗是因为，作为一个与瑞典和德国相邻的小国家，他们有表达国民认同的强烈需求，要说有什么的话，他们甚至对国旗产生了强烈的依恋。“作为一种营销手段和装饰，丹麦国旗正在变得更加随处可见。”他写道。但他又指出，虽然如此，在2005年穆罕默德漫画危机期间，丹麦人看到本国国旗在大马士革的街道上被人焚烧，表现得惊人地冷漠，也许因为那不是真正的丹麦国旗，而且焚烧国旗的不是丹麦人。

詹金斯还记得，他见过一家超市的香蕉陈列台上插了一圈丹麦国旗。国旗只是为了提示特价销售，以引起购物者注意，“我当时有点不明白，心里想，‘丹麦并不种植香蕉呀。’”

第 13 章

下垂的乳房

瞻仰过耶林石碑以后，我继续探索“烂香蕉”的旅程，驾车向西深入日德兰的腹地，沿途经过成片的松柏树林、种满紫色羽扇豆的田野，还看到成群的奶牛（生猪被关在类似于战犯监狱的棚屋里，外面一只也看不到），以及巨大的风力发电机。我途经几座小镇，这些小镇有一样的连锁店，一样的烤肉串店，大概十几家银行，少不了还有一两家慈善店——“烂香蕉”遍地都是慈善店。镇上总有一家面包房，出售一模一样的黑面包和油酥糕点（顺便说一句，丹麦人不把它们叫作“丹麦糕点”，而是叫作 *weinerbrød*，也就是维也纳面包，它的烘焙方法是从维也纳传来的），而且无一例外，每个小镇都有一件城市艺术品，不知何故，通常是一座胖女人雕塑，或者一个矮胖的人攀坐在一块大石头上。

丹麦全境随处可见这种夸张变形的人体雕塑。哥本哈根有几家画廊，甚至清一色全都是这种 *folkelig – hyggelig* 的“艺术品”。最为丑陋的莫过于矗立在灵克宾（*Ringkøbing*）的那一尊，我在驾车沿着西海岸前行的路上看到过，后来我想，它大概是“搞笑肥婆”学派的作品。

灵克宾本是一座别具风味的渔村，它的港湾中心却矗立着一座难看的雕塑，一个肥胖的西方裸女，乳房下垂，坐在一个瘦骨嶙峋的非洲人肩膀上，非洲人臀部硕大似卡通，腰间围着一块布。裸女手中举着正义的天平，好像生怕你不能领会雕像的含义，旁边有块小牌子告诉你，这件作品叫作“胖者生存”，“它已经在若干次国际 NGO 会议上作过展览”。哦，原来是 NGO 的艺术品。具有讽刺意味的是，就在“胖者生存”所在的地方，就能看到港湾中心的几家露天餐厅，它们的菜肴主要是油炸食品。

再往前去，继续经过片片森林和田野以及一座座风力发电机，我驾车驶上了无边无际的笔直马路。到了一个名叫布兰德（Brande）的小镇外面，我刚刚开始感觉到日德兰的单调乏味，突然，我看到马路左侧，丛林中间，有一座教堂大小的印度教寺庙，里面耸立着几座色彩绚烂、装饰精美的庙塔。我一个急刹车，把车倒回去，从车里一跃而出，默然伫立，久久凝望着这一处似乎不真实的奇幻圣地。

原来这就是那座斯里阿比拉米阿曼庙（Sree Abirami Amman）。20 世纪 70 年代，几千名泰米尔难民从斯里兰卡来到丹麦，这里就是他们的精神家园。我走进门厅，檀香和茉莉的香味扑鼻而来，让我恍惚回到了印度。透过里面的玻璃门，我探头探脑地向寺庙的正殿张望。一个年轻女人面带微笑向我走来，她外面披着厚厚的冬衣，里面穿着金黄色和绿色的纱丽。

她告诉我，这座寺庙由女祭司斯里・阿比拉米・乌帕萨基照管，也可以叫她“阿玛”，她每天下午一点和七点举行两次仪式。已经快七点了，她便邀请我留下来观看。

没过多久，一个身材矮小的妇女，从头到脚裹着橘黄色的袍子，从寺庙角落里一处茅草覆盖的老房子里走出，拖着步子向我们走来。这位就是阿玛。她扫了我一眼，自顾自走了进去，后面跟着一个中等年纪的矮小男人，他笑着冲我点了点头。

“你今天吃过肉吗？”他问。

吃过，我说，“吃了一顿手工制作的鞑靼牛扒，味道非常好，在一家乡村酒吧，在……”

我兴致勃勃地讲述着我吃过的这顿饭。他举起手来：“那么，你不能进去。”

这里的表演只允许素食者参加，所以，在香火缭绕、钟声悠扬的正殿，阿玛嘴里念念有词，拖着步子走来走去地表演祈福时，我只能透过寺庙的玻璃门观看。那个年轻女人在旁边录像，每天的礼拜式都要放在网上播放。

看起来，阿玛好像包治百病，从不孕不育到癌症，无不手到病除。她把一只酸橙在病人身上滚来滚去，给他们诊断，然后把酸橙一切两半，把圣水涂在病人身上，这样就能为病人解除一切病痛。

“真的管用吗？”我问那个年轻女人。

“有时候管用。她创造过奇迹。我见过有人来的时候神志恍惚，精神不在我们这个世界上，走的时候却好端端的，精神完全正常，现在已经结婚生子。”

更为神奇的是，在每年 12 月 31 日午夜举行的仪式上，阿玛会口吐鲜血，脸色变蓝或者变黑，两只手的掌心浮现各种符号。而这天晚上的仪式较为平淡，仪式结束后，我和阿玛聊了几句。她是个腼腆的妇人，说一口带浓重口音的丹麦语，声音很低，几近耳语。

她告诉我，她 1974 年从贾夫纳来到丹麦，时年九岁。我问她对丹麦有何第一印象。

“我很喜欢，”她说，“这里非常安宁，人们很善良。”

她解释说，她从上帝那里获得能量，再从她的手掌传输出去。她也对香客给予指点，许多香客是丹麦人。我询问阿玛有没有听过丹麦人何以如此幸福的理论。

“是的，他们很幸福，他们不太忙。压力也不大。很可爱。”她说。

然后，她对我略一低头，踩着小碎步走回到那间小茅屋。

我从寺庙出来，继续驾车驶向日德兰的西海岸。西海岸有开阔的沙滩，冲天的海浪和大片绵延的度夏屋，每年夏天都吸引数以万计的丹麦人和德国人前来布劳万海角（Blåvand）和松德维格（*Søndervig*）等地度假，这里有老派的海滨氛围，有商店出售渔网、可充气的船只，还有软冰激凌等等。我不由地涌起一阵思乡之情，回想起了童年时代在英国度假的情形。沿着海岸，茅草覆盖的度假山庄在绿草茵茵的山丘间若隐若现，就像受到保护的霍比特小屋，免受无休止的海风吹拂。

我沿着海岸线一路向北，一直行驶到尼苏姆（Nissum）的入海口，在 GPS 毫无预警的情况下，道路突然中止。我从车上下来，伸了伸懒腰，活动一下腿脚，突然闻到一阵浓烈的鱼腥味。原来，几百米开外，有一座巨大的海鲜加工厂。我和另外一个也在等待露天摆渡船的人攀谈起来。此刻，我们可以看到，那艘滚装小船像一只漂浮在水面上的园艺花篮，正从峡湾的另一端缓缓地向我们驶来，发动机发出突突的声音。我告诉他，我正在游历丹麦边远地区。“哈！”他笑了，指了指我们周围，“这里是很边远了！”

虽然如此，这里依然吸引了两名德国游客，他们是一对夫妻，坐在车里，在我身后排着队。那位丈夫告诉我，他们在进行朝圣之旅，在逐一探访《奥森三人帮》系列影片的外景地。《奥森三人帮》（也叫 Olsen Gang）是上世纪七八十年代轰动一时的系列家庭喜剧，片中的主人公是三个倒霉的偷鸡摸狗的罪犯，他们成了丹麦经久不衰的流行（*folkelig*）偶像。瑞典和挪威用本国演员对影片作了翻拍，使之成为一种真正的泛斯堪的纳维亚文化现象。我没有看过瑞典和挪威的翻拍片，不过，原版的丹麦影片却具有特定时期的魅力，保留了类似于英国系列喜剧片《加油》（Carry on）那种 70 年代的主流幽默感，还带有英国喜剧演员诺曼·威士顿那种“小人物”的潜台词。片中的三个人向大公司和既有的社会体制发起挑战，往往以失败收场；有些人甚至把此类情节诠释为是社会政治状况的反映，因此，它们在当时的民主德国引起相当不俗的反响，我想，这对夫妻大概就是为此才前来朝圣的。

我在齐斯泰兹（Thisted）住了一晚，它是利姆海峡旁边一座保存完好、傲然屹立的城镇，然后不慌不忙地返回西部，前往全国性报纸《日德兰邮报》所称的丹麦最无聊城镇：霍尔顿（Hørdum）。霍尔顿成了丹麦某种“边缘化”的象征，它的火车站和乳品店关了门，学校关闭，最后60家店铺失去踪影。这里委实沉闷冷寂，只有一条灰扑扑的街道，两侧排列着瓦楞屋顶的单层房屋。丹麦的研究人员正是看到霍尔顿这样的小镇，才发出警告：到2050年，全国将只有10%的人口继续生活在乡村地区。目前，大约四分之一的人口留在乡村，但是人口持续不可阻挡地流向城市——丹麦75%的新岗位是哥本哈根创造的，这座首都城市贡献了丹麦全国GDP的约一半左右。在接下来的几十年里，像霍尔顿这样的地方也许会变成鬼城。

日德兰有三处与精神活动相关的重要景点，我打算逐一游历。于是，我向南返回，绕道去往比隆（Billund）。继耶林石碑和印度教寺庙之后，第三处就是丹麦闻名世界的世俗朝拜目的地，乐高乐园。

这里有一条提示，它可以给你省下数倍于本书价格的费用：过了5点钟，便可免费进入乐高乐园！但是，5点后入园的缺点在于，乘骑设施不再开放。不过，主题公园里那占地广阔、以假乱真的城市景观，那空无人迹的街道和缓缓滚动的汽车，已经让我应接不暇。我像个庞然大物，高高地伫立在哥本哈根的微缩景观旁边，不由产生了一股强烈的冲动，想要像怪物哥斯拉一样肆无忌惮，为所欲为。

这是一些主题的怪异混合，从好莱坞的中国戏院到瑞典的约塔运河，各类城市景观貌似随意地分布在园区，乐高的建设者们用热压铸成的丙烯腈－丁二烯－苯乙烯砖块，使之名垂千古。我尤其喜欢他们对丹麦几个北欧邻国的相当微妙的挖苦——留着胡子的气急败坏的瑞典人，站在出了故障的沃尔沃汽车旁边，气得直揪自己的头发，还有新近暴发的挪威人，驾驶着浮华艳丽的法拉利，行驶在因石油而暴富的挪威第二大城市卑尔根的街道上。

如果你前往乐高乐园，希望看到一个健康的、非商业化的、符合路德宗信念的主题公园，那么你一定会感到失望。一进门，首先映入眼帘的是一家规模宏大的银行，从这一刻起，所有的一切都是利用各种各样的诱惑掏空你的钱包。园区内出售劣等的热狗、病毒色的果汁雪泥、油渍渍的汉堡包，当然，还有乐高玩具。这里有全世界规模最大的乐高商店。主打产品是该公司新推出的“少女系列”产品，叫作“朋友们”。从包装盒上的图案来判断，“朋友们”谈不上是北欧两性平等的熠熠生辉的楷模：姑娘们似乎一心只想斜躺在按摩浴缸里，要么就是制作纸杯蛋糕，或者弄个好看的发型。

我在寻找真正的乐高精品。说句实话，我这次游历日德兰的真正目的，就是给自己买一套乐高死星。我原本希望，这里是乐高公司的大本营，在这里，它的价格应该比在哥本哈根斯托罗里耶（Strøget）步行街上的乐高旗舰店里便宜一点儿。既然忠实客户千里迢迢穿过日德兰腹地前来朝圣，乐高乐园想必会给予一定的折扣。

终于，我找到了死星。盒子里装着我珍贵的记忆和童年的梦想。盒子正面的图案就是那只著名的邪恶天体，用疙疙瘩瘩的塑料砖块组合而成，神秘，辉煌，无懈可击。我屏住呼吸，小心翼翼地把手中的盒子翻过来，想看看它的价钱，成百上千块插件在里面哗啦作响，那熟悉的声音让我恍然回到了三十年前。我的眼里涌出了泪水。

这时候，我看到了价格：400 英镑！只是一盒彩色塑料而已！有没有搞错，妈的……

第 14 章

幸福的幻觉

“我们丹麦人经济窘迫。没有人缴纳我们这么高的税。没有人干这么多活儿，没有人像我们这样病病歪歪，没有人买车更贵，没有人学校比我们的更差劲儿，孩子比我们的更不成器。”

——拉斯姆斯·贝克，见 2012 年 4 月《政治报》

贝克先生应该去核对一下丹麦人的工作时间（他还没有提到恶劣的气候），不过，抛开这点不说，他倒是一针见血地点出了丹麦幸福悖论的几个关键因素。表面看来，与我们其他人相比，丹麦人值得幸福的东西要少得多；可是，如果你问他们，他们仍然会坚持认为，他们是全世界最幸福的。

这怎么解释？丹麦人真的像他们声称的那么幸福吗？还是他们在牵强附会？

这个问题有个显而易见的回答，即“怎么定义幸福”。如果我们说的是头戴宽边帽、脚后跟带球、鸡尾酒上插一把小伞之类的生活乐趣，那么，丹麦人得分不高；我怀疑连丹麦人自己也不会对此强词夺理。但是，如果我们说的是对自己的生活感到满足，或者（对自己）感到满意，那么，丹麦人的确可以提出更具说服力的理由来。

多年来，我询问过好多丹麦人对这种幸福调查的看法——他们真的相信自己是全世界最幸福的人吗？——我还没见过一个丹麦人发自内心地认为，他们真的最幸福。他们赞赏福利国家的安全网，对国家的多数事务运作良好和自己享有很多闲暇时光感到满意，那些出口的电视节目在国际上取得的成功让他们自豪，可是，谈到这个被大肆传扬的幸福话题，他们往往好像成了恶作剧的受害者，并且想要搞清楚谁是始作俑者。

另一方面，还是这些丹麦人，一听到对自己祖国的任何批评——学校、医院、交通、天气、税收、政客、音乐品位、平淡无奇的风景，等等——经常马上用一句话反唇相讥：“既然这样，我们怎么会成为全世界最幸福的人？”（说话时往往把手掌一摊，脸上露出得意的不自然的笑容），顿时让人哑口无言。这时候，“最幸福的国民”这个称号就派上了大用场。

我前面提到过，我怀疑这种现象是丹麦人的一个自我实现的预言：他们知道自己在这类国际性调查问卷中享有好名声，所以，他们假装比实际上更为幸福。关于丹麦人为什么一再对幸福调查作出积极的回答，安妮·努德森另有一种理论：“在丹麦，不幸福是可耻的，”她告诉我，“如果你问我过得怎么样，我对你说，我过得多么不好，那也许会迫使你不得不为我做些什么。也许会给你造成负担，让你帮助我。所以，人们说，一切都好，甚至‘棒极了’，这是一个主要原因。”

下面是另一种具有说服力的理论，是我的一个丹麦朋友提出来的：“我们在这类调查中总是排名第一，因为这类调查在年初问我们有什么期待，”他说，“在年末又来问我们这些期待是否得到满足。由于年初的期望值极低，所以到年末调查时，往往都得到了满足。”

这就是丹麦人感到满足的秘密吗？期望值很低？的确，在被问到下一年有什么期望时，丹麦人通常都比我们期望得少，当极少的期望得到满足时，他们也就心满意足了。在丹麦，幸福从来不是“不可剥夺的权利”，所以，当幸福来临时，丹麦人也许会觉得加倍珍贵——他们那动荡不安的割地赔款的历史让他们对生活中偶然体验到的零星快乐心存感恩。也许丹麦人的幸福根本不是幸福，而是一种更为亘古永恒的事物：乐天知命，安分守己，满足低水平的需求，压制好高骛远的欲望。

在丹麦人口中，哪些因素使他们感到幸福呢？不久前，丹麦某报社发起一项调查，得出了这样的结果：74% 的丹麦人表示，和朋友在一起是他们幸福感的最大来源；70% 的丹麦人认为，家庭是幸福感的第二大来源；似乎不出所料，排在第三位的是出国旅行；体育运动排在吃喝和看电视（是的，没错，确实是看电视）之前。还有一项调查也显示，高达 54% 的丹麦人不害怕死亡——也许这就是他们的秘密？

几年前，南丹麦大学的流行病学教授考尔·克里斯滕森发表了一篇半开玩笑半认真的评论文章，分析了丹麦人感到幸福的可能原因，题目是“丹麦人为什么沾沾自喜：欧盟的生活满意度比较研究”。他给出很多解释，比如丹麦人在回答问卷时也许喝醉了，比如丹麦 1992 年意外地成为欧洲杯冠军得主（他们在决赛中击败了德国，而且在瑞典是主场的情况下：这是巨大的快乐，满足了他们报仇雪恨的多重幻想）。但是克里斯滕森和他的团队也得出结论，期望值低是关键所在：“如果期望过高，高得不切实际，它们就会成为失望的基础，导致生活满意度很低，”克里斯滕森写道，“一年年过去了，丹麦人高兴而惊讶地发现，一切都没有变得更糟糕。”

顺便说一句，克里斯滕森不是第一个对丹麦人的自鸣得意表示谴责的：18 世纪的女权先驱玛丽·沃斯通克拉夫特在她的北欧游记中提到了丹麦人，在她看来，他们的自我形象有点过于膨胀：

如果幸福只是嘴上说说即可，那么，他们是全世界最幸福的人；因为我从未见过任何人对自己的境况如此满足……一家之主的男人在家里好似暴君，冷漠地埋首于自己的事务，对其他国家的情况一无所知；他们固执地坚信，丹麦是世界上最幸福的国家。

轻松自在和自鸣得意之间，只有一线之隔。我承认，丹麦人对生活的态度的确相当放松，我有时候认为，这是一种巨大的自我满足，但是他们确实可以教给我们很多东西，让我们对生活不必那么郑重、严肃。他们是极其淡定的人。丹麦语中有大量词汇用来表示鼓励和给人减轻压力：*Slap af*（“放松”），他们说，*Rolig nu*（“那么，放宽心吧”），*Deter lige meget*（“其实没关系的”），*Glem det*（“把它忘了吧”），*Hold nu op*（“到此为止吧”），*Pyt med det*（大致是上述所有意思的综合）。用这种态度来对待人生也不错，我想。

当然，还有一种可能的解释：这类幸福调查原本充满了瑕疵和悖论，我们完全没必要郑重以待。我们在前面看到，著名的流行病学教授理查德·威尔金森对测量和比较不同国家的幸福度嗤之以鼻，他认为，健康统计可以更加精确地反映一国的社会状况。可是，这样一来，该把丹麦人放在什么位置呢？丹麦人的幸福感似乎与那种“唔，至少我们有健康的身体”的生活态度完全不相吻合，因为他们显然没有健康的身体。他们大量消费烟草、酒精和糖，因此成为欧洲最不健康的国民。

还有一种理论：我们约见时，克里斯蒂安·贝扬斯科夫向我提到，几百年来，没有一名丹麦政治领袖遇刺身亡。他认为，政治稳定是幸福社会的一块重要基石。也许是这样的，但是他避而不谈丹麦在19和20世纪经历过灾难深重的变故——遭到英国轰炸，失去大块宝贵的领土

（挪威、石勒苏益格－荷尔斯泰因、冰岛等等）；“二战”期间被德国占领；以及在 20 世纪后半叶的漫长岁月面临苏联侵略乃至核灭绝的威胁。而且，事实上，丹麦国内也发生过几次相当严峻的政治动荡——政府几次辞职，右翼崛起，穆罕默德漫画危机等。是的，虽然丹麦过去两百年来的历程远远谈不上一帆风顺，但他们的首相或者外交大臣却不曾在街头被人意外杀害，而瑞典前几年就发生过此类事件。问题是，丹麦人仍然觉得他们的历史相对来说风平浪静。他们格外擅长对历史闭目塞听，大声唱着“啦啦啦”，直到讨厌的噪音渐渐远去。

毫无疑问，民主、强大的福利国家，财富和机会平等（尤其是教育机会平等），这些因素对一切社会及其人民的成功都至为关键。我还认为，舒适漂亮的住宅和设计精美的家具，在很大程度上提高了丹麦人的生活质量——我这么说并不是信口而言，他们的居住条件确实不错——可是，在这些方面，丹麦并非得天独厚。

他们的独特之处，或者说卓越之处，在于他们的信任度和社会凝聚力。我个人始终很喜欢自己的假说，即，这种紧密团结的基础是对 19 世纪的割地求和作出的生存第一的反应——面对灾难，他们齐心协力，学会了对自己所余不多的事物（包括彼此）心存感恩，并尽量充分利用。“失于外者得于内”的思想在很大程度上鼓励了这种心态，并且似乎对丹麦人的许多怪癖给出了解释，比如他们从小小的愉悦（一场手球比赛，一罐劣质啤酒，一块工业生产的含糖糕点）中获得巨大的满足，比如他们不喜欢冲突，不喜欢炫耀。

丹麦人出了名的宽宏大量，我认为，这个特点与他们内心深处害怕冲突有关。天知道丹麦人历史上参加过多少次军事冲突，吃过多少次败仗，次数之多，远远超乎应有的范畴。我想知道，这是不是他们强烈地、本能地厌恶分歧和争吵的原因？毫无疑问，*hygge* 充当了应对社会摩擦的有用的预防剂（我们前面看到，它会预先放上一块挡板，避免讨论有争议的话题）。可是，丹麦人对违反社会公德或者法律规范的公众人物也宽大为怀。早在兰斯·阿姆斯特朗认错之前，1996 年环法自行车赛冠军、丹麦人布雅内·里斯就承认自己服用禁药多年，但里斯至今仍是体育界的杰出人物。丹麦运动服装品牌 Hummel 新时代的老板克里斯蒂安·斯塔迪尔备受瞩目，他根据自己的“企业善举”理论，写了一本企业自救指南。他的船运公司被曝光（合法地）运输武器——我们不难想到，这一行径放到世界任何地方，都会遭到强烈谴责。可是，什么动静也没有，斯塔迪尔继续在丹麦媒体上口若悬河、滔滔不绝地大谈新时代的企业哲学。还有一个例子是前首相安诺斯·福格·拉斯穆森，他带领丹麦参加了阿富汗和伊朗的战争，他推出只付利息的抵押贷款，引领丹麦的贷款人走向毁灭。托尼·布莱尔和乔治·W. 布什在各自的选民心目中，都成了遭人厌恨的角色，拉斯穆森却作为丹麦的老一辈政治家安然无恙，并且继续担任北约首脑。丹麦媒体几乎只字不提他在穆罕默德漫画危机期间的怯懦表现，也从未对他提出质疑。感觉就好像是丹麦人清楚地知道，自己在国际政治领域的人才储备非常有限，所以不愿意对它的最佳候选人直言其过。

还有脂肪税。2011 年，当时执政的自由党对培根肉和黄油等产品开征这一税种，这项政策甫一推行，便引发了惊天动地且代价高昂的政治混乱。脂肪税虽然打着关注健康的幌子，却纯粹是搂钱的举措，丹麦人坚决不接受。他们是全世界数一数二专买便宜货的人（举例说明，他们每周用于蔬菜水果的支出比欧洲其他国家都少，而他们的蔬菜水果价格比别的国家都贵，这一点尤其让我觉得沮丧）。我们前面提到，他们浩浩荡荡地驾车到瑞典和德国边境去买黄油和培根肉。丹麦国内的产业因此遭受重创，这个税种后来只好取消。可是，我向自由党的健康发言人问到此次惨败时，她却只是语调轻快地对我说，“哦，是的，我们不再支持它了。”完全面不改色。没有人受到指责，没有人辞职，只是共同耸了耸肩膀而已。你可以认为，文明人就应该以这种态度对待错误；你也可以认为，只有不负责任、玩忽职守的人，才会这样对待错误。不管你怎么认为，这么做无疑都有助于把丹麦社会表面上的震荡减到最少。

这也许是解读丹麦人幸福感的另一把钥匙——我怀疑这也是一切长远幸福的秘诀。正当、深沉而持久的欢乐，通常都要求具备善于否认的心理机制，而丹麦人无疑很擅长否认。当然，我这里不是指自我剥夺。根据他们的酒精、烟草、肉丁和糖的摄入，我们可以得出结论，丹麦人很少剥夺自己享受愉悦的权利。我说的是，例如，他们否认身为丹麦人必须付出的代价——既指字面意思的代价，表现为高企的税收和商店里昂贵的货品，也指精神上的代价，表现为他们相对缺乏雄心和活力，无法体验有时实属必要的冲突，还有被詹代法则和 *hygge* 剥夺的自由表达和鲜明个性。

丹麦人也否认自己糟糕的健康状况。在民意调查中，他们声称自己享有高于平均水平的健康，实际情况恰恰相反。他们否认本国的公共服务乏善可陈；否认帮派犯罪日益猖獗，导致哥本哈根郊区发生了无数起枪击事件；否认融合和成为全球化世界的一分子是当前的现实；否认国内的经济和地域差距在日益拉大并产生了不容乐观的后果；否认他们千头万绪的经济灾难——生产率低下，对债务装聋作哑，庞大的公共部门入不敷出，等等。我在丹麦报纸上读到无数篇文章，其主旨内容是，“嗯，其他几个斯堪的纳维亚国家的情况很好，所以，我们大概也不会有问题”，文章绝口不提挪威巨大的石油财富，也不提瑞典先进的制造业和公共部门的重大改革。丹麦的经济远比它的邻国要脆弱，丹麦正面临着远比邻国更为严重的问题，可是丹麦人却奇怪地既不愿正视他们的私人债务，也不愿纠正他们的福利国家所面临的重大难题。

丹麦人还有其他一些盲点。就拿他们那被盛情赞美的环保主义来说吧。他们为自己长期致力于让世界变得更加清洁而骄傲，这个可持续，那个可再生，这个有机，那个回收再利用。他们利用风力发电，使用生物燃料，骑自行车，吃有机萝卜，对任何人哪怕只是看一眼成串的车钥匙，都给予惩罚性的待遇，等等，哦，他们何不继续坚持下去！可是，根据世界自然基金会 2012 年发布的《地球生命力报告》，丹麦是世界上人均环境足迹第 4 高的国家，3 个海湾国家排在它前面，紧随其后的是美国。它也是欧盟最大的石油出口国（英国开采的石油更多，但是大部分用于自己消费；挪威是石油输出大国，但挪威不是欧盟成员国）；它的大部分能源仍然来自污染严重的以煤为燃料的发电厂；丹麦首屈一指的大公司马士基集团，经营着全世界最大的船运企业。根据 2008 年的联合国报告，船运业排放的二氧化碳是航空业的两倍。[1] 我并不是一定要把丹麦人叫醒，让他们闻一闻污染的味道，不过，他们在举世瞩目的国际峰会上，把全球领袖集合起来，共同致力于解决全球气候变暖的事业之前，也许应当先把自己的后院打扫一下。

丹麦人也否认具体的、有形的事物，比如，德国的存在。丹麦与德国有着漫长的陆地边境线，两个国家的规模相差悬殊，德国对丹麦的出口尤为重要，考虑到这些因素，德国的政治和文化在丹麦受到的关注之少着实令人惊讶。就好像德国不存在，或者丹麦人宁愿德国不存在。理查德·詹金斯在对日德兰的实地调研中指出，他从来不曾听到丹麦人开德国人的玩笑："也许一方必须认识到'另一方'的某种亲切感，才会开种族玩笑。也许丹麦与德国共事的经历让他们笑不出来。"

否认的心理机制非常有趣，因为否认的内容往往是个巨大的红色箭头，伴随着高音喇叭，提醒人们注意隐含的问题。美国人否认全球变暖，因为他们是温室气体排放的最大责任人。英国人否认帝国的陨落，

[1] 同样，虽然丹麦人听到死刑通常会露出骇异的表情——丹麦 1933 年就废除了死刑——你能猜到，哪个国家向美国提供的戊巴比妥最多吗？戊巴比妥是用来执行死刑的药品。

因为他们的自豪感使他们无法对这个问题无动于衷。至于法国人，好吧，也许更简便的办法是列出他们不予否认的名单。

我们谈了半天经济平等的好处之后，我请问理查德·威尔金森教授，他是否认为基尼系数低的国家或许也存在弊端。最平等的社会难道不是倾向于，呃，有点单调，有点无聊？那些最宜居城市排行榜的上榜城市，比如伯尔尼和多伦多，无一例外都是道路干净、有自行车道和巡回演出《歌剧魅影》的地方；绝对不是纽约或者巴塞罗那那类真正热情四溢、令人振奋的地方。（全情告白：对这样的排行榜，我本人要负相当一部分责任。我每年参与编撰《单目镜》[*Monacle*]杂志的城市生活质量调查，包括最近那一期宣称哥本哈根是全球最宜居城市的杂志。）我刚一提出这个问题，就马上意识到，与《精神层面》一书中审视的那些社会病——犯罪、青少年怀孕、肥胖、癌症、自杀等等——相比，缺少像样的街头饮食和有趣的街头涂鸦，这样的牢骚实在无足挂齿。

“人们确实这么说，”教授回答说，“不过，不平等的代价非常高：压力、抑郁、吸毒、酗酒以及自恋倾向。”

然而，数量惊人的丹麦人同意我的观点：他们也认为自己的祖国乏味之极。前不久，宽幅报纸《贝林时报》（*Berlingske*）的专栏作家安妮·索菲亚·赫尔曼森表达观点，她觉得丹麦的一元化令人窒息，结果引起了一场不大不小的风波。“丹麦如此无聊。我们穿一样的衣服，在一样的地方购物，看一样的电视，费心琢磨把票投给谁，因为党派如此雷同。我们如此相似，我忍不住想哭……在这里，《人体异形》不是一部 20 世纪 70 年代的恐怖片，而是现实的写照。”

另一位著名的报纸评论员、《日德兰邮报》的尼尔斯·里利隆尖锐地指出，丹麦人的詹代法则心态产生了更为严重的副作用：“在丹麦，我们不培养具有创造力的、工作勤奋的、具有主动性的人，不培养成功的、卓尔不群的人，我们培养无奈、无助却又神圣不可侵犯的平庸之辈。”他这番言论似乎印证了玛丽·沃斯通克拉夫特观察到的现象。她写道，丹麦人对金钱的热爱“没有让人们变得像美国人那样开拓进取，而是变得节俭谨慎。我以前从未到过像丹麦这样的首都城市，这里几乎完全看不到工业生产的勃勃生机”。她接着又写道，“一般来说，丹麦人似乎极度讨厌创新。”正如《经济学人》的北欧专刊所述，斯堪的纳维亚是一个极好的出生地……条件是，你必须是个普通人。如果你才能平平，有平凡的追求、寻常的梦想，那么一切都好；如果你卓尔不群，有高远的梦想、宏大的视野，或者多多少少有点与众不同，那么，假如你没有赶快移民，远走他乡，一定会被彻底摧毁。

就连哥本哈根商学院向来热情奔放的欧·凯·彼泽森也直言不讳地提出这样的批评：“虽然我喜欢丹麦，但是我喜欢在国外工作。我光荣地纳税，因为我肯定地知道，我需要什么，就可以得到什么……我没有一天不认为，丹麦是最宜居的地方，但是对我来说，这样的社会凝聚力，这种立足于中产阶级的社会不具有我所寻求的那种挑战。我想去最好的地方。谈到一流的研究和教育，丹麦找不到最好的地方。为什么我们不能上午去逛书店，花五美元买一份《纽约时报》？或者很便宜地买到一杯好喝的咖啡？”

多数人可能会得出结论，为了让公平的社会正常运行，昂贵的咖啡和必须忍受《妈妈咪呀》又一轮巡回演出，是必须付出的合理代价。丹麦——在这个问题上，也包括斯堪的纳维亚的其他几国——也许不会让你像在曼哈顿下城或者巴西的科巴卡巴纳那么热血沸腾，但是长远看来，稳健的养老基金和可靠的宽带总是能够占得上风——前提是一切正常运行，丹麦奇迹能够继续保持。

有一道必答题，我会向大多数采访对象提出：“关于丹麦的未来，你有什么担心？”他们的回答中，有一个词出现的频率最高：自满。多位采访对象担心，丹麦人的好日子过得太久，如今，他们满足于坐在阿纳·雅各布森设计的天鹅椅里，眼睁睁地注视着一些问题每况愈下，直至失控。丹麦在经合组织最新的“美好生活指数”的排名下降到了第7位，在挪威和瑞典之后，还有一些其他问题令人担忧。

“进入21世纪，有那么几年，人们有一种感觉，好像丹麦是全世界最好的国家，这种自满要不得。”马丁·阿格鲁普说。

“信任有它的弊端，”克里斯蒂安·贝扬斯科夫教授发出警告，“人们很容易过于乐观。面对着福利国家的突出问题，似乎希望问题会自动解决，一切都会顺利。”

“我担心的是，我们会继续自欺欺人，”安妮·努德森说，“假装我们比别的国家的人更聪明，更富有，更满足，受到更好的教育……以至于到最后，我们成了，呃，希腊人。虽然我不认为这样的结果一定会成为现实，但是存在这样的可能性。”

“关于丹麦应该往何处去，我们有点困惑。福利国家的可持续版本是什么样，2.0版是什么样？”托本·川内斯说，“丹麦的社会和经济趋势图全都是要么上升，到达一个平台，要么下降，到达一个平台——唯一不符合这个规律的是我们的体重。”

丹麦社会似乎已经到达壮年，有人认为达到了完美状态，也有人认为达到了危险的停顿。人们担心下一阶段将是停滞和衰退。当社会达到几近完美的状态，再没有什么事情可做，没有要抗争的对象，也没有要奋斗的目标，会怎么样呢？

“到了这样的高度，差别已经很小，关于我们要往哪个方向去，就会有些疑惑，”川内斯说，“我们应该去征服下一座高山呢，还是……？”他没有把话说完，好像他对接下来到底会发生什么没有把握。

我还有一个问题也是每次必问的，这个问题本身甚至更具有启发性。我每次都会请接受我采访的丹麦人想一想，有没有一个更好的国家，他希望去那里生活。他们无一例外都会沉默半晌。是的，在狂风呼啸的时候，税务官来敲门的时候，他也许偶尔会向往托斯卡纳或者普罗旺斯，可是经过反复权衡，谁也说不出一个比丹麦更好的地方。我虽然满腹牢骚，但是，身为家长，我不得不承认，至少这里是生儿育女的理想家园。

其他北欧国家也许可以作为替代选择，我想。它们之间的相似性非常显著：强大的覆盖广泛的福利国家；社会凝聚力，紧密关联和集体主义；经济平等和近乎自虐的甘草瘾——这些都是北方人的共通点。

我不由地陷入沉思：如果把北欧的这些本质特点提取出来，创造一个终极的北欧社会，它会是什么样？它会是一个甚至比丹麦更加成功、更加幸福的社会吗？还是说，这个国家的北欧特点也许会过于鲜明？

事实证明，已经有人作过这样的尝试。他们就是冰岛人。

冰岛

第 1 章

哈卡尔

有人或许要说，这本书不该包括冰岛——冰岛人可能就会这么认为。毕竟，他们的国家是由一群想要脱离斯堪的纳维亚的人建立，他们历尽千辛万苦才达到这一目的，再把他们生生地拉回来，似乎很不公平。再加上它坐落在斯堪的纳维亚与北美洲中间，它与德国、美国和英国的贸易额超过了其他任何一个北欧国家。此外，冰岛只有 319 000 人。既然我不打算用几个章节的篇幅来描写瑞典的哥德堡或者丹麦的奥胡斯，这两个地方的人口与冰岛大致相当，为什么要专门描写冰岛呢？为什么不写一写格陵兰或者法罗群岛，它们具有不亚于冰岛的强大的准国民认同？从洞察北欧例外论奥秘的角度来看，近年来，冰岛人作为例外乏善可陈，唯一值得一提的事迹是他们的经济危机。而这样的例外并不是我们要找的那种例外。

然而，我们还是要来拜访这群怪人，要来欣赏它那令人迷醉的风光，有几条强有力的理由。从遗传的角度，冰岛比斯堪的纳维亚人还斯堪的纳维亚。它的人口由逃亡者组成——说实话，就是法外之人——从挪威西部出逃的亡命徒，以及他们在西进途中收留的苏格兰和爱尔兰性奴。他们至今仍讲古诺尔斯语，这是一种历史上流传下来的更为纯粹的斯堪的纳维亚语。多少年来，世界各地的遗传学家前赴后继来到冰岛从事研究，冰岛人的种族是如此纯洁（不厚道的人也许会说，如此混杂）。还有，冰岛被丹麦统治过682年，我们会看到，它至今仍然与自己过去的哥本哈根主人保持着密切而颇为复杂的关系。更何况它还是北欧理事会（Nordic Council）的成员国，这一点相当干脆地回答了冰岛“属不属于北欧”的问题。

冰岛尤其值得我们关注，一个主要原因是，它近年来的金融风暴具有高度的启示性，说明了典型的小规模、同质化、紧密联系的北欧社会模式所潜藏的风险。事实证明，一个国家有可能过于北欧化，冰岛就是一个例子。

首先，我们来简单地了解一下“冰岛近年来的经济发展史”。在2003年到2008年间，冰岛的三家主要银行格里特利尔（Glitnir）、克伊普辛（Kaupthing）和国民银行（Landsbanki）借了1 400亿美元的贷款，这个数字相当于冰岛GDP的10倍，使冰岛央行25亿美元的储备金相形见绌。一小部分企业家在当时政府的鼓动下，发起了史无前例的国际大收购，从丹麦的百货商店到西汉姆联足球俱乐部，见什么买什么；而其余的成年人口中，有相当多的冰岛人欢欣鼓舞地采纳了通常只在尼日利亚垃圾邮件中提出的理财策略——举例说明，做日元贷款，或者抵押房产换取瑞士法郎。冰岛人刚才还在忙着清洗鱼的内脏，一转身就在崭新的保时捷卡宴里做着期权交易了。

这种非北欧式的离奇故事数不胜数：有人专程把英国著名歌星艾尔顿·约翰请来，只为让他在生日宴会上放歌一曲；人们预定私人飞机，就像叫辆出租车那么随意；人们眼皮都不眨地花5 000英镑买几瓶纯麦芽威士忌，或者花10万英镑，周末到英国的乡下去打一场猎。

克伊普辛银行伦敦支行的总裁包下伦敦的自然历史博物馆举办宴会，请英国实力派歌手汤姆·琼斯前来助兴。但是，人们都说，冰岛由于华盛顿哥伦比亚特区的一场暴风雪而更加狂风肆虐，风雪交加。

雷曼兄弟 2008 年底的破产让冰岛的债务浮出水面，据说冰岛债务一度达到 GDP 的 850%（美国是 350%），并引发连锁反应，导致克朗的价值一路跳水，直至只合原来的一半左右。此时，冰岛的银行正在把钱借给自己的股东，以便股东可以购入……还是这些冰岛银行的股份。我不是美国经济学家保罗·克鲁格曼，可是，连我也看得出来，这绝不是一种可持续的商业模式。政府没有钱偿还银行的债务。它被迫从货币市场支取克朗，接受国际货币基金组织和其他国家总计 40 亿英镑的贷款。连小小的法罗群岛也掏了 3 300 万英镑，这一定让冰岛人格外感到羞辱。它的利率最高时达到 18%。股票市场下跌了 77%；通货膨胀率达到 20%；克朗贬值 80%。到最后，冰岛的债务总额介于 130 亿英镑到 630 亿英镑之间，视你的消息来源而定；或者换一种说法，冰岛人均负债在 3.8 万英镑到 21 万英镑之间。

短短几周，冰岛的失业率从常规的 2% 骤升到 10%（一个冰岛人向我描述道，在此之前，只要想找工作，连“智障和黑户”也能找到活儿干）。通货膨胀乘虚而入，呈现为魏玛式通胀的报复性势头。日元抵押和瑞士法郎贷款（此时已经非法）的成本翻了一倍多，许多人的住房和汽车因此成了负资产。新闻报道中有这样的事，几瓶橄榄油的价钱居然高达 130 英镑。不出所料，三分之一的冰岛人说，他们想离开冰岛。《泰晤士报》的一篇头条文章写道，他们成了“无法支撑的小小经济体”。

冰岛经济崩溃后不久，我第一次来到雷克雅未克，想看看生活在濒临崩溃的社会是什么情形。“三家银行倒闭时，就像一颗炸弹爆炸了，”冰岛大学社会学教授吉斯利·帕尔森对我说，“可是，一切都一如既往：

社会服务，甚至银行都在正常运行。在崩溃后的几个星期里，人们有过极其强烈的不确定感。会不会发生食物短缺？人们非常担心社会整个崩溃。有些方面的崩溃是很可怕的。雷克雅未克的犯罪明显增多。人们纷纷在家里安装警报器。议会失了一次火，窗户也被砸了。人们极度愤怒。有时候能看到普遍的抑郁，许多人没了汽车，丢了工作，眼看还要失去住房，他们看不到出路。我认识的许多人境况非常差。我欠一对夫妻100万克朗，我时刻都感觉到压力。”

2009年1月发生了所谓的“餐具革命”：两千名抗议者丁零当啷地挥舞着餐具，在议会外面集结，向议会大厦投掷*skyr*（冰岛酸奶，在周五晚上传统的狂饮烂醉之前，常被用作开胃品）。自1949年反对加入北约的抗议以来，冰岛在此次事件中首次使用了催泪瓦斯。以总理盖尔·哈尔德为首的右翼联盟从20世纪40年代起便执掌政权，此次终于被赶下台。虽然哈尔德把一切罪责推给“全球金融风暴”，但终于还是把权力交给了由社会民主联盟党的约翰娜·西于尔扎多蒂领导的联合政府。西于尔扎多蒂69岁，当过空姐，是两个孩子的母亲和6个孩子的祖母，更别提还是全世界首位公开表明同性恋身份的政府首脑。在后续的多次政治抗议之后，冰岛央行总裁戴维·奥德松——此人当过总理——被挪威经济学家斯韦恩·哈拉尔德·奥雅德接替。西于尔扎多蒂马上宣布削减支出30%，提高税收，并且试图关闭几处大使馆。

这次破产风波好似一场找不出罪犯的犯罪。哈尔德后来以玩忽职守罪被推上特别法庭接受刑事审判，成了全球首位被要求为2008年金融危机负责的政治领袖。他被指在金融危机蔓延导致冰岛破产期间无所作为，面临最高两年的监禁，不过后来被判无罪。这一切纷扰之中，总统奥拉维尔·拉格纳·格里姆松居然安然无恙，照旧当着总统，并于2012年再次当选：他一再否决冰岛议会偿还外国债权人欠款的企图，此事也许与他的人气始终旺盛有关。

雷克雅未克给人一种酒阑人散、遍地狼藉的感觉。我来得正是时候，刚好赶上了主人把烟灰倒进垃圾袋，捡起四处散落的内衣裤。我与之交谈的冰岛人表情复杂，既有疲倦、困惑，也有愤怒和惊悸。

这座城市依山临海，一度以景色壮观、气势恢弘而闻名天下，如今，这里的主题景观是沿着海滨拔地而起的高楼大厦。它们的玻璃幕墙闪闪发光，崭新铮亮，里面却空空如也，就像一摞摞刚刚遭到抢劫的珠宝盒子。除了邮轮码头那座气势磅礴的哈帕音乐厅还在施工，其他的建筑工地上，只有吊车默然矗立。哈帕音乐厅是在冰岛的经济狂欢达到高潮之际动工兴建的，我被告知，如果不能竣工，将会造成更大的损失。

好的一面是，旅游办公室那位和气的女士告诉我，由于克朗崩溃，外国游客的数量有所增加，而此时，世界绝大多数国家的旅游业正在急剧降温。冰岛向来是个以价格昂贵闻名的目的地——在危机到来之前，《经济学人》把它评选为全世界最为昂贵的涉足之地——但是，在 200 克朗兑换一英镑的情况下（几乎是此前汇率的两倍），去冰岛消费即使买不到便宜货——冰岛仍然需要进口除了电和鱼以外的所有商品——也至少不比伦敦更贵。星期五和星期六晚上，在雷克雅未克的酒吧里一家家地喝过去，叫作 *reyked*，这是一项声名狼藉的消遣，如今，一品脱啤酒大概只花 600 克朗，顿时显得实惠多了。所以，我在雷克雅未克市中心的商店和餐厅里听到的大多数口音，都是外国人。街道、酒吧和餐厅里基本上没有本国人。

还有其他一些迹象表明，近期并非一切照旧、井然有序：走在商业主干道洛加维格（Laugavegur）的大街上，我看到一家商店的橱窗里陈列着一件 T 恤衫，上面写着“褐色（布朗）是大便的颜色”字样。T 恤衫的图案是前英国首相戈登·布朗。布朗在执政期间采取措施，根据反恐法把冰岛重新分类，冻结了冰岛在英国的资产，之后他就成了冰岛人恨之入骨的角色。（“你们都是些利率婊子！”一个冰岛人对我嘀嘀咕咕地抱怨。)

第一天，我在邮轮码头货栈间的一家小小的渔棚餐厅 *Særeifinn*(“大海男爵”)吃了午饭，我的左右两侧各坐着一对智利夫妇和一个法国人。我们挤坐在几张公用桌的四周，桌下放着蓝色的塑料包装鱼桶，喝着热气腾腾的大碗 *Humarsúpa*(海螯虾汤——是冰岛最负盛名的一道菜肴)。哈卡尔(*Hákarl*)是另一种著名的冰岛美食。我很高兴再次品尝 *Humarsúpa*，但是只要我意识尚存，就宁死也不会再吃哈卡尔。这一区域捕获的鲨鱼，如果趁新鲜食用，似乎是有毒的，可是，冰岛人没有彻底放弃吃鲨鱼肉这回事，而是终于想出一个办法，把它埋在地下18个月到4年之久，直到肉质腐烂，达到能够勉强称之为“能吃”的地步。这就是哈卡尔。

我在雷克雅未克市中心的某个酒吧尝过几口。女侍者显然见惯了游客“只是尝一尝”，她给我端来两小块糖块大小的肉，浅灰色，看起来就让人毫无食欲，装在密封的罐子里。“别担心，它吃起来不像闻起来那么差，”她笑着说，“味道很难闻，只要克服它就好了。”

她没有说实话。是的，那味道着实让人恶心，她一打开罐子，老远就能闻到：让人想起炎炎夏日多层停车场的楼梯间，混杂着小便和呕吐物的刺鼻气味。但这并不是最糟糕的部分。那种辛辣的、可疑的奶酪味才真正让人难以下咽。我断定“哈卡尔”这个名称是个拟声词，它是因人们吃这种东西时发出的声音而得名。

在这之后，鲸肉寿司、海鸠和熏海雀——我在雷克雅未克期间全都品尝过——相对来说味道还可以，但是哈卡尔却让我对冰岛人感到好奇。什么样的人，在身边有着全世界最美味、最新鲜的鱼类，也不缺少冰块来储存鱼类的情况下，宁愿去吃有毒的腐烂的鲨鱼肉？这似乎反映了一种不一般的存心作对的心理。

我开始研究这个国家的历史。冰岛的历史虽然短暂，读起来却始终让人感到阴惨。

早期，冰岛是一块没有法律也没有宗教的土地，挪威的亡命徒和他们的苏格兰和爱尔兰伴侣在这里繁衍生息。把人作为祭品，用来安抚它那贫瘠的地表之下肆虐而可怕的自然力，并非闻所未闻的稀奇事。这里没有行政长官，没有国王，没有军队，只有一些杂乱无章的法令，主要是关于一个貌似刻不容缓的问题：乱伦。到了 13 世纪，因为冰岛人自己无法控制局面，终于请挪威人出面干预。挪威的奥拉夫国王想办法让冰岛人皈依了基督教，但是，冰岛人对基督教的信奉至多只能说是半信半疑，三心二意。

瘟疫、海盗、火山喷发和单纯的严酷气候，使冰岛人口在 16 世纪以后基本上固定在区区数万人。这几百年的历程如果放在博物馆里展出，它的主要内容就是天花和黑死病此起彼伏地爆发，饥荒，呛人的火山灰笼罩一切，倒毙在地的牲畜连成了片，也许偶尔还有某个主教被砍头，或者一只同样倒霉的任性的北极熊出现在附近的冰山上——最后一种情形如今仍然时有发生。最具灾难性的事件是 1783 年拉基（Laki）火山喷发，它给北欧的广阔地区造成了明显的冷却效应。随后的饥荒导致四分之一的人口死去。当时丹麦已经接管挪威和冰岛，它认真地考虑过把其他冰岛人疏散到日德兰，把这块受到诅咒的土地留给一千万只海雀。18 世纪初，有 50 358 人在冰岛生活。一个世纪以后，是 47 240 人。而这一时期，欧洲几乎所有其他国家的人口都发生了爆炸性的增长。

到了 19 世纪，冰岛人终于半心半意地发起了独立运动，但是，我们已经知道，他们获得完全独立，却是由于那个最最不可能的“解放者”阿道夫·希特勒的干预。“当阿道夫·希特勒把丹麦兼冰岛国王克里斯蒂安十世陛下俘虏时，”当年的《泰晤士报》写道，“12 万冰岛人一点儿也不难过。”

丹麦人对冰岛的统治很快被另一个强权取代，美国军队占领了冰岛，其基地一直保留到2006年。冰岛曾经是欧洲最穷的国家，但这一切由于马歇尔计划的金钱和大张旗鼓的基础设施建设项目而发生改变。冰岛开始繁荣发展，自信也随之增强。

近年来，冰岛在北欧例外论的潮头之上昂首挺胸，根据联合国的人类发展指数，冰岛成了全世界最发达的国家，也是欧洲人均生产率第四高的国家。它在经济自由指数一项也名列前茅；它的人均国民总收入一直都比英国高；它一度还被经合组织列为第五富裕的国家。冰岛有欧洲最高的出生率，长期以来它也是两性平等的典范。它选举产生了全球首位女总统，而且是一位单亲母亲——维格迪丝·芬博阿多蒂尔于1980年当选总统。冰岛男性的寿命为世界之最，平均预期寿命为78.9岁，女性的预期寿命更长，平均达到82.8岁。还有，冰岛人均购买的图书也是全世界最多的，这无疑是一件好事。

当然，自从*kreppa*（经济崩溃）之后，冰岛的上述成绩尽管令人仰慕，却被百年不遇的经济败局掩盖了光华。冰岛成了一个单一问题国家。

2008至2009年间，冰岛的金融系统到底出了什么问题，相关的著述可谓汗牛充栋，我这里不打算详细论述。我有兴趣追问到底的是，冰岛人为什么把事情做得这么过火，偏离正道这么远？毕竟，北欧国家的成功大多归因于三个关键要素：同质化、平等主义和社会凝聚力，这三点冰岛全都具备，在某些方面甚至比北欧其他几国还要充分。

可是，有什么东西、在什么地方出了错，而且是灾难性的错误。难道是冰岛丢掉了它的北欧护身符？是它未能抵制女妖塞壬歌声的诱惑，还是它从一开始就不是真正的北欧国家？

第 2 章

银行家

“我们以为，他们大体上是斯堪的纳维亚人——温文尔雅，希望所有人平均分享一切。但他们不是。他们身上有一种野性，就像一匹假装被驯服的马。”

——迈克尔·刘易斯，《名利场》，2009

2009 年，美国经济评论员迈克尔·刘易斯为《名利场》写了一篇论述冰岛的文章，这篇文章如今已经家喻户晓——它对冰岛通篇贬抑之词。他详细分析了冰岛的一切，它受到蛊惑陷入债务狂欢，冰岛男人粗野，冰岛女人其貌不扬（这个评价相当缺乏绅士风度）等等。刘易斯得出结论，冰岛是个大男子主义的、家长制的、高风险的社会。

刘易斯在冰岛 20 世纪 80 年代初期实行渔业配额与此次经济崩溃之间建立了直接的因果关系。过去，冰岛人像其他人一样捕鱼：他们跳上船，出海，努力捕鱼。有时候两手空空地回来，有时候满载而归。但是，到了 1983 年，由于糟糕透顶的天气导致连续几年渔业歉收，冰岛政府决定实施配额制度。冰岛人打鱼是出了名地爱冒险，他们肯在各种天气出海打鱼，这一制度的初衷是为了阻止这种倾向。政府给现有的渔船发放执照，允许他们捕获与渔船大小成一定比例的年度总配额。这项举措引起了争议：有人认为，政府无权以这种方式瓜分自然资源。也有人认为，渔民知道自己有一年的工夫可以使用配额，也许可以减少冒险。

此次经济危机的真正萌芽是后来生发出来的。1991年，渔民被允许进行配额交易，用未来的捕获量作担保获得贷款。一位评论人员这样说："20年前的一项决策毁了这个国家。"

吉斯利·帕尔森自20世纪80年代初就开始研究冰岛的捕鱼团体，他是第一位观察和记录配额制度的效果的学者。"我肯定地认为，（2008年崩溃和配额制度之间）存在关联，"帕尔森对我说，"拥有原始配额的那些人一夜暴富。后来，所有配额都流到了大约15家私营公司手中。财产权被隐藏，所有权被故弄玄虚地神秘化。然后，配额的所有者开始把利润从这15家捕鱼公司转移到银行业。"

那么，渔民摇身一变成了银行家，当他们开始为非作歹的时候，为什么没有人站出来反对？外国经济学家和评论员屡屡发出警告。"事情很难解释。批评性的讨论遭到压制，包括在大学里——这座大楼就是一个百万富翁投资兴建的，"帕尔森示意了一下我们所在的房间周围，"批评者被边缘化，成了不能够从成功当中获得愉悦的人。那些生意人相当高调地为研究提供资金，兴建公共建筑，建设博物馆，主办节日庆典，等等。"

"是的，很多钱像涓涓细流渗透到了全社会。"新闻记者布雅尼·布里恩约夫松对我说。他是独立月刊《冰岛评论》（*Iceland Review*）的编辑——也是兼职的捕鱼向导。当天晚些时候，他在市中心的办公室接受了我的采访。"所有的餐厅都坐满了银行家，当然，那是很不健康的——那不是真正的财富，都是借来的钱。你必须明白，这些机构（银行）基本上不受我们监督。我不认为冰岛的银行家做的事情和外国银行家有什么不一样，但是我认为，他们做得太肆无忌惮，他们根本不经谋划，到了最后，他们就开始做一些下三滥的事情，比如互相借钱给对方。我一直在密切地观察他们，我想知道，这些家伙怎么能够不停地借钱，借钱，除了彼此之间买进卖出，他们好像从来不销售产品。他们从来不把自己的资金投进去蒙受风险。”

在我看来，本世纪初冰岛发生的事情完全不符合北欧特色——当时英国的企业、地方政府和个人受到高利率的诱惑，纷纷把巨额资金存入冰岛国民银行的网上分行冰储银行（Icesave），结果却在该银行倒闭之后化为乌有；在该银行的债务争议上，芬兰、瑞典和丹麦都与英国站在一边，这很能说明问题——企业、媒体和政治权力集中在一小撮走极端的理论家手中，人们盲目轻率地积累超现实额度的债务，又是加长悍马，又是私人飞机——这一切似乎更容易让人想起美国或者撒切尔治下的英国，而不是斯堪的纳维亚。

一天晚上，我无意中走进雷克雅未克一家相当富丽堂皇的餐厅，它是繁荣兴旺时期留下的遗迹，墙上贴着微微发光的植绒壁纸，大堂里摆放着法国设计师菲利普·斯塔克设计的透明塑胶座椅（有人想要显摆自己懂得设计，其实不然，才会作出这样的预设选择），它的菜单上兜售的主打菜肴是肥鹅肝与菠萝，汉堡包“新时尚”，搭配印度泥炉烤鸡（Tandoori）调味汁、法国卡芒贝尔奶酪和意大利帕尔玛火腿之类的组合。“这实在是泛滥的新自由主义资本主义的丑陋面，”我心里想着，快步走了出去，“连瑞典人也不会把卡芒贝尔奶酪和印度烤鸡的汤汁与汉堡搭配。”

就冰岛的北欧邻国而言，与之反差最大的莫过于他们的直系先祖挪威人。挪威人小心谨慎地照管着自己的石油财富，就像种植兰花的农民精心呵护盛花期的花儿朵朵，冰岛人则走上了疯狂的、不知餍足的攻城略地之路，大肆收购他们所能找到的一切花里胡哨、闪闪发光的外国资产——足球俱乐部、酒店和百货商店——与最不明智的借贷相结合，自《威尼斯商人》中的安东尼奥用自己的一磅肉作为担保，向夏洛克告贷以来，再没有过更不明智的借贷。

“就好像我们要比所有国家做得都好，要比所有人都出风头似的，”一名前银行职员告诉我，他如今已经失业，“就好像我们冰岛发起了一场超级赛，可以给欧洲和英国树立一个做事情的全新榜样。”

“还有维京人文化：人们都是从小听着维京人多么了不起的故事长大的。”特里·冈内尔对我说，他是旅居冰岛多年的英国人。“在长篇传奇故事中，冰岛人每到一处，都是直接找国王交涉，没有废话。他们去到挪威，挪威国王说：‘嗨，回来吧，回到我的地盘来吧！’他们现在还是那种感觉：像维京人一样，所有人一律平等。他们从小听着这样的话长大，‘我们国家也许很小，但我们每个人都是平等的’。冰岛是个小矮个，但他认为自己有很大的发言权。‘不先征求我们的意见，你们不能侵略伊拉克。’诸如此类。”

早在经济危机爆发之前，丹麦人对冰岛人就有一句点评，此刻，这句话似乎前所未有地精辟：“他们穿着对他们来说过大的鞋子，不断地被自己的鞋带绊倒。”

剑桥大学的斯堪的纳维亚历史讲师伊丽莎白·阿什曼·罗博士也觉得，冰岛人的维京人心态也许是他们遭遇经济灾难的根源：“是的，维京时代的冰岛人希望自己的权利得到尊重，他们不愿意听从别人的指令，他们的制度对聪明或者大胆的人给予回报。这样的行为在此次金融危机的起因当中也有所反映。”

在冰岛，对银行部门的一切批评轻易便遭到压制，这种天生的优越感也许是一个原因。外界的一切批评都被视为对自己的欺凌而抛在脑后。比如 2006 年，丹麦国家银行发布了一份报告，警告冰岛的银行正在走向灭亡的道路。冰岛人说，这是嫉妒，对此不予理睬。

可是，到头来，现实让他们吃了苦头。“我 2007 年开始在一家银行工作，过了 3 个月，银行就没钱了。”本地妇女英嘉·延森告诉我。我在雷克雅未克一家凉爽的、几乎半空的咖啡馆与她攀谈，这样的咖啡馆很多。“我们不知道什么时候能拿到工资。他们开始解雇员工。我记得有个同事每天来上班，都唉声叹气，‘一切都要完了！’大家的感觉是，‘是的，是这样的’。可心里却不大相信。”后来，2008 年底，英嘉丢掉了在银行管理欧洲大型写字楼项目的工作。

2009 年初，迈克尔·刘易斯形容冰岛“彻底破了产”。他声称在酒店房间里听到路虎揽胜爆炸的声音，那是当地人在对如今已经成为负资产的汽车进行报废，以便实施保险欺诈。他像机关枪扫射一般发起了一连串的侮辱，说冰岛女人“身材臃肿，长着老鼠似的头发”，冰岛男人粗野无礼。“到了星期四、星期五和星期六……好像半个国家的人都认为，把自己喝得人事不省是职责所系。”他写道。

可是，这一团乱麻的经济状况该责怪谁呢？在我逗留期间，冰岛媒体报道了此起彼伏的涂鸦袭击。满腔怨气的冰岛人自称 *Skapofsi*（“战争狂”），向一些他们认为应当承担责任者的物产倾倒油漆，包括克伊普辛银行前 CEO 雷埃尔·马尔·西盖雷森的家，那座房子被人泼了红漆，变成了好似美国画家波拉克笔下的抽象画，还有冰岛第一富豪比约高尔弗·索尔·比约哥弗森的悍马汽车也被泼了漆。

倘若要给冰岛的经济灾难找个标志性人物，比约哥弗森是个合适的人选。他既是冰岛 20 世纪初首屈一指的商人索尔·延森的孙子，也是冰岛历史上一位经历丰富、跌宕起伏的企业家比约高尔弗·古德蒙松的儿子。古德蒙松当过足球运动员，犯过罪，常年接受酒精依赖康复治疗，还有，2009 年 7 月，他宣告破产。他和儿子一道，靠出售酒水给俄罗斯人赚了钱，他收购了西汉姆联足球俱乐部（2009 年又把它卖掉）

和其他一些东西，并且在国民银行持有控股股份。直至经济崩溃，许多冰岛人都把古德蒙松视为慈祥的父亲，就像他们以前看待他的父亲一样：父子二人都为社会和文化事业慷慨解囊。

古德蒙松家族属于冰岛的约 15 个大家族，人们笼统地称其为“章鱼”，这只“章鱼”的“蓝色触角”基本上操纵了冰岛的经济命脉。如今，有几个家族已经灰溜溜地离开了冰岛，另外几个家族则保持低调。

零售企业家约翰内斯·约恩松和他的儿子约恩·奥斯吉尔·约翰内松也常在这个语境下被人提到。作为鲍格集团的所有人，他们控制了冰岛的多数媒体和零售部门，其中包括英国百货零售企业福来莎集团，玩具品牌哈姆雷，此外还有一个照猫画虎的海外投资项目，冰岛冷冻食品连锁店。鲍格集团在 2009 年轰然倒塌，终于渐渐松开了对冰岛媒体的铁腕控制（可是，冰岛的所有权关系往往错综复杂、模糊不清，在本书写作期间，约翰内松仍然拥有多个电视频道和多家报社）。

但是，大多数人把批评的矛头指向了中间偏右的独立党，自 1929 年以来，该党一直执掌冰岛政局，主要是通过前总理戴维·奥德森和他的接班人盖尔·哈尔德。奥德森后来还担任过冰岛的央行总裁，如今则是冰岛主要报纸《冰岛晨报》（*Morgunblaðið*）的编辑。

这些政商要人私交甚笃：他们就读相同的中学和大学，主要是雷克雅未克奢华排外的拉丁学校，相互结交，过从甚密。这就暴露了冰岛的致命弱点。这个国家只有 319 000 人，基本上所有人都互相认识，最多只隔一个人就可以拉上关系，历史上冰岛的统治阶级内部尤其是你中有我、我中有你。

这些贷款“（冰岛银行贷款给自己的股东，让他们能够购买更多股份）成了令人不快的提醒物，让人想起冰岛的情况多么腐败，”冰岛破产后不久，一个冰岛人对英国某报纸说，“我们的社会很小，商界、监管者、媒体和政界，全都是一伙儿的。”

“要想搞清楚一家冰岛公司怎么雇用职员，先要看政治纽带。”辛德利·弗里森告诉我，他是冰岛数一数二的诗人和小说家。“如果不存在政治纽带，就看家族谱系，如果也不是家族成员，那就只有一种解释：一个无名的酒鬼撞了大运！我们这个社会，人与人之间关系紧密，这就给裙带关系和小圈子提供了土壤，这些都是造成经济问题的原因。人们会雇用一个一起参加体育俱乐部的人，或者自己家族的人。这样的事情太多了，也许因为我们对这类事情已经习以为常，见怪不怪，我们不把它们叫作腐败。这种事情在所难免，但到了要把它们绳之以法的时候，就会成为一个问题。”

看起来似乎是这样的：紧密的社会纽带，在北欧其他几国促成了长期稳定、责任心、平等和繁荣，在冰岛却产生了截然相反的效果。

早在 2001 年，欧盟的反腐机构“反腐败国家联合会”就提出警告，冰岛“政府与商界的紧密关系会产生腐败的机会”。有一个极好的例子，可以说明冰岛的政府、媒体和商界相互勾连，达到了何种地步，那就是 2004 年媒体所有权法案遭到否决。该法案的目的是想打破媒体所有权由私营公司垄断的现状（它实际瞄准的靶子是鲍格集团），不料却遭到总统奥拉维尔·拉格纳·格里姆松否决，他做出了一个前所未见的举动：拒绝在法案上签字，结果引起舆论一片哗然。原来，格里姆松此前的竞选总干事如今是某电视台的负责人，根据新的法律，这位竞选总干事将受到追究，而且格里姆松的女儿就在鲍格集团工作。

冰岛人才库的规模与英国的考文垂市差不多，在这样一个国家，追求精英治国的理想，追求民主自由，必然要经历许多挫折和斗争（只不过迄今为止，考文垂尚未从荷兰人那里骗取 40 亿欧元）。既然医生和教授数量有限，那么，企业家、政治家和经济学家想必也数量有限。所以，冰岛人是世界上终极的多面手，这都是万不得已。我采访过的许多人都有第二职业，比如兼职开出租车或者当导游，这种多重身份也蔓延到社会上层：举例说明，前首相经常被人称为诗人，他的外交部长则兼任理疗医生。

我想，冰岛的人口少得可怜，这个事实怎么强调都不为过。如果他们是一个物种，也许早已被世界自然基金会列为濒危物种了——冰岛人之于人类，就好比黄鼻信天翁之于鸟类。他们居然能够建立一个国家，这是多么了不起。“他们有心脏外科医生、语言治疗师或者瑜伽老师吗？”我不知道。冰岛有没有人会翻译保加利亚语，有没有女子七项全能运动员？（女子七项全能运动员是有的。她的名字叫赫尔加·玛格丽特·托尔斯泰因多蒂尔。）选手那么少，电视台的选秀节目怎么制作完成呢？到目前为止，想必全体冰岛人都至少登台一次，为他们尖刻严厉的评委演唱过“哈利路亚”了吧？

“我们制作过选秀节目《X 因子》，”布里恩约夫松说，“但是在第三季以后，就没有新的选手了。我一直都觉得奇怪，当年我住在伦敦的哈克尼区，那里有 150 万人口，居然没有电影院。我们几乎什么都有，但是维护它们是个沉重的负担。”

冰岛与另外几个北欧国家还有一个不同点，那就是它缺乏真正自由的、多样化的出版物。在整个北欧地区，你都不用发愁看不到严肃、独立的宽幅报纸，可是在冰岛，出版物要么为新自由主义者所拥有，要么受到新自由主义者的严重影响，他们有效地压制了一切与之冲突的言论。

“4 家报纸，12 本杂志，却都谈不上出版物”，这是免费的英语报纸《雷克雅未克传闻》（*Reykjavík Grapevine*）2005 年一篇头条新闻的标题，当时冰岛的经济繁荣达到了高潮。《雷克雅未克传闻》是冰岛屈指可数的几家独立媒体之一。“我们的作者只要稍微崭露头角，就会被鲍格或者国民银行收入麾下，负责某种项目。”该报一位前任编辑发牢骚说。

“那些人控制了媒体，社会变得很不健康，”布里恩约夫松说，“只要有人批评他们，他们就把批评者全部收买。我批评他们，（名人八卦杂志《视与听》[*Seog Hør*]）就把我解雇了。”

后来，几乎所有媒体——从国营的电视台和广播电台，到私营的电视频道和报纸——都由那些与执政的独立党关系紧密的人控制。就连国家经济研究院也在 20 世纪 90 年代末被撤销，因为它发布了一篇报告，对冰岛的发展方向提出了质疑。

所以，看起来似乎是这样的：国家太小，社会纽带太坚固，团结得太紧密，反而可能对自己不利。在某些情况下，强大的社会网络可能会造成无孔不入的腐败，压制正常的民主讨论。到最后，可能会由于过于北欧化而对自己造成伤害。

第 3 章

丹 麦

于是我想，鉴于这种情况，冰岛在北欧大家庭中该处于何种地位呢?

几百年来，冰岛的知识阶层几乎全都在哥本哈根接受教育。即使今天，在冰岛人眼中，丹麦首都哥本哈根依旧是一个重要的，甚至是最为重要的文化大都市。每天，从雷克雅未克前往哥本哈根的航班之多超过了其他目的地，丹麦首都哥本哈根是冰岛人旅居最多的城市。许多，也许是绝大多数冰岛家庭，都有丹麦亲戚。

多年来，丹麦语在冰岛的教育体系中占据主导地位。冰岛的中年人告诉我说，在学校里，他们的多数课本都使用丹麦语，虽然如此，他们说，他们仍然觉得，挪威语或瑞典语都比丹麦语容易（我听了大为释然，因为我自己学习丹麦语就很吃力）。不过，对于年轻一代冰岛人——看着英国的电视节目长大，后花园里驻扎着美国军事基地的一代——英语是最重要的第二语言。“我认为，在他们看来，丹麦语是过时落后的东西。”帕尔森说。

帕尔森的同事安纽尔·迪斯·斯卡塔多蒂尔教授及其家人认为，丹麦语仍然举足轻重，意义重大。斯卡塔多蒂尔教授也有丹麦亲戚——她的祖母是丹麦人。如同她的许多同胞，在她心目中，丹麦依然残存着一丝高级和精美的韵味。“我小时候，一切文雅或者美好的东西都是丹麦的，”她告诉我说，“如果一样东西很好，它肯定是丹麦的。妻子们到丹麦去学习烹饪（你可以想象，这对冰岛菜肴是多么辛辣的控诉），丹麦被认为是文明的最高点。人们说话时蹦出几个丹麦词汇，表示自己有文化，到了我母亲那一代还这样。她十几岁就被送到丹麦，去学习操持家务。好女孩到丹麦去学习待人接物的礼仪规范。”

我和几个冰岛人交谈过，他们认为，他们尊敬丹麦人，但是这种敬意很少得到回馈，直到今天，他们都觉得丹麦人瞧不上他们。一个冰岛人给我讲了一件事，他在哥本哈根的酒吧里跟一个丹麦女孩搭讪：“我刚一告诉她我是哪里人，她转身就走了。我认为，丹麦人看我们，就好像我们只比格陵兰人稍微强点儿。”还有一个冰岛女人告诉我，她弟弟有一次到哥本哈根去，无意中听到几个丹麦人叫他“那个弱智的冰岛人”，他们说的是丹麦语，以为他听不懂。

冰岛人往往用幽默的态度回应丹麦人的轻视：“人们常常讲一些笑话，就是用丹麦口音说冰岛话，”斯卡塔多蒂尔说，“非常可笑。我们不拿挪威人讲冰岛话开玩笑，只拿丹麦人开涮。”她马上模仿了丹麦人讲英语——就像愤怒的咆哮。（公平地说，用丹麦口音讲任何一种语言都很可笑，哪怕是丹麦语。）

请读者不要误解，冰岛并没有真正的反丹麦情绪。“我们喜欢丹麦人，”一名出租车司机对我说，我告诉他我在丹麦生活。“如果一个冰岛人说他讨厌丹麦人，那么，嗯，他也许是个傻瓜或者笨蛋，哪儿都少不了这样的人。我们看上去也许更像挪威人，但是，如果一个冰岛人遇到一个丹麦人、一个瑞典人和一个挪威人，他处得最好的是丹麦人。我们有相同的幽默感，就像英国人。但是挪威人……噢，我的天，挪威人太沉闷了。我认为挪威人有点像我们的小弟弟，我们和挪威人当年曾经团结起来反对丹麦人。”

2006 年到 2008 年间，冰岛企业家发起了空前绝后的“投资”狂欢。冰岛与丹麦摇摆不定的关系为我们理解他们的所作所为提供了有趣的洞察。冰岛人许多极其重大的收购项目是对它过去的殖民地主人，也就是丹麦企业的收购。除了哥本哈根的两家主要百货商店伊路姆（Illum）和马格辛（Magasin du Nord）以外，冰岛商人还收购了丹麦首都历史悠久、宏伟秀丽的安格莱泰尔酒店（Hotel d’Angleterre），几家丹麦媒体公司，以及丹麦斯特林（Sterling）航空公司（两年后宣告破产）。

从客观的经济角度来判断，假如他们作过分析，把钱投资在这些项目上是再愚蠢不过了——例如，百货商店在零售业界早已被认为是大而无当的累赘；哥本哈根的那两家百货商店多年来一直在亏损——所以，我们可以得出结论，作出这样的决策，必然另有考虑。这些收购是不是后殖民时代一种特殊形式的报复？也许正是这样。证据就在于这一时期冰岛与丹麦间的一场足球比赛。比赛进行到一半的时候，冰岛球迷开始齐声呐喊，“我们下一步要拿下趣伏里”：他们威胁要买下趣伏里。趣伏里是丹麦一座古老的游乐园，也许是丹麦最为神圣的文化景点，也是最受欢迎的一处旅游景点。这就好比在英法之间的橄榄球比赛现场，法国球迷齐声叫喊要买下威斯敏斯特大教堂。[1]

“冰岛人购买商店、银行，创办免费报纸，好像有一种要把哥本哈根变成殖民地的奇怪企图——那些商店都是丹麦的象征，”吉斯利·帕尔森同意我的观点，“当然，丹麦的反应是，‘这是怎么搞的？这样下去经济会崩溃的。’我们回答说，‘丹麦人一向这样对待我们。’双方在打

[1] 趣伏里（Tivoli）已经深深地进入了丹麦人的意识层面。举例说明，如果丹麦人看到别人的裤子拉链没有拉上，他会这样提醒对方：“我看见趣伏里的门开着！”

一场文化战，带有后殖民时代的紧张色彩。在相当长的时间里，双方是一种爱恨交加的关系。”

“丹麦人总是问我，为什么我们要买伊路姆，等等，”特里·冈内尔告诉我，“他们怒不可遏，过去的殖民地接二连三地收购他们的产业，把他们的企业和机构像棋子一样随意摆弄。”

事实上，近年来，丹麦—冰岛的殖民历史已经作了重大修改。19世纪末，为了争取独立，反丹麦的情绪一度被别有用心地煽动起来，如今，冰岛历史学家对曾经的统治者丹麦的态度已经大为缓和。丹麦人允许冰岛人保留自己的语言和文化，这与同一时期瑞典对待芬兰的态度形成了天壤之别。

“幸好现在有一种意识，我们之所以落后，冰岛农民精英的责任比丹麦人更大，”斯卡塔多蒂尔说，“丹麦国王想作一些改进，可是农民精英希望保持奴役状态，直到上世纪初，情况才发生改变。我上学的时候，我们仍然被教导，丹麦人是坏人，但是现在，我不认为冰岛年轻人了解那段历史。我和丹麦人说起来，他们也完全不知道那段历史，尤其是年轻人。他们甚至不知道冰岛在哪里。他们的反应是，‘你说的是 Estlan（丹麦语“爱沙尼亚”，它的发音与丹麦语“冰岛”非常相近）吗？”

“在相当长的时间内，双方是一种爱恨交加的关系，”帕尔森说，“当然，我们过去是殖民地，经济制度对我们不利：有些人被关进监狱。丹麦人禁止我们唱歌跳舞，他们自己却尽情唱歌，嬉闹玩乐。不过，总的来说，丹麦人对待我们其实没有那么坏。不过，冰岛如果战胜丹麦，还是会有极强的自豪感，比如说在足球场上，虽然冰岛踢不过英格兰。”

帕尔森觉得挪威人是冰岛人天然的近亲：“在许多方面，我认为，我们更像挪威人而不是丹麦人，”他说，“我们重视大自然、祖先、历史、维京人、路德宗、清教主义。丹麦人有时候太爱玩，太多 *hygge*，不对我们的胃口。”他还指出，冰岛与芬兰存在着一条出乎意料的纽带，

“我们都觉得被边缘化，被排除在斯堪的纳维亚之外。我们有一种观念，认为芬兰男人阴沉抑郁，总是醉醺醺的，也许我们也一样。酗酒越来越成为一个问题。”

丹麦人、瑞典人和挪威人大致可以听懂彼此说话，但冰岛人和芬兰人是隔开的。我被告知，冰岛人出席北欧会议的时候，到最后，次次都在角落里和芬兰人讲英语。（也许这就是这两个国家在北欧几国中英语讲得最好的原因。）

“冰岛人总说他们像芬兰人，”冈内尔说，“幽默，爱喝酒，还有阴郁。他们没有丹麦人那样的酒吧文化。他们做不到在下班回家的路上喝一杯：如果你那样做了，他们看你的眼神就好像你是个白痴。他们喜欢豪饮，就像芬兰人。在这个国家，啤酒遭到禁止，因为他们不希望人们喝醉，可是烈酒却可以买到，因为他们和苏格兰有贸易协定。

“文化馆（一座博物馆，里面收藏了很多传奇故事）这段时间有个非常精彩的展览，是关于冰岛文化的。很多东西体现了冰岛与苏格兰、赫布里底群岛（英国苏格兰西部）和爱尔兰的渊源，反映冰岛人的英雄本色等。有些展品摆放在角落里，大概意思是‘哦，是的，我们很多人都来自斯堪的纳维亚’。冰岛人喜欢处在危险边缘、处在临界点的感觉。”

冰岛人把丹麦人过去殖民统治的记忆深深地埋在心里，对此丹麦人几乎浑然不觉。我只是偶尔察觉到，老一辈丹麦人说起冰岛，不无一丝负罪感。不过，这种负罪感大多是由于冰岛学童至今仍然必须学习丹麦语，他们对此颇觉不安。这并不是真实情形——冰岛人必须学习一种斯堪的纳维亚语言作为第二语言，多数人选择丹麦语，因为两国之间存在密切联系。

“我在冰岛住得时间越久，教过的学生越多，我就越是认识到，不管你对他们有什么看法，你总是可以说，他们也具有截然相反的特点，两方面的特点一样有说服力，”冈内尔说，“冰岛人对这种两面性丝毫不以为怪。这里有一档非常流行的讽刺节目，里面有矮个子，他被认为代表了冰岛人的典型形象，留着大鬓角，对一切事物都有自己的看法。他开始说话的时候抨击一些事物，讲到最后却变成了截然相反的一套说法。这就是冰岛人。”

第4章

精灵

来冰岛以前，我对自己发誓，有两个话题我绝对不提：比约克和精灵。我想，冰岛人对外国来的傻瓜没完没了地问起这两件事，大概已经不厌其烦。我想，出于礼貌，我最好还是自我克制一点儿。

事实却是，比约克的确冒出来过几次（有一次，我以为我看到她在当地报刊亭买了一份编织杂志，不由得心里一阵激动。后来才发现那女人并不是她）。不过，一般来说，反倒是我不得不让冰岛人把话题从比约克身上转移开。谁让比约克是今天仍然健在的知名度最高的冰岛人呢。

冰岛人相信神灵、相信灵异事物的存在，这太有趣了，让我无法抵挡它的诱惑。我很快发现，时至今日，精灵仍然是冰岛人生活的一个十分重要的组成部分，不管某个具体的冰岛人是不是相信它。于是我便发起了自己的非正式民意测验，想看看有多少冰岛人相信精灵存在。我大多用开玩笑的口气提出这个问题，但是多数人对这个问题态度严肃：许多人一本正经地说，他对精灵的存在深信不疑，一对夫妻声称，他们小时候见到过“什么东西”。

每隔十年左右就会发起一次民意调查，询问冰岛人对精灵，或者他们叫作“隐身人”有何看法，结果大体上没什么变化。1998 年的民意调查显示，54.4% 的冰岛人说自己相信精灵。最近一次 2007 年开展的调查显示，32% 的人相信“大概”存在隐身人，16% 的人认为“十有八九”存在，8% 肯定地认为存在。许多冰岛人甚至能够明确地说出，他们相信存在哪些类型的精灵：26% 相信花朵精灵；30% 相信住家精灵；42% 相信守护天使。作为有意义的对比，只有 45% 的冰岛人相信上帝。

根据亲历者的叙述，精灵的样貌与人类相像，但是身穿传统的手工缝制的服装，主要靠牧羊维生，从来不看电视。冰岛精灵的住处离人类很近，在山川河流中栖居。如果自然风景以任何方式受到侵扰，精灵们就会出来捣乱。

1995 至 1996 年，伯克利大学的民俗学专家瓦尔迪马尔·哈弗斯坦采访了几名他谓之“受到精灵骚扰”的筑路工。筑路工们声称，他们在干活儿时遭到了隐身人的干扰和破坏。这样的事情似乎年年都有。机械设备莫名其妙地发生故障，工人受伤，人们做奇奇怪怪、预示不详的梦，东西无缘无故地掉落，天气突然变坏（一切当然都怪精灵——否则，在大西洋的一座岛上，天气顷刻之间从晴空万里变成了狂风大作、电闪雷鸣，这怎么解释呢？）这类轶事在 20 世纪 70 年代初传得神乎其神，最著名的莫过于为了修建从雷克雅未克一路向西的道路，而搬动一块所谓“精灵石”的事件。在精灵遍布的自然界发生了无数蹊跷事件之后，人们请来一位通灵者，向精灵请求许可，搬开那块大石头。这位通灵者声称，他成功地征得了精灵的同意，可是事后不久，一台推土机就撞断了一根鳟鱼养殖场的供水管，导致 7 万条鳟鱼死去。人们都说这是精灵在作怪（不过我无意中注意到，哈弗斯坦在叙述这件事的文章中写道，该项目的执行工程师碰巧也是冰岛超自然研究协会的总裁：我知道冰岛人是出了名地一专多能、身兼数职，可是这个巧合也太蹊跷了）。

接下来还有离雷克雅未克郊区不远的“精灵山”，20 世纪七八十年代，地方政府屡次计划对这座山进行改造，后来却不得不作罢。报纸写道，一名工人说，他每次发动推土机，心里都“莫名地打鼓”；电视台的摄制组也发现，他们只要一把摄像机的镜头对准那座山，不早不晚，机器就会发生故障。

哈弗斯坦猜测认为，精灵活动往往聚焦在新开工的建筑工程，这“反映了超自然的力量反对开发、反对城市化：也就是说，超自然力量在保护和强化田园牧歌的价值观和传统的乡村文化”。他表达的是这句话的字面意思，还是冰岛人投射的意思，我不得而知。不过，他补充写道，它们在对“文化认同、民族主义和社会变革等刻不容缓的问题表示关切”。换句话说，精灵害怕现代社会。

我已经约见过特里·冈内尔，不过读者也许不知道，他还是雷克雅未克大学的民俗学高级讲师。他数十年来潜心研究北欧各国的民族学，早已习惯了像我这样的外国记者自鸣得意地坐在他的办公室，笑着向他提出“小精灵”的问题。他不假思索地指出，每个人都有自己的迷信和误解。

“这只是冰岛人接近和认识大自然的一种方式，与英国伯明翰人对待周围的环境没什么不同，”冈内尔对我说。他四十多岁，扎着马尾辫。我当然立刻扬起了眉毛。他接着说：“人们不让自己的孩子在伯明翰的街头玩耍，因为担心孩子受到恋童癖或者恐怖分子之类的伤害，可是，真正有几个孩子成了恋童癖或者恐怖分子的受害者呢？那些话是用来吓唬孩子们的。在冰岛也一样。不要到山里去，因为里面住着精灵会把你抓走。不要靠近瀑布，因为里面住着巨魔。”

当然，儿童在冰岛可能遭遇各种不测，他们可能遇到的危险比伯明翰还要多。“房子可能被看不见的力量毁坏；你打开水龙头，闻到一股硫黄味，马上就知道地下不远处就是岩浆。晚上，你抬头仰望天空，看见奇异的光芒。它们会在不知不觉中让你产生一种强烈的感觉，大自然具有无穷的威力，深不可测。你看到风卷起雪花，呈现各种形状，你被风吹得踉踉跄跄，摔倒在地。所以，大自然有无穷的力量，人们产生这种感觉，一点都不奇怪。整个斯堪的纳维亚和冰岛都流传着精灵的传说，那些故事最早可以追溯到维京时代，甚至青铜时代。”

可是，冰岛人对精灵似乎尤其迷恋。“是的，”冈内尔承认，“我们最常听到的故事是，有人小时候和精灵一起玩耍过。不过，关键在于，大量冰岛人不相信精灵。”

为了举例说明，冈内尔描述了一个场景。一个冰岛人打算在后花园里安装一个按摩浴缸，为此必须搬开（比如说）一块大石头。一个邻居也许从篱笆上探过身来，说几句大意如此的话，“你真想把那块石头搬走吗？呃，那是一块精灵石，是吧？”

“多数人会再考虑一下。”冈内尔说。

冰岛在深陷经济危机的泥潭之前，正计划新建一座恢宏的歌剧院。地址已经选好，就在博加霍尔特山（Borgaholt Hill），此地也是传说中雷克雅未克众多精灵的家园。地方当局授权阿科迪玛与阿克汀承担设计任务。这个工作团队由正规的建筑设计师组成，所有人都是成年人。可是，它在绘制设计图的时候，充分考虑了世代居住于此的超自然生灵的福祉，专门研究了传说中精灵的地下居所。在爱尔兰，人们不会让妖精决定一条道路的走向；在瑞典，大型国际公司在建造发电厂的时候，也不会请灵媒去求得怪兽的许可。

“这是因为冰岛人到 1940 年才一跃进入 20 世纪，”冈内尔解释说，“来自美国军事基地的资金终于让他们能够修筑铁路，城市开始发展。黑暗终于被驱除了，可是直到 70 年代，每个人都还有亲戚生活在乡村，这些传说在乡村很盛行。”

我向冈内尔求证我听到的一件事。当时，在冰岛东部，美国铝业公司要建一座铝冶炼厂，此事引起了争议。据说美国铝业公司请来灵媒与精灵对话，以确保选定的厂址没有打扰精灵，是真有其事吗？请了一个所谓的“灵媒安全”专家？（快把我拦住！我担心管不住自己的嘴巴。）

“这是个美丽的传说，”冈内尔笑着说，“冰岛国民对美国铝业的态度出现了两极分化。一部分人急着赚钱，另一部分人担心长远的环境问题，发洪水等等。异教徒已经在诅咒那个项目了。它涉及几百万美元的资金，抗议者用尽一切手段，利用媒体来引起关注。所以，他们一个理所当然的举动就是拿精灵说事。美国铝业公司首先出面应对，请了自己的专家。”

这么说是先发制人了？“是的。我记得当时我正在接受加拿大广播电台的采访，现场还有另外一名精灵专家。采访人员问那位专家，是不是冰岛每家公司都这么做，他回答说，‘哦，是的。’然后详细说明请灵媒要花多少钱，费用的多寡如何取决于具体地址的范围大小，诸如此类。我看着他，差点要说出口，‘你在瞎说什么？’”

冈内尔同意哈弗斯坦的观点，冰岛人愿意相信精灵在干扰和破坏现代化的发展，这反映了古老的乡村价值观与现代价值观之间在发生深刻的斗争，古老的乡村价值观强调爱护和敬畏大自然。至于冰岛人为什么这么迷信，他还有另一套理论：“冰岛没有发生过虔信派运动（即路德宗的极端分子在北欧地区极力扑灭异教信仰的运动）。17世纪，挪威为消除这类迷信作过重要的努力。我和一个挪威老人聊起这个话题，结果，一个女人举着扫帚要把我赶走，因为她的丈夫开始给我讲那类（超自然的灵异）故事。他竟敢给一个外国人讲这些‘垃圾’。”

冰岛的遥远距离让传教士们只能望洋兴叹，致使冰岛人骨子里始终非常迷信（我还没有提到虫怪，克莱瓦湖［Kleifarvatn］是一座深达千米的火山湖，拉加尔湖［Lagarfljót］是冰岛东部的另一座湖，这两座湖里都有虫怪出没；而西峡湾［Westfjords］至今仍以巫术闻名）。前一天我开车出去，在劳加万谢拉洞（Caves of Laugarvatnshellar）停了下来。我读过这地方的传说。一天晚上，一个牧羊人赶着羊群到这里躲避暴风雪。他刚想躺下来睡觉，就觉得有什么东西在拉自己的脚。他使劲儿挣脱，又想躺下来睡觉，可是，还是有什么东西在拉他的脚。“有人”不想让他在那里面睡觉。于是，他赶着羊群，冒着大雪又往前走了几英里，到另一座村庄投宿。后来，那场暴风雪持续了两个星期。假如牧羊人在洞里睡着，他会被大雪掩埋，羊群也会活活饿死。这个故事就写在洞墙的文字说明牌匾上，不是作为“劳加万谢拉的传说”，而是作为真实事件。

近来发生的破产风波又该如何解释呢？我还没有理清头绪。我在冈内尔的办公室向窗外望去，只见雷克雅未克一片冰天雪地的景象。我问冈内尔，冰岛人相信神话，他们也对冰岛的新自由主义经济学家和政客们的说教信以为真，这两者之间是否存在关联呢？

冈内尔笑了，随即敛容正色。“唔，冰岛人只活在当下，这个特点也与地理环境有关。人们有一种‘先熬过今天再说’的心理。过圣诞节时，人们会预言哪些人能活过冬天——他们坐下来，点起蜡烛，看烛蜡朝谁的方向流下——人们学会了接受大自然赋予的东西，不考虑长久，美国铝业公司的风波就是这种心理在作怪。这也是冰岛的农舍和瑞典不大一样的原因。瑞典的房屋有一种骄傲，可是在冰岛，房子只是人们的住所而已。冰岛人不在乎房屋的外观。我想，冰岛人对待借贷也是一样的态度：今天要尽可能多地攫取，至于明天……我希望，呃，那种‘先熬过今天再说’的生存本能，也许能够拯救他们。”

我起身准备告辞，随口半开玩笑地问冈内尔，他有没有见过精灵。

他在椅子里动了一下，避开了我的目光。

“我的妻子从小相信精灵，她看见过很多灵异的东西。有一次我不得不睡在一家青年旅社的地板上，因为她说房间里挤满了人，我不得不向她证明，房间里没有人。”

“可是，你怎么认为呢？”

“我认为，给某些事物下对或者错的结论是不合适的。”

“请你不要回避我的问题。”

他停顿片刻。

“我没有看见过什么灵异的东西。”他说。

第 5 章

温泉浴

我租了一辆车，连租几日，然后驾车驶出了雷克雅未克。这次旅程和我以前经历过的大不一样。我终于懂得了冰岛。

我刚刚行驶到首都雷克雅未克郊区几英里处，便发现自己恍若置身于严寒的月球表面，满地灰色的火山岩，凹凸不平，长满苔藓。过了一会儿，又仿佛正在穿越苏格兰高地。这就是冰岛：前一分钟你还身处石楠遍野的山间，太阳在茂林间投下或明或暗的光柱，转眼就穿行在戈壁沙漠。转过一道弯，眼前呈现一派柔和秀丽的风光，绿茸茸的草地随着地形连绵起伏，它们随即让位于魔国棱角峥嵘的花岗岩山地，山路尽头赫然挂着一条 20 层楼高的瀑布。接着，你又瞬间回到月球表面（事实上，冰岛正是当年模拟训练阿波罗号登月的地方）。而天气比地形还要多变。

我继续往前开，直到雄伟壮丽、令人震撼的瓦特纳冰川跃入我的眼帘。这是冰岛最大的冰川，占地 8 300 平方公里，深达千米。《孤独星球》（*Lonely Planet*）书里告诉我，它的面积是卢森堡的三倍。只有你对卢森堡的面积有个大致的了解，这条信息才真正有用。可惜我不知道卢森堡的面积。远在几英里之外，就能看到它那白雪皑皑的广袤原野，我不由地睁大了眼睛。冰川向四面八方铺展开去，像一块撒了霜糖的巨型松饼，白色的冰层顺坡而下，漫向下面的山谷。

瓦特纳冰川一直流泻到海边，在约库萨隆湾（Jökulsárlón Bay）变得粉碎，化为成千上万块冰块。这些公共汽车大小的冰块晶莹剔透，仿佛从内部发出莹莹的蓝光。它们仪态庄重地漂入大西洋。我凝视着它们，就像凝视着清凉的伏特加冰块从眼前漂过。我脱掉夹克衫久久伫立，一动不动地凝望了一个多小时。站在透彻的蓝天下，天地间仅有的声息是冰块发出的宛若天籁之音的细微响动。

我捡起一块餐盘大小的冰块。它透明无瑕，像一块玻璃。我舔了舔，这似乎是我该做的事情。

到了冰岛最大的瀑布——黄金瀑布，大自然的鬼斧神工变成了世界末日般的疾风骤雨。这里每个小时都有几十亿加仑的水量倾泻而下，真是蔚为壮观、令人叹为观止的景象。我还去了盖锡尔间歇喷泉朝圣，并且站在传奇的施托克间歇泉旁边，近距离体验了这一世界上最为惊险刺激的自然奇观。

施托克间歇泉边，只有一条拖曳缆，象征性地充当安全防护——这样的防护措施在冰岛很有代表性，它表示安全规则是给胆小鬼准备的——那滚烫的水柱喷涌而出、直冲天际时，既没有监管者发出警告，也没有安全人员前来救援。这意味着初次见识间歇泉的游客也许会受到危险的诱惑，出神地凝视着那一汪热气蒸腾的蓝色水洼，不知不觉中靠它太近——它直径约两米，让人想到巨大的蓝宝石。当它开始汩汩涌动、向外鼓出时，游客还会靠得更近。我发现，这就是它即将喷薄而出的第一个紧急信号。可是，它又收了回去，缩回到深不可测的水底，让你稍微放松警惕。其实，这时候，施托克正在蕴蓄力量，只待下一刻全面爆发，形成一支滚烫的巨型白色水柱，直冲到 35 米的半空之中。它第一次喷射时，我甩开胳膊，逃也似的跑开了。老实说，它的第二次喷射对我产生的效果一点不亚于第一次，第三次也一样。过了第四次和第五次（施托克每四分钟左右喷发一次），我才能够胸有成竹地站在旁边，看后面跟来的游客像我一样，经历从一惊一乍到习以为然的认知过程。

在接下来的两天里，我驾车驶过一处又一处千载难逢的地质奇观。我禁不住思考起了一个问题，冰岛的地形和气候对它的国民产生了哪些影响。一个国家或者地区的地形与气候造就生于斯长于斯的国民性格，这样的理论早在希罗多德时代便已提出（希罗多德声称，希腊提供了培养完美的人的理想环境）。两千多年以后，孟德斯鸠肯定地告诉他的读者，法国拥有理想的地理条件。地理或者气候决定论如今已然不再时髦，道理很明白：举例说明，有人以此声称，处在温暖气候条件下的人天生“懒惰”。但是，我却发现自己反复玩味这样的想法，那就是，对于多数北欧人来说，在漫长的历史时期内，气候和地理对他们的思想文化产生了显著而深远的影响。

站在施托克旁边，我甚至深深相信，间歇喷泉与冰岛人的经济狂欢之间存在因果关系。他们居然能够在这块火热的、蒸腾的、火山频发的岛屿上生生不息，这个简单的事实给他们壮了胆，让他们觉得自己可以掌控一切，大自然和人类社会尽可以把一切神秘的、毁灭性的力量加之于他们，无论是猛烈的地热活动、可怕的气候，还是国际金融市场的动荡，他们都能应对。既然他们有能力在这块飞沙走石、浓烟四起的荒原上求得生存，那么，几乎没有什么外界的挑战能把他们吓倒。

我到了冰岛的下一处壮观的地质景点时，脑子里还在继续完善这个理论。辛格维勒位于雷克雅未克以东 30 英里，是一条划过大地的花岗岩裂缝。这条狭长的山谷为古代冰岛人提供了天然的户外竞技场，他们最早的议会，也是世界上最古老的议会艾尔辛（Althing）就在此地建立。

自公元930年起，他们在这里集会，颁布法令，缔造这个国家的政治命运，以及举办庆祝和纪念活动。这个地方威严冷峻，令人生畏：在1602年到1750年间，此处发生过30次砍头、15次绞刑、9次火刑，还有18位妇女被淹死，多数都是因为犯了乱伦罪。

可是很奇怪，这道花岗岩大裂谷并没有为我的地理决定论提供进一步的依据。相反，我坐在车里等待雨势变小的时候，心里想到的却是，我眼前看到了另一种理论的依据，它表明冰岛人及其疯狂的债务狂欢另有缘故。

我的旅行指南写道，这条可怕的裂缝是欧洲与美洲交接的地方：在这里，欧亚板块和美洲板块以每年一厘米左右的速度缓慢地分离。当然，冰岛之所以形成，正是由于东西两块板块的构造活动，但是，我认为，它也是个完美的隐喻，说明冰岛在21世纪头十年，有什么地方出了问题。我坐在租来的欧宝雅特车里，得出了这个结论。车窗上蒙着一层雾气，我的怀里放着一块熏海雀三明治。

冰岛人本质上是带有凯尔特血统的西挪威人，我们对这个判断深信不疑。可是，他们的祖先挪威人近年来对其石油财富的处置相当审慎和克制，而冰岛人在受到来自国际市场轻松赚钱的诱惑时，却没有在财政上表现出相应的严格自制，这是为什么呢？冰岛虽然从根本上是个路德宗的、社会民主的北欧国家，冰岛人会不会仍然迷恋于自由市场资本主义的美国梦？

“二战”期间，美国人来了，在雷克雅未克城外的凯夫拉维克建立了军事基地。如同历史学家T. K. 德里所述，“战争给冰岛人带来了做梦也想不到的繁荣——高价的鱼类出口，为美国人兴建军用机场的建筑工事，针对美国部队的各种服务等，冰岛为美国人效力的人口一度占到总人口的三分之一。”到2007年美军撤离为止，数以万计的美国空军人员在冰岛像流水一样来来去去。他们对如此之少的人口必然产生了巨大的影响，这种影响不仅体现为花钱消费和兴建基础设施，也体现为文化和精神风貌。凡是美军建立空军基地的地方莫不如此：菲律宾，格陵兰的图勒，以及日本冲绳（举例说明，受美式饮食的影响，冲绳已经从全世界最健康、最长寿，变成了日本国内肥胖和糖尿病发病率最高的地区）。

美国会不会才是真正有害的影响，把冰岛人变成了不负责任、肆意挥霍的赌徒？如果是这样，那么，迈克尔·刘易斯，你有什么好惊讶的呢？

特里·冈内尔指出，在过去的50年里，美国文化对冰岛产生的影响不亚于冰岛的东部各国。“我由衷地认为，它是造成经济崩溃的另一层原因，”他表示同意，“冰岛人学会了美国梦的观念。那就是，人人都可以一夜暴富。”

我们看到，冰岛经济崩溃的根源在于20世纪90年代初推行的捕鱼配额，此外，冰岛政府还带领国家走上了另外几条美式自由市场的道路。它把冰岛的所得税降低到北欧地区的最低水平（22.75%），实行全盘私有化——最致命的是银行私有化——奥德森和哈尔德之流成了美国新自由主义经济学家米尔顿·弗里德曼的狂热信徒。这种感情是相互的：弗里德曼的儿子戴维曾经写道：“就好比一个疯子经济学家在冰岛发起了宛若中世纪的社会试验……以检验市场制度可以在何种程度上取代政府，履行政府的基本职能。”这是早在1979年的事，事后看来，他的话一语成谶。

我原本以为，冰岛是斯堪的纳维亚的缩影。冰岛人的样貌像挪威人，讲古诺尔斯语。冰岛是个平等、民主的现代福利国家，冰岛人教育程度高，他们也穿厚实的针织毛衣，也同样面临销售酒精的困境：国营酒水专卖店里的店员，也是不赞成喝酒的老太太，和你在挪威、瑞典和芬兰看到的一样。年轻人抽烟斗的情景每每让我感到安心。然而，现代冰岛人一只脚踏在斯堪的纳维亚的土地上，另一只脚却好似伸到了蛮荒的美国西部。在何谓北欧这个问题上，他们形成了与常规完全不同的观念。冰岛人年复一年受到自然界风霜雪雨的锻打，奇特的地形地貌使他们心存畏惧，它的殖民地主人虽然还算仁慈，却依然高高在上，他们不得不臣服其下，后来，他们无意中瞥到了美国客人截然不同的生活方式，种种冲击，使冰岛人变成了一种奇怪的混合物。

结果是，他们天然的同质化和为数不多且紧密关联的人口，并没有演变成可信赖、负责任、开放、强大的公民社会，注重长远发展，强调个人节制——这些特点正是北欧国家如此成功的要素。相反，他们与生俱来爱好冒险的秉性，加之历史上缺乏新教的节制精神，为这场以腐败、裙带关系和反民主为特点的经济混战创造了理想的土壤。迅捷的沟通纽带有利于果断的决策，本应当培植信任和责任感，却也为某些人规避责任、打击异己提供了便利。交易在民主渠道之外作出。人们相互贿赂。反对的声音遭到压制。一切发生得如此迅速。

那么，冰岛的未来又将何去何从呢？这个国家发现自己受到了全世界的惩罚，口袋里的零花钱被全部没收。它没有像样的制造业，海里也没有足够的鱼用来偿还欠款。冰岛人于是把目光转向了自己脚下那隆隆作响的可怕能量。

冰岛最著名的旅游景点是蓝湖——这是一座诡异的、奶蓝色的、使用地热的露天浴池，坐落在一块世外桃源般的火山岩中间。它距离雷克雅未克 45 分钟的车程。我一向以为，这一大片月光般的水池是自然现象，如同印度尼西亚弗洛勒斯岛那些色彩瑰丽的湖泊。蓝湖所属的公司显然没有采取任何措施以纠正这种想当然的看法。其实，蓝湖的热水和据说能够治病的硅泥是附近的史瓦特森格尼地热发电厂排出来的，该厂 20 世纪 70 年代开始运营（我想，对游客来说，“来吧，在一座工业废弃物形成的水塘里泡个澡吧！”这样的广告丝毫没有诱惑力）。这些废弃物当中富含盐分、藻类，当然最重要的是硅泥，硅泥据说对治疗各种各样的皮肤病有益。如今，硅泥被精心包装，作为高档面膜在蓝湖的商店里出售。

我到蓝湖的时候，气温大约在零度上下，所以我从热乎乎的公共更衣室出来，一路小跑，迫不及待地扔掉浴袍，一头扎进 38 度的水里。水只淹没到我的大腿部位，为了尽量减少身体与冷空气的接触，我不得不调整姿势，弯腰弓背地蹒跚前进。池底铺着一层硅泥，我的脚趾扑哧扑哧地踩在厚厚的泥沼中。浴池比照片上看起来小得多，里面人多拥挤。我摇摇摆摆地走到池子中央游人较少的地方，马上就明白了这里为什么人少：这里的水滚烫，有些地方简直烫得让人受不了。低头一看，我惊讶地发现，我的身体变成了煮龙虾的颜色。我立刻半弯着腰身，掉头往回返。这番经历对我来说毫无轻松惬意之感。

几百年来，冰岛人一直在利用此地地壳的薄弱从事开采活动，今天，几乎所有的家庭都用地热采暖。在金融界一夜暴富的梦想破灭了，冰岛人把目光转向了地热能源。虽然储存电力，或者把电力用电缆输送到英国和欧洲的梦想仍然流于口头，梦想成真之日遥遥无期，人们却有一种日益增加的乐观情绪，清洁技术产业也许会把冰岛从崩溃的边缘拉回来。冰岛人还开始把他们的地热知识出口到其他“地壳薄弱”地区，比如印度尼西亚和东非，他们制定了把地热产出增加三倍的宏伟计划，希望吸引更多像谷歌之类的公司进驻，谷歌已经在这里建立了基地。

伟大的前景展望是把冰岛建设成为全世界的“绿色数据中心”，把它变成全世界数字化信息服务器的大本营。目前，IT 业占到了世界能源消耗的约 2%，对服务器的需求越大，用于运行和冷却服务器的可持续、无污染的电力需求就越大。冰岛经济正在显示出转向可再生能源的迹象：可再生能源的增长超过了欧洲平均水平。它的失业率下降，预算赤字处于可控范围。事实证明，让冰岛的银行倒闭，并不是一件坏事。冰岛人到目前为止断然拒绝支付数十亿欧元的外债，虽然这一做法在道义上遭到质疑，对自身的经济却无疑大有帮助。至少他们避免了国家违约。

我想，要提振冰岛的士气，所需要的绝不仅是几台嗡嗡作响的电脑服务器。“今天，很少有人为冰岛感到自豪。”作家辛德利·弗里森对我说。我返回雷克雅未克以后，在卡菲巴林（Kaffibarinn）咖啡馆见到了他。“出了这样的事，我们是自作自受。国民认同受到了玷污。”

而在一千英里以外的东部，冰岛人的祖先挪威人即将面临自己的认同危机，而且情况远比金融危机更为严峻，后果也更为深远。

挪威

第 1 章

紧腰宽裙

斯洛茨帕肯的草坪上坐满了野炊和聚会的挪威人。天空一片湛蓝，万里无云。斯堪的纳维亚的天空一向如此，似乎比别处的天空更为高远深邃。不远处，一个头戴礼帽、身材敦实的家伙在阳台上向人群挥手致意。

今天，在奥斯陆，我们正沐浴在罕见的双喜临门之中：首先，今天是 *Syttende Mai*——即 5 月 17 日，挪威宪法日，今年的宪法日碰巧是个星期天，天公也格外作美；其次，昨天晚上，一位明斯克出生的小提琴家作为挪威的代表，演唱了一首动人心魄的歌曲——他从挪威的民间音乐中获得灵感，在欧洲歌唱大赛中力压群雄，一举夺冠，彻底终结了挪威在历届歌唱大赛上空手而归的噩梦。

哦，我们不要忘了，挪威人还是全世界最富有的人。这样的生活多么美好。

奥斯陆市中心的街道两侧熙熙攘攘，我也加入人群中去，观看本地学童一年一度的游行。他们蜿蜒穿过市区的各条道路，最后到达皇宫。哈拉尔五世国王头戴大礼帽，身穿燕尾服，他的儿子哈康王储留着胡子，他们和挪威王室其他几位身份各异的成员在阳台上点头，挥手，向子民致意。

他们，这些挪威人，对自己今天的命运似乎非常满意。但是在斯堪的纳维亚的其他地方，人们对挪威的宪法日颇不以为然。杰出的瑞典民族学家阿克·道恩曾经形容挪威的5月17日是“全民谵妄”。如果你和丹麦人或者瑞典人说起挪威宪法日，他们会翻翻眼珠子，呵呵地笑起来，就好像在说，“挪威人和我们不一样。非常民族主义。非常沉迷于过去。不过，他们有那么多石油，他们想干什么都可以”。有些人甚至直言不讳地把这番话说了出来，然后又补充说，挪威人反动，狭隘，动辄挥舞国旗，是右翼的民族主义分子（这是丹麦人对挪威人的评价；而我们已经看到，丹麦人在家里给猫过生日，也会把国旗插在猫的食物盘上）。

我想，问题的一部分出在挪威人在这个特殊日子的穿戴上。他们，也就是挪威人有点儿特别，5月17日这天，他们大张旗鼓、兴师动众地展示这种特别。归结到底，这是一场奇装异服秀。

我早上9点钟从酒店出来，迎面遇到了成群结队的人群：男人、女人、孩子——有些人还带着宠物，他们全都身穿家乡服饰，盛装打扮。这些服饰有紧腰宽裙[1]，裙子上饰有繁琐的刺绣图案，有披肩和围巾，有黑色、红色和绿色的双排扣长礼服；有亮闪闪的大礼帽；有打了平头钉、配有银色搭扣的鞋子；有缀着亮晶晶的扣子的马裤；有洁白的宽松衬衫搭配海盗文身袖；有马蹄图案的帽子和俏丽洒脱的灯笼裤——所有这些怪里怪气的装扮有个统一的名称，叫作*bunad*。婴儿戴着饰有花边的童帽；狗系着红白蓝三色的丝带；出租车、有轨电车和婴儿车

[1] 我把那种服饰叫作紧腰宽裙（dirndl）的时候，一个挪威朋友激动起来：“那不是紧腰宽裙，”她说，“那是节日盛装。”可是，那些衣服和紧腰宽裙太像了，而且，紧腰宽裙这个词多么别致呀。

也装饰成国旗的颜色。有身穿海员制服的队伍，也有行进的乐队。当然少不了国旗，成片的国旗连绵不绝，人们手里举着大小不等的旗帜，在温煦的春风中舞动。

我应该说清楚一点儿，我们这里描述的不是人群中一两个过于兴奋的怪人，就像英国王室庆典时，把英国国旗穿在身上的红脸大汉，或者美国退伍军人节的游行队伍中，有人打扮成山姆大叔的样子。在挪威的游行队伍和观众当中，有相当一部分人在炫示 18 或者 19 世纪某种繁琐复杂的乡村装束。

我追上了游行队伍的大部队。“是的，我们在北方有点特别。”旁边一个看热闹的人对我说，他注意到我脸上关注的表情。尤其让我惊讶的是少女们的装扮，她们的样子既像瑞士小说《海蒂》（*Haidi*）中小主人公的奶奶，又像正在度假的希特勒的情人爱娃・布劳恩，但她们的神情却旁若无人，得意洋洋。比较起来，我十几岁的时候，我的衣服哪怕稍微可能引起同龄人的注意，我都拒绝走出家门。“今天这一切都会在电视上现场直播，各地的游行都会直播，远在美国和加拿大的挪威人都能看到。”这位看客继续说。他其实属于身穿便服的少数人。然后，他对我绽放了一个大大的笑脸，“*Gratulerer med dagen*！（节日快乐！）”

“你一定要打扮得漂漂亮亮的。”一个挪威厨师朋友听说我要在 5 月 17 日这天前往挪威首都奥斯陆，给我提了这个建议。我很高兴听从了他的建议。在奥斯陆街头，人们展示了四百多种挪威各省风格各异的传统服饰，当天的《挪威日报》（*Dagbladet*）专门用 4 个版面来呈现各种服饰；据该报报道，最流行的款式是泰勒马克（Telemark）的地方装束。大多数看热闹的人倘若没有身穿传统服饰，就打扮得好像出席婚礼：男人和男孩穿西服，打领带，戴墨镜，因为激动而抹多了发蜡；女性身着靓丽的夏季连衣裙，脚蹬高跟鞋；女孩子们穿着最好看的聚会礼服。“我上班通常都穿连帽衫和牛仔裤，但是如果必须在 5 月 17 日出门，就会穿衬衫和正式的皮鞋。”这位朋友补充说。这是我第一次穿着西服观看一次公众游行，我很庆幸自己穿了西服。

北欧人当中，只有挪威人如此兴高采烈地纪念国家走向成年，他们为自己的装束总计花费约 3 000 万克朗（个人也许会花 70 000 克朗——合 7 000 英镑——只为一套服饰）。可是，庆祝活动如此隆重，它的历史渊源却似乎暧昧不明。1814 年，挪威脱离丹麦，通过了宪法，据说这是纪念的由头，但事实上，这两件事只是拉开了挪威独立的序幕，其后，挪威开始了漫长、缓慢而相当低调的摆脱瑞典统治的斗争，直到 1905 年斗争达到顶峰，挪威才实现了完全独立。即使为了从斯德哥尔摩的暴政之下求得自由，挪威人在斗争最激烈的时候，也不曾身穿紧腰宽裙，手握钢枪，与瑞典激烈地战斗。挪威的独立是用几十年来持续不断的唠叨和指责求得的，伴之以在奥斯陆的街头巷尾发起过几次零星的战斗。最后，斯德哥尔摩由于获得了极不准确的情报，同意进行全民公投：瑞典人认为，挪威人会投票留在瑞典身边，不料挪威人却投票反对瑞典的统治。

一个挪威人向我承认，实际上，5 月 17 日无非是“对瑞典人说声‘见鬼去吧’”；它主要是庆祝 1945 年德国占领的结束。我听到这种说法是在这天上午晚些时候。我坐在一张露天咖啡桌前，一边小口呷着全世界最贵的啤酒（每杯 10 英镑），一边和奥斯陆郊外某学校的一位中学老师聊天。“5 月 17 日正好是德国的投降日，这一点纯属巧合。”她告诉我。确切的投降日期是 5 月 8 日，想必挪威人用了一个多星期的时间来准备彩旗，擦亮搭扣，以便举行当年那次无比盛大的街头庆典。

另外几个北欧国家的全民庆典又是什么情况呢？只有芬兰和冰岛曾经被别国统治过较长时间，所以，你也许会想，他们的国庆日应当比丹麦或者瑞典的国庆更为隆重热烈。不错，芬兰也庆祝摆脱俄罗斯的统治取得独立（1917 年），却是以典型的芬兰方式，偏重于内省。芬兰的国庆日几乎全部在私人家庭和电视上庆祝。芬兰的国庆日在 12 月份，公众游行将不得不在没过膝盖的雪地里艰难地跋涉，但是，我怀疑气候只是部分原因，主要还是因为芬兰人的性格使然。你看到了吧，芬兰人也很特别。只有冰岛人可以与挪威人有一拼，这两个国家的国民趣味相投，都喜欢在 19 世纪兴致勃勃地想象中世纪农民的装束，并造出一些似是而非的复制品。不过，冰岛人本来就是自我流放的挪威人，所以，我不知道该不该把冰岛人算在里面。

瑞典人认为自己是高度现代的国民，绝不肯沉溺于这种公开的盛装游行；此外，他们从未被占领过，因而也没有什么挣脱枷锁的盛事值得庆祝。比较起来，他们 6 月 6 日的“国庆节”庆典勉勉强强、半心半意，它纪念的是瑞典在 16 世纪摆脱卡尔玛联盟。我听说，国庆日当天偶尔出现零星的挥舞国旗的活动，但有时候这些活动会被右翼极端分子利用。右翼分子的操纵证实了许多瑞典人的恐惧，即公然表达民族主义情绪，会让纳粹借尸还魂，死灰复燃。有些挪威人指责瑞典人嫉妒他们在 5 月 17 日这天盛装打扮，挥舞国旗；但是我认为，更为公允的解释是，倘若瑞典像挪威那样大张旗鼓地举行庆祝活动，那么，至少一半的瑞典国民会感到痛心和难堪。北欧的这种国家浪漫主义仍然会勾起不愉快的记忆，让瑞典人想起本国在“二战”期间与纳粹的露水情缘。相反，挪威人反抗德国人是北欧几国中最为坚定和顽强的，纳粹早已是明日黄花，所以挪威人一点也不担心庆典会勾起有关纳粹的记忆。

同样，丹麦人也认为挪威人的庆典活动荒诞不经。丹麦从未受过奴役，除了“二战”期间曾经被德国人占领过几年（说实话，放在大的历史背景下，当时被德国占领也不是什么大事）。我们已经知道，在平壤以外，再没有比丹麦人更加热衷于挥舞国旗的国民。不过，丹麦人除了牛仔裤和自行车头盔，绝不肯穿戴其他任何类型的全民装束。

那么，只剩下挪威人打头阵，用惹人讥诮的盛大场面，公然表达和倡导民族主义精神。我总是毫不客气地讥诮一切惹人讥诮的事物。可是，当我走在奥斯陆的街头，淹没在身穿紧腰宽裙的人群当中时，我非常意外地发现，我找到了走近挪威人、理解其5月17日庆典的路径。

首先，穿上一条灯笼裤，披上一块巨大的象牙色斗篷，就像一个来自中土世界的逃亡者，大步行走在21世纪一个欧洲国家的首都街头，这需要相当的厚脸皮。它还反映了部族的一种令人嫉妒的自信，反映了与过去的纽带。自从詹姆斯·瓦特发明蒸汽机以后，我们大部分人就把较为质朴、纯真的过去抛在身后，急不可待地拥抱工业文明，到砖瓦和烟囱之间追寻生活了。在英国，传统民俗硕果仅存的遗迹成了偷懒的喜剧表演者动辄讽刺挖苦的靶子，还有像托马斯·比彻姆爵士那样的指挥家也对民俗冷嘲热讽，他曾经说过，“人活一世，一切都要尝试，除了乱伦和土风舞”。挪威的5月17日庆典也许无非是19世纪末形成的民族认同在战后的复苏，也许是对从未真实存在过的乡村传统的浪漫想象；不过，毫无疑问，它的参与者的态度是真诚的。

这一天，我站在宽阔而干净的奥斯陆街头，油然而生一种压倒一切的强烈感觉，这个国家坦然自适，心安理得，人们不仅享受着丰裕的物质财富，还具有同样宝贵的国民凝聚力，这种凝聚力深深地根植于共同的历史：如果你愿意，可以说，这是一种坚实的国民精神资本。挪威人穿着昂贵、累赘、在有些人看来俗不可耐的家乡装束走出来，他们向彼此发出信号：“我和你一样。我们有共同的历史、相同的价值观，我宁愿花大把的金钱，经过繁琐的缝纫工序，冒着受到当众羞辱的风险，也要表达这一点。”

后来，我在奥斯陆市中心的大街上驻足观看传统的学童游行，度过了大半天的快乐时光——从幼儿园到青少年，其中相当一部分孩子是非挪威裔后代。这一天，我羡慕挪威。我羡慕它的和睦团结，羡慕它旁若无人的自豪感。是的，我也羡慕那些斗篷。世界上应当多一些可以披斗篷的场合。我披着斗篷想必也风度翩翩。

在某个时刻，当一群10岁以下的儿童穿着五颜六色的衣服，以全世界10岁以下儿童特有的吵吵闹闹、三心二意的游行方式从我眼前走过时，我不得不极力忍住不让自己哭出来。诚然，这是因为我如今变得多愁善感，动不动就被戳中泪点（现在，我几乎不能观看皮克斯的动画片，每次看，都会感动落泪，所以私下里只能看看重大的体育赛事），不过，眼前这一幕究竟说明了什么？一个索马里小姑娘从我眼前走过，她费力而骄傲地举着三倍于她身高的旗帜，后面跟着一个印度锡克教小男孩，男孩穿着全套的民族服装。我拼命克制，以免涕泪横流、无法自已。如果那样，真有人要扭头看我了。让我如此感动的不是他们的族裔，而是索马里、土耳其、伊拉克和巴基斯坦的孩子们也像"纯种"挪威孩子一样，全心全意地参与到这类似于奇幻故事《龙与地下城》（*Dungeons and Dragons*）的审美趣味中来。他们也骄傲地、毫无自我意识地盛装打扮，穿上了自己最漂亮的衣服。融合达到如此地步，实属罕见。

在不太久远的过去，也就是20世纪80年代，挪威还深受右翼活动的困扰，发生过街头游行示威，针对难民集中区的纵火袭击，奥斯陆街头新纳粹光头党游行，以及针对非西方移民的袭击。到了2001年，一个叫作"马靴男孩"的新纳粹组织被判有罪，他们杀害了一名15岁的奥斯陆混血男孩。这件事引起舆论哗然：奥斯陆举行了群众集会，大约有40 000人参加，所有人都认为，极右翼已经退隐到了互联网的犄角旮旯。就在那个时期，有些奥斯陆中小学接收了大量非西方背景的儿童，孩子们想在5月17日参加游行，还会受到炸弹袭击的恐怖威胁，或者成为右翼暴徒示威抗议的对象。为此，地方政府和公民团体竭诚努力，把5月17日变成一个多元文化、兼收并蓄的节日庆典。效果似乎很好。至少这天上午在我看来，效果不错。

这天晚些时候，挪威国家广播电视一台现场直播了全国各地举办的 5 月 17 日庆祝仪式，这些仪式五花八门，千奇百怪，经常令人费解。比如，在诺尔兰郡的彻塔镇（Tjøtta），孩子们推着购物车走在土路上，车里放着一只油桶，他们用铁锤敲打油桶。在这些报道中间，我看到一位身着传统服饰的采访人员询问一名伊朗妇女，她认为身为挪威人意味着什么。"崇尚民主，社会主义者，多元论者。也许不太随和。"她说。还有一些受访者热情地强调指出，任何人，无论是不是移民，都可以成为挪威人，挪威的一条主要价值观是"不感到受威胁"。还有一个人说，前天晚上的欧视获胜者是个俄罗斯后裔，这给"新挪威"树立了很好的榜样："有这么多口音，我们应该感到自豪。"他补充说。

我在电视屏幕上看到一篇报纸摘要的大标题："没有什么像 5 月 17 日这样让我们团结……没有什么像 5 月 17 日这样让我们分裂。"我到处搜寻这篇文章，想看看文章所暗示的冲突是什么。有挪威人反对 5 月 17 日吗？原来，这个意义相当重大的争议是：在哈德兰某小镇，有人想稍微改变一下 5 月 17 日大游行的路线。不是有人想停止游行，也不是有人不愿意参加游行，而是当地某位议员居然决定，游行不应再经过某位老人的门前。人们就为这件事愤怒了。这篇文章洋洋洒洒地写了五页。这就是 5 月 17 日的争议。

看过上午的游行，并且兴致勃勃地向远处的国王挥手，回应他的致意以后，我坐在绿草如茵的河岸边，望着孩子们被集合起来，坐上公共汽车或长途客车，匆匆撤离市中心。现在，真正的聚会好像才刚刚开始。到了高中毕业生们闪亮登场、纵情欢闹的时候。

整个斯堪的纳维亚地区，*gymnasium*（高中）毕业生都欢天喜地地庆祝毕业，他们乘坐形状各异的敞篷农用车、卡车和公共汽车，在家乡的大街小巷游行，喜气洋洋地拎着哗啦作响的手提袋，然后三三两两地散开，各自厮混玩乐。在丹麦和瑞典，不知道为什么，毕业生们头戴有点像水手帽的白色大檐帽，看起来好像航海俱乐部的成员一样。毕业日往往是个普通的工作日，其他人一如既往照常忙碌，社会上却有一小部分人以引人注目的方式尽情狂欢，看到此种情景，不免让人有点觉得奇怪和格格不入（我称之为毕业生们的“游行”，其实马路两边并没有人驻足观看）。在丹麦，一天下午，我和家人正在离家不远处的沙滩上消闲，满满一卡车欢腾作乐的毕业生来了。他们跳下车，马上脱光衣服，一路雀跃着跳进了海里。毕业生们把自己私处的毛发修剪成时髦的造型，蹦蹦跳跳地从孩子们的眼前跑了过去。倘若在英国或者美国，长辈会把孩子们的眼睛蒙起来，大声发出嘘声，或许还会叫来警察；可是在丹麦，其他家长看到这一幕，却只是哈哈大笑，还鼓起掌来。

瑞典人一贯理性，他们的毕业生在考试之后理性地庆祝，而挪威的毕业生在考试之前就开始热闹，这究竟是一种集体自信还是彻底的虚无，我不太清楚。他们也穿红色的粗布裤子搭配水手帽。裤子上垂挂着旗帜和徽章，至少这一年，我看到肩章是垂下来的。（还有一件奇怪的事，毕业生给人分发专门印制的名片，叫 *Russekort*，上面有自己的照片和一两个笑话。小孩子们——那些没有被公共汽车匆忙拉出城外的孩子——到处跑来跑去，想尽量多收集一些这样的名片。那场面温馨可爱极了。）很快，紧腰宽裙和斗篷就代之以红色粗布裤的海洋，毕业生们扭来扭去地跳着舞，间或有几个人推搡打闹起来，红色的胳膊腿儿纠结在一处，再过一会儿，好几个人躺倒在草地上。

这一天在奥斯陆，人们没有去裸泳，而是敞开肚子尽情畅饮。这就是传说中的 *helgefylla*（挪威人对豪饮的说法）。在阿克尔码头，独立日的狂欢者和高中毕业生们尽情地唱啊，跳啊，纵情豪饮，肆意欢闹。阿克尔码头是重新开发的港口区，附近闪光锃亮的写字楼鳞次栉比，这里也是全市豪华酒吧和昂贵的房地产项目的集中地。港口旁边，坐落着挪威宏伟炫目的新歌剧院，它像一块碎冰漂浮在不远处。午饭前后，热烈的畅饮开始了，一直持续到第二天早上。挪威的半数人口好像都在这一天涌到了奥斯陆，带着尽情玩乐一番的明确意图。到了午夜前后，满大街都是空香槟酒瓶。弗洛格奈维恩大街的窗沿上架着扩音器，里面播放着欧视大赛的获奖歌曲《我爱神话故事》；下面的咖啡馆和酒吧里人头攒动，喧闹非凡；客人们喧哗着涌出来，走在深夜的灯光之下。女人们穿着长及脚踝、饰有刺绣的厚裙子，与披着斗篷的男子跳舞；高中生穿着红裤子与其他头戴红色水手帽的高中生跳舞。在挪威，这一天是快乐的日子。

过了两年多光景，一个星期六下午，我正在家里的办公室工作，赫然在电脑上看到一条头条新闻：奥斯陆市中心发生了爆炸案。随后不久，又有报道披露，一名枪手向人群开枪射击——也许击中了15人——事发于特（Utøya）岛上正在举办的青年夏令营，该岛在挪威首都奥斯陆西北24英里的地方。

第 2 章

男士香水

“人一旦被剥去喜欢自己的错觉，纯真就结束了。”

——琼 · 狄迪恩（Joan Didion）

已经到了隆冬季节，阳光却依然耀眼，照在雪地上，把四周的风景变成了一片白花花的亮光，我不得不眯起眼睛。空气很清新。我从机场航站楼走出来，闻到了松针的清香。我问公交车司机去不去奥斯陆市中心，他咕噜了一声。我认为他给出了肯定的回答。可是，公交车驶出站后，我却觉得不对劲儿。我焦急地观望着车窗外的街景，担心车子没有驶向正确的方向。我们驶过了几处快艇港口，类似的港口遍布奥斯陆周边的峡湾。在整整齐齐的松柏之间，我瞧见有些身穿荧光登山服的徒步者，手里拄着高科技手杖，那手杖看上去就像把滑雪板放错了地方，他们正排成一队，在林木森森的山间小路上跋涉。我顿时想起来，挪威的风光是多么雄奇壮美。挪威也许是我见过的最美丽的国家。

32 岁的奥斯陆人、种族主义极端分子安德斯 · 贝林 · 布雷维克，独自一人，在一个下午总共残杀了 77 人，该暴行使挪威的年平均凶杀率增加了一倍。这事已经过了 7 个月。非西方移民是他当天袭击的间接目标，他讨厌非西方移民的一个主要理由是，他认为，挪威的多数暴力犯罪都是非西方移民犯下的。现在，他使暴力犯罪的情况发生了改变。

我坐在公交车上向外望去，一切似乎都没有改变。我指望看到什么呢？铁丝网和巡逻警察？在这块土地上不大可能。时任首相在为于特和奥斯陆爆炸案的死难者举办的悼念仪式上，发表了坚决捍卫公共自由的讲话，那是我听过的最勇敢无畏的讲话。延斯·斯托尔滕贝格发出了“更加开放，更加民主”的号召。如果换作世界其他国家的政客，也许会利用此次袭击的性质来许诺发起报复，利用选民的焦虑不安，趁机聚敛权力，扩大威仪，然后做出损害公民自由的事情。他的讲话再次让人想起，北方的政治领袖经常为全世界竖立道义标杆。

在挪威首都奥斯陆四处走动——多数时候，为了找一家我可以负担得起的餐厅，我像忍饥挨饿的卖火柴的小女孩，在餐厅外面张望张贴在玻璃上的菜单——那种氛围似乎证实了我的印象，一切几乎都没有改变。奥斯陆的大街小巷没有设置路障；这座坚固而内敛的城市没有增加新的安保措施；地铁里面没有安装 X 射线安检仪；没有武装警察在购物中心巡逻；公共机构也没有安全检查。人们照旧可以畅行无阻地走向皇宫的前门，那里依然没有设立任何类型的栅栏或者大门。

这么说，挪威社会的基本结构和日常生活似乎并没有改变。这天晚些时候，我搭乘去往布林登的有轨电车，那是奥斯陆大学所在的站点，路上我突然想到，哪怕只是提出这个问题，“布雷维克给挪威带来了怎样的改变？”，就已经赋予了此人过于重大的意义。但是，我还是要提出这个问题，这也正是我再次来到挪威的原因。

布雷维克的父亲是一位挪威外交官，母亲是护士。虽然法院最终判定他心智健全，但是，在普通的观察者看来，这个极端的自恋狂却显然发了疯。他健全的心智——假定它曾经健全过——显然从很小的时候起，就出现了致命的裂痕。这种心理缺陷由于他成年以后的一系列不如意而越发加重。回顾过去，他的人生似乎是沿着一条命中注定的路径走向毁灭（对他来说，在未来某个时刻自杀，似乎是自然而然的终点）。布雷维克与母亲同住，总是独来独往，是个典型的悲剧人物。他在互联网上浏览伊斯兰恐惧症的言论，为自己的种族主义妄想症煽风点火；他一丝不苟地、无聊之极地把它们剪剪贴贴，拼凑成一份长达 1 500 页的断章取义的宣言。在这份宣言中，他事无巨细地说明了一切，从他的满腔仇恨和他对穆斯林威胁的多重错觉，到他偏好的须后水——香奈儿白金男士香水——然后，他把这篇谩骂邮件发给全欧洲范围内的 1 003 人。

一个精神病患者的行为，能够说明这个培养了他的国家的什么问题呢？想必什么也说明不了。可是，布雷维克的袭击必然震撼了挪威社会的基础——他大开杀戒，毫不手软，不能不使人震惊——但是，还有一个不容辩驳的事实必须面对，那就是他的种族身份。这次不可思议的残杀行为是一个挪威人所为，不是非西方伊斯兰极端分子，不是外国人——近年来，在瑞典和丹麦发生的各类小规模袭击事件均为伊斯兰极端分子或者外国人所为——而布雷维克是地地道道、土生土长的挪威人：欧洲第一位反穆斯林恐怖分子。

“7 月 22 日事件中，我见到他的第一幅照片，是他穿着法国鳄鱼牌 T 恤衫，领口竖起来，”一个挪威人对我说，“呃，我心里想，‘我认识他。我见过他参加足球比赛。我和这个家伙一块儿上过学。’他那么普通。”

我得承认，我对这样的事实真相丝毫不觉得自豪，不过，得知真正的罪魁祸首是个土生土长的挪威人，我心里瞬间有那么一丝放心。第一颗炸弹在奥斯陆市中心爆炸后的几个小时里，世界各国的媒体迫不及待地得出结论，默认此事是伊斯兰恐怖分子发起了袭击，不料真正的凶手浮出水面，原来却是个货真价实的挪威人。当然，此次袭击不是伊斯兰恐怖分子所为，对此我有一丝释然，这并不是说我对这起犯罪事件本身无动于衷，而是我担心这样一次袭击可能招致的严重报复。如果是伊斯兰恐怖分子发动了这样一次令人发指的袭击，也许会导致挪威爆发有关移民和种族问题的政治大讨论，让人们的思想观念一路倒退到中世纪。我们可以想象，在挪威生活的许多穆斯林将会难以立足，就像“9·11”之后美国发生的情况；我们还可以想象，袭击会被整个斯堪的纳维亚的右翼主流利用，用来支持自己的主张，就像2001年发生的情况。在布雷维克的身份真相大白之前的几个小时，形形色色的极右翼网站和博客已经开始大肆传播老生常谈的暴力的反伊斯兰情绪；在首都奥斯陆，有几名穆斯林遭受了人身侵犯。

毫无疑问，挪威警察安全处（Police Security Service）没有预见到此类事件：他们在这两次袭击发生前撰写的一篇报告中写道，右翼极端分子“在2011年不会对挪威社会构成严重威胁”。

假如凶手是个外人，是划定范围的危险分子当中的一员，那么，人们也许比较容易接受——当然，只是稍微比较容易接受。相反，凶手原来是个金发碧眼的挪威“爱国者”，是个普普通通的挪威邻家大男孩，是自己人当中的一个。

挪威人对这两次袭击作出的反应各种各样：惊骇，这很明显；团结，这是主流民意；当然，还有对布雷维克观点的厌恶。但是，有些人认为，人们对布雷维克精神状态的讨论太多，对他的观点讨论不足，对其他挪威人在何种程度上也许认可他的观点也讨论不足。丹麦某剧院根据布雷维克的宣言制作了一出戏剧，并且毫无品位地选在布雷维克受审期间首演。一个挪威人在《卫报》网站写了一篇文章，对该剧发表评论。他写道：“在挪威，人们对布雷维克说了些什么话的讨论非常之少。事实是，虽然许多人不愿意接受，他的观点却并没有偏离主流那么远——多数挪威人不是种族主义者，可是，有一部分挪威人却抱持着令人深切担忧的观点……挪威人确实需要扪心自问几个非常严肃的问题，为什么全世界最恶劣的枪击暴行发生在这里，发生在这个貌似和平、和谐的国家？过去，这个国家从来没有发生过有人单独行动，大开杀戒，滥杀无辜的恶性事件。”

在挪威，人们通常把这两次袭击叫作“7·22”事件，在此之前，挪威有北欧地区最强大的主流右翼党，它也是欧洲最强大的右翼党：Fremskrittsparti，即进步党。虽然进步党的人气在布雷维克的炸弹袭击和枪击事件后短暂下降，它却在挪威上一次，即2013年9月的议会选举中，在好斗的金发女士西芙·延森的领导下，赢得了16.3%的选票。鉴于布雷维克多年来都是该党一名高度活跃的成员，可以想见，它的胜利不容小觑。直到2013年前，进步党还长期遭到其他政党的排斥。而最为重要的是，此次选举胜利足以让它作为合作方，加入新的中间偏右的联合政府，这在挪威历史上还是首次。

进步党史无前例的选举胜利似乎证实了邻国对挪威人的描述，我听到他们说，挪威人比美国三K党还要右翼。举例说明，挪威接收的移民比丹麦和瑞典少得多，近年来，它多次把寻求避难却被拒签的人遣返回国，每年遣返1 500多人。在布雷维克袭击事件的报道中，还提到了不计其数的挪威右翼组织、激进分子和博主。它们突出说明，挪威国内似乎形成了令人不安的伊斯兰恐惧症亚文化：Facebook上有些群体拒绝搭乘由穆斯林驾驶的出租车，还有所谓欧拉伯（Eurabian）[1]学派的那些人，他们认为本国政府参与了20世纪70年代初的一场合谋，与欧洲急需石油的各国政府站在一边，为了安抚欧佩克（石油输出国组织）

[1]“欧拉伯”（Eurabia）是由英文“欧洲”（Europe）与“阿拉伯”（Arabia）两词组合而成的一个新的人造词。自从它被定义为“欧洲正在阿拉伯化、伊斯兰化”的政治标签，进而衍生出“欧拉伯威胁论”，引发欧、美、中东学界、政界的广泛关注与争论之后，“欧拉伯”便成为研究当代欧洲政治的重要新概念。——译者注

各成员国，而允许穆斯林接管欧洲（实际上，持这一观点的有些人似乎忘记了，挪威是世界上最大的石油生产国之一）。

我上一次到访挪威时，在《挪威日报》上看到，否认大屠杀的英国历史学家戴维·欧文本周将在利勒哈默尔附近发表演说。虽然挪威人骄傲地夸口说，与丹麦人相比，他们发起了更加积极而成功的抵抗运动，可是在1940至1945年德国占领期间，有些挪威人却与德国人合作，尤其是时任首相维德孔·吉斯林，他的名字早已臭名昭著，在全世界成了叛徒的代名词。挪威最著名的文学家克努特·汉姆生（他在挪威的地位相当于詹姆斯·乔伊斯在英国）把他的诺贝尔文学奖章献给了纳粹德国的宣传部长戈培尔，并在挪威的卖国报纸《晚邮报》（*Aftenposten*）上为希特勒写了著名的讣告，称希特勒是“最高品质的改良主义者”。他接着写道，“我们，他的亲密追随者，为他的故去低头默哀”。汉姆生因此声誉扫地，再也无法挽回。而《晚邮报》至今仍是挪威读者数量最多的日报。

挪威到底有多少右翼？布雷维克的行为在何种程度上改变了挪威的政治版图？人们是否把黑衬衫收起来，藏到衣柜的最深处；是否把纳粹标记的颈部文身用翻起的衣领遮盖起来；那些在互联网上散播伊斯兰恐惧症的小丑是否有所收敛，正躲起来舔舐伤口？

第 3 章

新卖国贼

“这次恐怖袭击发生之后，所有人都感到震惊。谁也没有料到会发生这样的事情。太可怕、太残暴了。我们许多人预见到可能会发生暴力行为。我们在追踪一些网站，我是它们的攻击目标。我被卷了进去，成了挪威国内各种社会问题的替罪羊。但是我们没有料到会以这种方式发生。我们料想也许会发生针对穆斯林的袭击，针对我这样的人的袭击，因为我们抛头露面，捍卫多元文化。但是，我们完全没想到会发生这样的袭击。”

我来到奥斯陆大学与托马斯·海兰德·埃里克森会面。奥斯陆大学是布雷维克深恶痛绝的多元文化的知识堡垒，埃里克森则是斯堪的纳维亚地区一位杰出的社会人类学家。

我第一次见到埃里克森是在 2009 年 5 月 17 日，那次造访时，我们谈论了挪威的宪法日和它的意义。以前，在宪法日当天的电视报道中，埃里克森常常作为挪威倡导多元化的代表新手，被拉去发表一点不同意见，使各方的观点在报道中均有所体现。但是他近年来改变了看法。“我以前真是不喜欢宪法日，”他在 5 月 17 日对我说，“但是近几年来，它的内涵发生了显著的改变。如今它的包容性更强了，几乎成了多元文化的庆典活动。大量少数族裔的孩子参与进来，他们可以和别的孩子做一样的事情，这还是第一次。宪法日常常遭到误解，但是我觉得，现在，它已经成了包容的庆典，就像澳大利亚的澳大利亚日，这一点令人鼓舞。如今，热烈庆祝澳大利亚日的多数人是东亚移民，因为这一天与他们命运攸关。”

这一次，我向埃里克森请教，他怎么看待布雷维克的暴行对今后的 5 月 17 日可能造成的影响。他不很肯定：“因为，呃，人人都想和它扯上关系。很多群体想利用它达到自己的目的——他们已经在这么做了，就连患有伊斯兰恐惧症的右翼也不例外，他们把自己描述成受害者。他们说，‘7·22 事件’的根本原因在于多元化。这就好比说，美国的‘9·11 事件’是自找的。这种说法品位低下，缺乏判断力，可他们就是这么说。他们在混淆视听，转移视线；因为人们批评他们鼓励暴力，虽然不是我们看到的‘7·22’那样的暴力，但终究是暴力、仇恨和怀疑。”

尤其值得注意的是，挪威右派——也就是那些反多元化和伊斯兰恐惧症患者，居然成功地扭转了布雷维克事件之后的社会大讨论；某些时候，布雷维克在其宣言中引用的正是这帮人的言论。右派声称，如今，一说到移民和挪威穆斯林的话题，媒体就会进行自我审查（据估计，穆斯林占到了挪威总人口的约 3%），受到压制的是他们——右翼。他们用布雷维克的滥杀无辜来为自己辩护。著名的右翼批评家布鲁斯·鲍尔是个旅居挪威的美国人，所谓的“欧拉伯”人士。布雷维克袭击案发生后不久，他在《华尔街日报》上写了一篇如今已经臭名远播的评论文章，就给出了上述说辞。这天早上，我看到了挪威某报纸对鲍尔新出的电子书的评论，书名叫《新卖国贼：国际左翼如何利用奥斯陆大屠杀事件，压制涉及穆斯林的争论》(*The New Quislings: How the International Left Used the Oslo Massacre to Silence Debate About Islam*)。

这本书指名道姓，把埃里克森列为其中一位“新卖国贼”，还是个反犹分子。“这还是头一次，哈！”我向埃里克森提到这一点时，他笑了起来，“我以前还没听过这样的说法。”

我问他是否担心自己的安全。“不，我不那么容易被吓到。我收到过很多恐吓邮件，多年来不断地收到。但是，能怎么办呢？不可能 24 小时要求警察保护，我也不想要这样的保护。当然，‘7·22’之后，这些人身攻击的含义稍许有了变化。他们开始使用内战、叛徒和卖国贼之类感情色彩强烈的比喻，顿时让我觉得，对这件事不能幽默对待了。我以前觉得那帮人很可笑，可是现在，我的情绪也难免不受到鼓动。”

如我们所知，我第二次拜访埃里克森以后，挪威举行过一次普选。如今，滑稽演员上台掌了权——进步党成了新的“蓝色”执政联盟的一分子。该党的发迹始于上世纪 70 年代初的反税收运动。今天，它的政纲是右翼 / 福利国家的某种混合，这在一个英国或者美国人看来颇为怪异：它一方面号召增加公共支出，强调照顾老年人，另一方面又大肆兜售和渲染对非西方移民的恐惧，这种恐惧更多地属于右翼范畴。它使用的模本与丹麦人民党别无二致。只是千万不要正面向进步党提到这一点；我早先想安排对他们作一次采访时（在 2013 年他们获得选举胜利之前），就犯了这个错误。下面是他们的新闻秘书给我的答复：

我们与那些党派没有任何关系，以前没有，今后也不会有。更多详情我会在会面时告诉您。我们与您提到的那些党派仅有的共同点是，我们“坦率”地论及移民问题。仅此而已。

好吧，我明白了。然而，当我向一个挪威朋友问起进步党时，他说，“人人都知道，说到对移民苛刻，他们比劳动党的技巧高超得多。所以，如果你想对移民苛刻，就投票给他们。”

在布雷维克之前，进步党的政治言论相当极端。也是在布雷维克袭击案之前，该党分发的传单上画着一名持枪的蒙面男子，下面写着文字说明，“凶徒是外国人”。

我约好与该党的外交事务发言人莫滕·霍格兰面谈，我们一起走向该党的办公室，办公室在挪威议会大厦后面的一栋楼里（我要补充说明一点，这里几乎没有安保措施）。

安德斯·贝林·布雷维克是进步党党员，党龄七年，他还是本地进步党青年支部的主席。得知这一情况，霍格兰有何感受？更何况布雷维克还列了一张欧洲政党黑名单，进步党是挪威唯一没有上榜的政党；进步党与诸如英国右翼团体“保卫英国联盟”（以及英国 BBC 节目主持人杰里米·克拉克森）等一道，登上了布雷维克列出的好人榜。“他是你们的党员，对吧？”我说。

“这很讨厌。不过他对我们的党也不满意。”霍格兰回答说。他大腹便便，看起来颇像一位外省的酒馆老板。“我们必须想一想：我们谈论移民问题的时候，是否助长了某些要素？我们谈论伊斯兰，指的是伊斯兰激进组织，而不是作为宗教的伊斯兰。我们接受宗教信仰自由，接受建造清真寺的自由。”（应该指出，丹麦人民党始终反对建造清真寺。）

第二天我再访奥斯陆大学，见到了鲍尔名单上的另一名“新卖国贼”辛德·邦斯塔德。他是一名社会人类学家，专门研究穆斯林在挪威的生活。

“是的，我倒显得好像是反对言论自由，”邦斯塔德不自然地笑了，“在挪威，只要公开发表关于移民问题的观点，就必然承受这样的风险。

我确实经常收到恐吓邮件，所以，这样的污蔑对我来说并不新鲜。在布雷维克的宣言中，他认为大学是易于摧毁的软目标——他对可能单独行动的恐怖分子给予点拨，其中就写了这样的话——但是，”他轻蔑地笑了，想把情绪放轻松一点，“他似乎认为，谈到马克思主义者，社会学系的问题要大得多。”

我来看邦斯塔德，因为他是研究挪威右派的专家。我问他，布雷维克的观点可以在多大程度上代表普通挪威人的观点？

“唔，布雷维克号称有35%的挪威人支持他，但这完全是他的幻觉。虽然有像document.no（一个恶名远扬的反伊斯兰网站）这样的网站，每个月有50 000次阅读。最坏的一个团体SIAN（Stopp islamiseringen av Norge）号称在Facebook上有10 000追随者，可是，他们想把这些人动员起来时，只有约30多个人露面。许多人认为，今天，在形形色色的网站上，可以看到大量与‘7·22日’事件之前一样令人惊骇的内容；如果你看民意调查，挪威人对移民、穆斯林和伊斯兰的态度并没有显著的变化。料想也不会有显著的变化。”

但是坊间是什么态度呢？普通的挪威人在多大程度上是种族主义者？我告诉邦斯塔德，我仍然经常感到惊诧，一些本应客观理性的媒体，相当普遍地、有意无意地传播着种族主义意识，这种现象不仅在挪威存在，丹麦也有，我在冰岛也见到过：比如，宽幅报纸的漫画把非洲人画成穿着部落服饰，长着夸张的厚嘴唇，鼻子上穿着骨环；亚洲人长着龅牙和小眼睛；电视里的喜剧节目挖苦移民的语言能力；用*neger*这个词来指“黑人”，在我看来（我知道，一些到访北欧的黑人跟我的感觉一样），这个词和“Negro”甚至“nigger”十分相近，让人心里很不舒服。前几天我看到一篇关于瑞典某小镇的故事，四十多年来，该镇一直有个外号叫作“黑人村”（Negerby——我想，大概是因某处地标得名：比如黑色的烟囱），后来，终于有人改变它的名称，改为更趋中性化的“东镇”。可是当地人却不干，他们坚持使用原来的名称。这种态度让北欧社会看起来好像停留在20世纪50年代，这一次是固着于不好的那一面。但是，如果你就这个问题向他们提出质疑，他们的反应要么是发自内心的困惑不解，不明白为什么有人会因“neger”这个词而受到冒犯——其典型特点通常是假装无辜地玩弄字眼：“可是，他们的嘴唇确实很厚！”——要么就是指责你过于较真，拘泥于政治正确。

“挪威的种族主义向来是这样一种种族主义，它不接受自己被叫作种族主义，”邦斯塔德同意我的观点，“因为我们是好人，种族主义是坏人做的事。在过去十年间，关于能不能使用挪威语对应的*neger*这个词，有过一场公共辩论。人们站起来说，‘我有权使用这个词，我为什么要在乎挪威的非洲裔青年的感受。’几个星期前就有个案例。有位瑞典艺术家叫廷巴克图，他联系了一家报社的编辑投诉一幅漫画，漫画里的非洲部落居民长着厚厚的嘴唇。双方争论的焦点又是‘你为什么觉得受到冒犯？’然后又变成了一个言论自由问题。‘就是那些政治正确的人想阻止我们，剥夺我们的言论自由。’”

噢，斯堪的纳维亚人坚决捍卫自己刊载冒犯人的漫画的权利。当然，2006年穆罕默德漫画危机就是这种情况。当时，丹麦右翼报纸《日德兰邮报》刊载了几幅放肆粗野、一点不好笑的先知穆罕默德的漫画，用来回击他们眼中看到的伊斯兰教对言论自由的致命威胁；在伊斯兰世界，刊登先知的图像就已经是一种亵渎。

“是的，确实，”邦斯塔德表示认可，“当然，挪威在穆罕默德漫画危机中也受到了牵连；我们在大马士革的大使馆被烧毁了。”

“这一切让人沮丧，是吧？”我说，“在这几个同质化的、传统上与世隔绝的北方小国，非西方移民问题是不是注定无法解决，只有失败这一种结局？”

“这个问题很有意思，”他顿了一下，“我的意思是，我这样看待这个问题：对某些问题给予有效的关注是必要的——同性恋恐惧症、反犹主义、挪威穆斯林社会某些区域对待妇女的方式，但是，我不认为从非西方国家，或者从任何其他国家移民来到挪威，一定是件好事或者坏事。毫无疑问，移民问题是个难题，但是我不认为这个难题无法解决。我肯定不属于激进左派——当然，现在不大能够听到他们的声音——他们发起了宣传活动，说‘让我们有 100 万移民’；我肯定也不赞同对这个问题视而不见，装聋作哑。但是，你去看看那些成功的举措，挪威对非西方国家的移民问题似乎处理得不错：比如说，你去看看非西方移民出身、接受高等教育的学生人数，尤其是女性。”

前一天我也向托马斯·海兰德·埃里克森请教过这个问题。关于从非西方国家移民来到挪威乃至来到斯堪的纳维亚地区，右派的言论是不是也有一定的道理？北欧国家是不是天生无能为力，无法使那些与自己迥然不同的群体实现融合？

“你看，多数穆斯林与你我一样。他们也想与邻居和睦相处，他们也想过和平的生活。全欧洲都面临着穆斯林妇女的头巾和清真肉类的问题，所以需要务实的解决方案，”他说，“我们对这个问题作过深入的研究，研究表明，第二代移民已经相当‘挪威化’了。他们的思想类似于新教徒。你看那些姑娘们，她们用良心不安取代了羞耻心，良心不安是典型的新教思想，人与上帝的关系变成了个人的关系，而不是与整个社团有关。

“你知道，实际上，新教徒和穆斯林很容易达成共识，因为他们发现，二者看待世界的观念存在很多共同点，比如性、忠贞，世间万物相依相存，万物皆有灵魂，灵魂为生命赋予意义等。我有时候想，如果巴基斯坦人和土耳其人在 20 世纪 50 年代来到这个国家，他们也许很容易融入，因为我们那时候还是乡村社会，还存在性别隔离：在挪威北部，女人们在厨房里收拾锅碗瓢盆，男人们坐在餐厅里吸烟，那是我们父母一代人的常态。如果他们在那个时候到来，我们还没有变得如此平等和个人主义，他们也许更容易与我们发生共鸣。”埃里克森为了这个假设暗含的讽刺笑了。他五十多岁，身材高大，骨骼突出，感情外露。他说，不过，丹麦是另一种情况。

“你知道，伊斯兰国家与丹麦的生活方式似乎的确无法调和，因为，唔，丹麦人闲暇的时候做什么呢？他们到外面去，喝大量啤酒，吃猪肉，然后回到家，和陌生人发生性关系。可是，他们却对穆斯林说，‘你们为什么不能更好地融合？你们生活在丹麦难道不感恩吗？’

“人们对我说，‘噢，你也是个可恶的多元论者，你们接受一切，不是吗？’我总是这样回答，唔，我不是，但是如果你想在挪威生活，有几点必须接受：一个是黑暗和寒冷。如果你扛不住，就只好到别处去。另一个是两性平等，否则的话，你永远不会快乐，你总会觉得，挪威有什么地方很不对劲儿。”

第 4 章

户外生活

我不得不离开奥斯陆，“在这座奇怪的城市给人留下印记之前，没有人离开这里。”克努特·汉姆生在他的杰作《饥饿》（*Sult*）中开门见山地写道。每天在电视屏幕和报纸头版看到布雷维克那张自鸣得意的笑脸，我越来越觉得恶心。

我在挪威首都奥斯陆逗留期间，想找一些别的东西来分散注意力，可是，我前面提到过，奥斯陆物价很高，很多东西我只能望洋兴叹。根据美国布鲁金斯研究所近期对全球 200 座富裕城市的一项研究，挪威居民为全球第二富有（仅次于康涅狄格州的哈特福德），他们的平均年收入达到 74 057 美元。他们必须赚到这么多钱。这是我去过的唯一一座城市，它的公交车司机因为车票太贵向乘客表示歉意。“对不起，这里是挪威。”一位有轨电车司机对我说，他的脸上表现出由衷的同情。我只要搭乘短短一段距离，听到他跟我要 50 克朗（5 英镑），我显然吃了一惊。

在文化历史博物馆，我参观了萨米人展览，北欧人谈到这个曾经被他们镇压过的土著/少数民族，一贯小心翼翼，这个展览也不例外。萨米人——原来叫“Lapps”，这个词如今是个种族主义词汇——其实是第六拨北欧人，是欧洲唯一的游牧民族。他们散布在挪威北部，瑞典与芬兰边境，俄罗斯西北部分地区，驯鹿迁徙到哪里，他们就跟到哪里。我得知，挪威大概有13 000萨米人，他们的语言直到1987年才得到官方认可。“部分萨米人的生活仍然与大自然息息相关，但是另外一部分人坐在电视机前消磨闲暇时光，连看望邻居都要开车去。”一块小牌子介绍了萨米人放荡无节制的全新生活方式，画面展示了一个青少年的卧室，里面有一台电脑和一部手机。很奇怪，这算什么放荡无节制呢？

博物馆里当然少不了陈列着大量民间装束的收藏品，还有大型的编织图案展览。在挪威的近代史展厅里，伴着循环播放的阿哈合唱团（Aha）金曲《接受我》（*Take on Me*）的旋律，我浏览着过去30年来的报纸头版：挪威选出首位女首相（1981年）、发现艾滋病（1983年）、日本连锁便利商店7-Eleven首次登陆挪威（1986年）。但你始终找不到1969年挪威中了头彩的那件大事：这一年，挪威人发现了石油。这个忽略让人不解。

就连最让人眼花缭乱的编织图案，看多了也觉得腻味。有句名言说得好，“一个人在奥斯陆觉得无聊时……他可能在那里待了超过三天。”我这么说很不公平；奥斯陆是座相当可爱的城市，它正在努力成为一座大都会，以便不辜负它的物价水平。但是对我来说，它是北欧各国最无趣的一座首都。它不能媲美丹麦首都哥本哈根的活力和多样性；不能叫板瑞典首都斯德哥尔摩的秀丽风光和宏伟建筑；也比不上芬兰首都赫尔辛基那种处于边缘的“他者”的刺激性，还有它那残存的冷战气息。冰岛首都雷克雅未克，在家门口就有火山和冰川，真不公平。奥斯陆给人的感觉有点像其他国家的二线城市，当然，多少个世纪以来，它确实是他国的二线城市。

到了该多看看挪威、看看它天然一面的时候了。与挪威人谈论挪威特点时，他们一再把话题拉回到挪威人与大自然的奇特关系上，说起他们对 *friluftsliv*，也就是“户外生活”的热爱。瑞典人也许会说（假如瑞典人能言善辩的话），挪威人与大自然似乎有着极其强大的纽带；挪威的自然风光是挪威人狂热爱国情怀的源头。我怀疑这也许是因为历史上，他们在挪威全国各地的分布就比邻国国民更为稀疏分散。根据《国家百科全书》（*Encyclopedia of the Nations*），挪威是欧洲人口密度最小的国家，每平方公里只有 11 人，四分之三的人口居住在沿海 10 英里范围内。它一直是个农夫和渔民的国度，分散的人口形成与世隔绝的小社会，各地的方言有上千种。而且，在漫长的历史时期内，它是个殖民地，首都成了外国文化的传播中心，挪威人看待奥斯陆的眼光始终不同于丹麦人看待哥本哈根，或者瑞典人看待斯德哥尔摩。丹麦和瑞典有过相互冲突、彼此竞争的历史，它们也彼此映射，彼此定义，而挪威由于高山大海的巨大阻隔，倾向于我行我素，自行其是。

稀疏分布的人口，再加上对大自然的敬畏，成了走进挪威人内心世界的两把钥匙。如今，丹麦人在着力解决偏远地区的问题，瑞典人正日益集中，而挪威人则一如既往地生活在各个地区，在北方腹地，在深山老林，在海滨河畔，在冰天雪地的岛屿。从挪威北部越过边界进入瑞典北部，二者呈现出巨大的反差：挪威境内的小镇，有商店，也许还有外卖，有像样的道路和公共建筑，瑞典境内则……什么也没有。在挪威，随心所欲选择居住地的权利得到法律保障：这是为了保持北方人口规模的国家战略的组成部分，尤其是靠近战略要地巴伦支海和斯匹茨卑尔根的人口规模。

在世界其他国家，都是工业化带动城市化，挪威则不然：渔业（始终很发达，它如今当然也包括规模宏大的三文鱼工业养殖场）和石油业帮助它有效地抗拒了这股世界潮流。石油业的基地在西海岸，以斯塔万格为中心。凭借石油业创造的财富，现如今，挪威人即使生活在远离首都的地方也舒适惬意，有像样的基础设施、文化体育设施，以及高大雄伟的公共建筑，就像我在只有约 500 人口的村庄奥派德（Oppeid）看到的“克努特·汉姆生中心”。那是一座令人惊叹的当代概念建筑：一座黑塔拔地而起，有机玻璃的阳台向外伸出。私人向导告诉我，它的设计是为了表现汉姆生的名作《饥饿》的某些内涵。兴建这座建筑物，花了相当于 800 万英镑的公共资金。把这座博物馆放在任何一座现代的首都城市，都不会显得格格不入；可是，这里每年只接待 2 万多游客，仅仅因为它远在北极圈内，距离任何一地都遥迢万里。

我和挪威人英格维·史勒格斯泰德讨论过这个问题。他是挪威石油投资基金的负责人，他把自然风光之于挪威人的意义与文化之于法国人的意义相提并论：“挪威人星期一早上彼此寒暄，说自己上周末去滑了雪、登了山，这些活动非常重要，”他说，“挪威人迷恋林间小屋和海上小屋，迷恋大自然。”史勒格斯泰德还指出，数量惊人的挪威姓氏与山川河流有关。“我们的姓名常常得自自然界某处具体的地方，曾几何时，人们确切地知道自己的先辈曾经生活在哪里，那些地方是具体的、真实存在的地方，”他说，“我的名字的意思是河流拐弯的地方，当年我父亲的农场就在那块河湾处。所以，我们有强烈的身份认同，与大自然有牢固的纽带。如果在城市生活，这种认同和纽带只会变得更加强烈，更加牢固。”

挪威人与自然风光的牢固纽带有一个体现，那就是近几年播出过两档极其乏味无聊的电视节目，却取得了非同小可的成功。第一档节目是追随一列火车，从奥斯陆出发，一路翻山越岭，抵达卑尔根；节目的制作非常简单，只是把一台固定摄像机安装在火车头上，实时追踪 7 小时的行程。穿越隧道的时刻想必格外扣人心弦。这档节目取得了前所未有的高收视率，全国广播电视公司NRK受到鼓舞，再接再厉，又把一台摄像机安装在“北挪威号”上。“北挪威号”是挪威海达路德公司的一艘“特快”邮轮，它从南部的卑尔根一路驶向北部俄罗斯边境的希尔克内斯，电视台实况转播了为期6天的航程，全程无中断。虽然NRK打出的广告语之直白令人耳目一新，只称“敬请收看平实干巴的电视实况转播”，这档节目却演变成了一种万人空巷的收视和文化现象，吸引了全国半数人口收看：人们发起收看海达路德邮轮景观的聚会；在那艘邮轮沿着海岸向前行驶途中，人们成群结队地走出家门，点燃篝火，从岸边向它招手；还有人驾起小船，摇摇摆摆地跟着那艘满载欢声笑语的邮轮后面，驶出老远的距离。这档海达路德邮轮的观景节目还被上传到网上，吸引了20万丹麦人点击观看（挪威媒体喜滋滋地把丹麦人的收视叫作“高山仰止”），世界其他地方的观众也不少。后来，它成了有史以来最受欢迎的一档挪威电视节目。不过是风景罢了……

可是，那是怎样的风景啊。

我四下看了看船上的其他乘客，他们大多要么在打扑克，喝啤酒，要么就安静地盯着装在船头的电视屏幕。他们难道看不见窗外掠过的景色吗？我的视线一刻也不肯离开窗外，已经看了一个小时。坐在匀速行驶的船上，挪威的风光正在从我眼前掠过。它的湖光山色如此明丽清澈，在北极透亮的光线之下，我能看得到白雪覆盖的山巅每一处隘口，看得清花岗岩石的每一块断面。窗外的风景历历在目，纤毫毕现，就像以最高的清晰度传输到我眼前；我实在词穷，不知道该如何形容眼前的景致。座座山巅宛若鲨鱼的下颌被放大了千倍。

我正乘坐海达路德邮轮，从博德（Bodø）驶往诺德斯科特（Nordskott）。诺德斯科特是一座极小的渔村，只有一道防波堤和几所木屋罢了，位于北极圈内。

挪威的峡湾美得惊人，美得让人说不出话来。难怪《银河系漫游指南》(*The Hitchhiker's Guide to the Galaxy*)中的人物斯拉提巴法斯特（地球的建造者之一）因为设计了挪威的峡湾而获得奖品。事后想来，我只能得出一个结论，那就是，正是奇美风光的魅惑力，正是挪威国民对这风光溢于言表的热爱，让我彻底丢开顾虑，放下羁绊——哪怕是隆冬的二月，哪怕到处银装素裹，冰天雪地，哪怕远赴北极——说服自己穿上干式潜水服，下到水底去寻找海胆。我有个朋友叫罗迪，是个苏格兰人，他和自己的挪威妻子在此地生儿育女。当地人管海胆叫“乌鸦卵”，罗迪潜水摸找海胆，再把它们卖给本地的高级餐厅。这里的海胆品质极好，只是水里太他妈冷了。我没戴手套，两只手在水里像烧灼一样生疼。[1]

不过，诺德斯科特的风光足以涤荡心灵，使人忘情。每天早上，我吱吱嘎嘎地踩着积雪走向渔船，总要停住脚步，伫立片刻，抬头凝望眼前的波光山色。除了我自己的耳鸣，天地间一片静谧。我心中一念不生，肃然静默。奥斯陆的尘嚣，全都被抛到了九霄云外。

[1] 冬天去挪威，你很快就会认识到，挪威人每天面临的重大挑战是考虑穿什么衣服，以免被天气折磨死。他们能够预先为每天都要面对的各种极端气候作好准备，这种未雨绸缪的本事堪与高明的象棋大师媲美。在奥斯陆，我发现自己不是穿着保温的夹克和外裤，坐在封闭的有轨电车里汗流浃背，恨不得把身上笨重的装束剥去（就像魔术师在表演一点儿也不精彩的脱身术），就是走在零下 15 度的雪地里，不敢把哪怕一寸肌肤暴露在外，天天如此。父母为了给自己的孩子穿好衣服上学去，一定要费好半天的工夫。

第 5 章

香蕉

来听个故事吧，有个家伙叫杰德，
是个可怜的登山家，差点儿不能养活自己一家，
有一天他出门去，弄点儿吃的去，
原油汩汩，从他脚下涌出。

——《贝弗利山人》主题曲，保罗·亨宁

去了挪威，只谈融合和移民问题，就好比 1897 年去了淘金目的地克朗代克，却只关心美洲土著的悲惨遭遇。在绝大多数时间里，对于绝大多数挪威人，伊斯兰化、移民和民粹主义政客等都是事不关己的问题。过去 40 多年来，挪威发生了淘金热，它比一切人，尤其是挪威人最天马行空的想象还要离奇。

1969 年，在挪威境内的北海区域发现了日后证明堪称巨大的石油储备，这个发现超乎其他一切因素，造就了当代挪威社会——带来了喜忧参半的效果。它有好的一面，当然，我们能够听到，也有坏的一面，这种黑金无时无刻不影响着每个挪威人的生活。现代挪威的成功——福利国家制度，几乎无可比拟的生活水平，强大的区域性基础设施和服务，以及散布各地、造价高昂、在建筑风格上推陈出新的博物馆——在很大程度上都建立在石油的基础之上。

这个国家只有 500 万人口，却拥有全世界最大的主权财富基金。我的意思不是指人均，而是绝对金额。2011 年它突破 6 000 亿美元大关，超过了阿布扎比，并且今天仍在继续增加。目前这笔基金达到了 3 950 亿英镑，合 6 170 亿美元，据保守估计，到 2020 年之前，它将突破 10 000 亿英镑。为了让读者有个大致的概念，挪威人可以轻松地偿还两倍于希腊的国债；但是，到目前为止，他们一直认真听取经济学家的警告，基本上不把这笔钱花在本国国内，每年只使用它的区区 4%，而把其余部分用于在世界各地投资。

我认为大致可以这么说，挪威人并非生来养尊处优。挪威一向受到欺凌，它是斯堪的纳维亚三巨头的穷亲戚，经济拮据，捉襟见肘；它是闭塞的农村，它的人口在贫瘠的土地上劳作，勉强维持生计——挪威只有 2.8% 的土地是可耕地——以及在危机四伏的海洋讨生活，人们经常要对抗气候和地形造成的难以抗拒的危险。

就在这时候，突然有一天，来了个叫杰德的人[1]：轰！汩汩汩！石油喷涌而出。

挪威人从身穿紧腰宽裙的农民，摇身一变而为身穿紧腰宽裙的洛克菲勒，这个故事的引子发生在荷兰。1959 年，荷兰东北部的格罗宁根发现了天然气。这一发现马上引发了猜测，从挪威的大陆架继续向北，那里也许蕴藏着更多的化石燃料。菲利普斯石油公司提出申请，要求前去勘探。挪威政府马上行动起来，主张它对那块大陆架的主权——

[1] 好吧，既然是挪威的故事，那么，此人名叫“延”的可能性更大；而且，石油被发现以后，又过了好多年才开始开采。不过，我们还是不要耽误工夫，继续把故事讲下去。

当时，他们的领土只延伸到海岸 12 英里的范围。挪威的主张遭到伦敦和哥本哈根的质疑，英国和丹麦两国政府均认为，自己也有权分享北海部分海域的主权。挪威石油奇迹的故事就在这里发生了离奇的转折，并且演绎成了斯堪的纳维亚地区最具娱乐性的一场阴谋论。

1965 年初，三国政府代表齐聚一堂，准备达成一笔交易，瓜分北海大陆架；同年三月，交易匆匆达成，并获得批准——事后证明，这笔交易对挪威人极为有利。如果你问丹麦人，那几次谈判是怎么回事，他们会非常严肃、一本正经地告诉你，挪威人背后捣了鬼。你继续刨根问底，他们就含糊地摆摆手，好像在说，“你知道挪威人是什么样的人”。有些人暗示，丹麦负责签署条约的外交大臣佩尔·海克鲁普是个众所周知的酒鬼，他那天喝醉了：“看看他们划的分界线，”他们这样议论对北海海床新划分的领土边界，“请注意，它突然弯折，把发现石油的那块地方划到了挪威境内！”

多年来我屡屡从丹麦朋友那里听到这个传闻，我觉得到了弄清楚事实真相的时候。真实情况是这样的：没错，海克鲁普是个酒鬼；是的，挪威第一块大型油田埃科弗斯克（Ekofisk，至今仍在以相当的速度出产石油，预计可以持续产油到 2050 年）确实是在挪威新划定的领土范围内靠近西南角发现的，离丹麦的海域很近，近得让人心痛。丹麦的斤斤计较也确实合情合理，谁应当拥有北海那块海域的主权，它的依据是个技术问题，与海洋深度的测定有关。还有，不知出于何故，此类协议通常伴随一个冷静期，这个期限确实没有履行。那么，丹麦人为什么欣然签署协议呢？历史上，他们好像并非不曾多次碰到在国际边界条约上陷入圈套的先例。

事实真相是，当时，谁也不认为北海有石油，即使有，也不认为那里的石油可以开采。与其争执这个问题——海床当时被认为是个琐碎的争议，丹麦宁愿不要为此惹恼挪威：渔业权才更加刻不容缓。

至于说海克鲁普在签署条约的时候喝醉了，没有证据能够证明这一点；不过，好吧，一般来说，酒鬼的典型特征绝对不是在承受压力的情况下保持清醒，对吧？

“那是个高明之举，”托马斯·海兰德·埃里克森向我承认，他的脸上带着掩饰不住的得意，“他们非常精明，把大陆架的面积向外延伸了200海里。幕后高人是个叫延斯·埃文森（时任贸易部长）的家伙。挪威人得了70%！”

丹麦人后悔把一个可能喝得醉醺醺的社会民主党人派去参加石油权利的谈判吗？我们猜想他们也许感到后悔。今天在挪威和丹麦之间，这是个问题吗？绝对不是，至少在政治或者外交层面不是。不过，在丹麦，这件事无疑演绎成了一个关于北海油田的民间故事。老一辈丹麦人至今还在继续讲述，乡下的表亲、狡猾的挪威人如何把原本属于丹麦人的石油财富骗了去。这件事也让丹麦人对挪威人有点愤愤不平，让挪威人成了负面形象：他们的财富来路不正，他们变得懒惰，并且受到孤立。这个负面形象在瑞典人当中也很有市场。

“啊，他们从来不工作。”我丹麦家庭的一名男性成员曾经对我说。我如果在这里说出他的名字，他可能不以为意，我还是不说为好。“他们应有尽有，再也不需要别的人。”丹麦人不失时机地指出挪威人懒惰的证据。他们津津乐道一些故事，比如，瑞典的移民工人管理着挪威的鱼类加工厂，或者在挪威的餐厅当服务生。“我去过奥斯陆，给我上菜的没有一次是挪威侍者！”从挪威归来的丹麦人当中，这是最常见的客气评论了（有35 000瑞典人在挪威工作，在商店等地方干活的半熟练工人，每小时30英镑的薪水是不小的诱惑）。有个故事尤其让许多丹麦人喜笑颜开，它讲的是几个瑞典人在挪威的一家加工厂工作，据报道，瑞典人是被雇来剥香蕉皮的。这是真事！我核实了一下：香蕉被用来制作一款流行的挪威三明治酱汁。这个笑话把懒惰的挪威人和受剥削的瑞典人一网打尽——丹麦人简直不敢相信自己有这样的好运气。

在瑞典，怨恨挪威人横行霸道的情绪也在增加。一项近期的社会学调查询问了 3 800 名瑞典人对其邻国的看法，它提出的问题有，挪威人是否不按顺序排队（59% 的瑞典人回答说，“是的，他们很不规矩”——我应该指出，瑞典人的排队礼仪就像小猪仔争先恐后地拱食母猪的乳头）；挪威人会不会开车过环岛（“不会”）；他们是否在残疾人车位停车（“是的，一贯如此！”）。“瑞典人对挪威人的负面言论之多令人惊诧，”据说这项研究的作者说道，“他们觉得，挪威人让他们不堪忍受。”接着，她提出警告，双方的关系可能在边境地区擦枪走火。

回到北海谈判。实际上，丹麦人从自己的那一小块海床上也收获颇丰。所谓的丹麦油田（Dan Field）1972 年开始产油，1991 年丹麦实现了石油自给。2004 年，它的产出达到最高，丹麦人一年生产约 1.42 亿桶石油。

比较一下两国各自处理突如其来的石油财富的方式，看看它们有何不同，这非常有趣。挪威的埃科弗斯克油田 1971 年 6 月生产出第一批石油。在新划分的领土范围之内，随后又在别的地方发现了石油，这些石油来得又稠又快，而且十年间，新的油田不断向北延伸——斯塔特峡湾（Statfjord）、奥斯博格（Oseberg）、古尔法克斯（Gullfaks）和山妖（Troll）油田等是全球储量最大的部分油田。1972 年，挪威有了自己的国家石油公司——取了个富有想象力的名称，就叫 Statoil（挪威语：国家石油）——法律规定，它必须在本地区的一切石油相关活动中担任多数股东（这条法律后来被修改）。国家牢牢地控制着国有化的生产，并且建立了主权财富基金，此后，挪威人就相当审慎地管理着这笔财富基金。挪威平安地度过全球经济衰退，而且，自 2008 年以后，这笔基金还人均增加了相当于 30 000 英镑。

与之相比，丹麦的油田则为一家公司独有，即马士基集团。该公司一直由马士基·迈克凯尼·穆勒负责经营和管理，直到他前不久去世。他是该公司的同名创始人马士基的儿子。

马士基集团怎么赢得了丹麦油气矿藏唯一的永久性特许专营权，答案相当模糊，似乎牵涉好几笔在烟雾缭绕的房间里达成的幕后交易。今天，马士基集团是丹麦经济的重要支柱——有估计认为，它的运输和石油业务贡献了 GDP 的 10% 以上，还有它的超市和各种其他业务——人们有一种感觉，很少有政客或者新闻记者有意找它的麻烦，以至于公司能够重新谈判，达成操控丹麦油田的条款，使之永远对自己有利（最近一次谈判是在 2012 年，它把协议的有效期延长到了 2043 年）。有些人甚至宣称，该公司明确地告诉丹麦政府，它每年要缴纳多少税款，但是——马士基的律师请注意——我对这些传言一概不信。

丹麦的石油生产几年前就达到了顶峰，挪威却仍在以每天 200 万桶，或者每年 7.3 亿桶的速度继续生产。从收入和当前最高利润的角度，挪威国家石油公司是北欧地区规模最大的石油公司。而且，虽然年年都有人发出警告，挪威很快就会达到最高产油量，到那时，挪威人会发现自己一路下滑，退回到晒鱼干、剪羊毛的黑暗年代，可是，他们却接连不断地发现新的巨大的石油储备：2011 年，在巴伦支海又发现了两块巨大的油田，储油量多达 10 亿桶；如今，冰盖可以轻松地融化（我不知道这是怎么做到的？），在挪威人那滴溜溜的小眼睛的视线范围内，估计还有 900 亿桶原油埋在北极的地下。如果这还不足以让他们度过漫长而黑暗的冬天，那么还有，挪威现在也是全世界第五大天然气生产国；再过几年，天然气预计会达到挪威石油产量的一半以上。

如果有上帝存在，当他把这些油亮的宝贝分给农夫艾吉尔和他穿着紧腰宽裙的妻子时，一定满怀着戏谑的幽默感。这个斯堪的纳维亚的小弟弟，过去经常遭到讽刺挖苦，如今表现如此出色。自从 1969 年发现石油以后，挪威迅速蹿升到了斯堪的纳维亚——实际上是全世界——

财富排行榜的前列。今天，它是地球北部的迪拜，是披着斗篷的克罗伊斯王（Croesus，全世界最富有的人）。目前，这个国家是继卢森堡之后人均 GDP 第二高的国家，而卢森堡几乎不能算作一个正式的国家。

挪威人原本习惯了节约和储藏微薄的食物度过漫长的寒冬，习惯了在荒芜贫瘠的山间、冰雪覆盖的牧场和浊浪滔天的海上勉强谋生，我想知道，这笔意外之财对他们产生了什么影响？这次前无古人后无来者的彩票中奖，对挪威人的群体心理、对他们的根本性格产生了什么影响？

第 6 章

荷兰病

可以说，石油基金是现代挪威最大的成就——它是北欧自制和收敛的终极体现，是负责任地管理财政的楷模。这笔财富基金被妥善管理，严格控制，它成了所有石油生产国（更别提非石油生产国）乃至全世界眼红的东西。

这一大罐黄金在世界范围内怎么分配，最终由挪威银行投资管理公司 CEO 英格维・史勒格斯泰德定夺。我去拜访史勒格斯泰德，他的办公室在奥斯陆市中心挪威国家银行大厦的顶层，整个房间给人一种好似宇宙主宰般君临天下的感觉。（也许是由于布雷维克的炸弹曾在几码远的地方爆炸，我注意到他们设立了安保措施，采用了整洁美观的两道门“气锁间”，让人恍若置身于“星舰进取号”之中；所有银行都该这么办。）

“这笔基金的目的是保卫‘消费篮子’。”史勒格斯泰德对我解释说。我对经济理论的基本知识一窍不通，这一点估计在我们谈话之初就明显地表现出来，所以他耐心地解释了这句话的意思，“我们把石油和天然气卖给别的国家，早晚我们要买一些东西回来；我们希望，如果我们在几代人以后再购买，这笔钱的购买力至少不低于今天的购买力。如果全球发展势头良好，我们就要用这笔基金获得很好的收益，以便保护我们未来的购买力。”

这笔基金目前拥有 8 000 多家企业的股权；这意味着挪威人拥有全球超过 1% 的上市公司，欧洲近 2% 的上市公司和亚洲 0.7% 的上市公司。

我了解到，近年来，这笔基金开始投资于部分分析家认为风险较大的商业计划——比如房地产；例如，他们购买了巴黎几处地标性写字楼。我倾身向前，用钢笔帽点着自己的下颌。我问，挪威为什么要用它这一罐黄金冒较大的风险？（我当时换了一种说法，没有用“一罐黄金”这个词。）

史勒格斯泰德五十多岁，样子精干利落，头发剃得精光，留着淡褐色的山羊胡。他淡淡一笑表示理解，向我解释说，石油基金最初预计只能维持 30 多年。30 年早过了，挪威人接连发现新的油田，并且发明了开采现有油田的新方法，这意味着他们能够做一些长远的、风险较大的投资决策：“2008 年以后市场回落，我们购买了价值一万多亿克朗的资产。”他说。在不仅挪威的投资收益在下降、全球资产都在直线下降的时候，这是一步相当有魄力的棋。

我想知道挪威人怎么看待这笔基金。挪威超过阿布扎比，成为全世界最大的主权财富基金时，挪威的财政大臣西比约恩·约翰森对某地方报纸说，“虽然成为最大的基金并不是我们的目标，看到基金在增长总归是一件快意的事。”（我的脑海中不由得浮现出一个画面：他躺在按摩浴缸里说了这番话，把剩余的香槟酒一饮而尽，然后把长笛架在肩膀上，悠闲地吹奏起来。确实快意。）挪威人该为自己这么有钱感到自豪呢，还是大谈自己有钱，显得趣味低俗呢？

"当然，我们很幸运，拥有这些自然资源是我们的福气，但我不会说我们为此感到自豪，"史勒格斯泰德说，"再往上数两代，那时候的挪威人对握有这么多财富会感到如履薄冰。"

挪威人如何做到了抵制诱惑，没有把石油收入花掉？20世纪80年代撒切尔夫人领导下的英国政府就没能抵制这种诱惑，目前，某些阿拉伯国家也正在引人注目地大把挥霍石油财富。

"有两个原因：首先，这笔基金的创始人清楚地说明，要避免荷兰病[1]。我们的经济很容易被毁掉；我们必须拥有出口导向型经济，必须有能力在石油枯竭的情况下存活。如果失去了在全世界参与竞争的实力，一旦石油枯竭，就不能保证重新获得这种实力。

"传统上我们一直是个穷国，养成了节俭的消费习惯。人们生活在沿海，"他接着说，"挪威其实不是欧洲的一部分，它没有过欧洲的封建制度，人们分散生活，而不是聚居在城镇和乡村。挪威人与大自然息息相关，对文化无所谓。这种心态与一般国民不太一样，对吧？"

我们看到，这是挪威人的一个根本特点，也是挪威人与瑞典人和丹麦人不同的地方。挪威人习惯了靠简单的必需品维持生活。正如史勒格斯泰德所说，"在这个国家，过去，除非预先节约和储藏，否则冬天没有足够的食物。"挪威人不喜欢放纵挥霍，对储蓄和积攒始终绷着一根弦。

我们又聊起了欧洲当前的危机。关于其他欧洲国家何以陷入经济泥潭，史勒格斯泰德与我分享了他惊人坦率的理论。他认为，那些国家正在实现各自的自我形象。

"看到冰岛，你会想，'他们得到了花不完的钱，他们用来做了什么？'冰岛人用那些钱来实现自我形象，他们的自我形象是掠夺成性的

[1] 是指一国特别是指中小国家经济的某一初级产品部门异常繁荣而导致其他部门的衰落的现象。——译者注

维京人，于是，他们去到世界各地，到处收购资产。好比维京人 2.0 版本。挪威人有石油基金，也完全可以那么做，但是我们没有，因为我们认为，它是一笔已经到手的财富，必须小心保护。爱尔兰人想当英国人的房东，于是他们建起高楼大厦。然后你到希腊去，你心里想，‘希腊人的自我形象又是什么呢？’我以前学过哲学。亚里士多德说过，‘哲学，什么是哲学？嗯，哲学的第一前提是，你不用工作。’我这么说希腊人，有点太刻薄；但是我们不应该责怪希腊人不干活儿，他们是哲学家，他们要坐在那里思考人生！”

一国国民被来得轻松的金钱败坏，希腊人是个相当极端的例子；事实上，挪威人也有点被败坏了。把挪威人描绘成勤俭节约的楷模，没有受到意外之财的玷污，就像中了彩票的人照常回到原来的工厂上班，或者回到酒吧里继续给客人端茶送水，银行里数百万的存款丝毫没有影响到他的生活，只会误导读者。

挪威作家西蒙·萨特雷在他的力作《石油热：世界石油富国之旅》（*Petromania*：*A Journey Through the World's Richest Oil Lands*。遗憾的是，只有挪威语读本）中指出，石油财富很少对一个国家产生长远的正面影响。他不认为挪威幸免于难，没有受到它的腐蚀和败坏；他指出，挪威人每年的工作时间比石油繁荣之前减少了 23%，假期延长（5 周而不是 4 周），病假延长（挪威是欧盟病假时间最长的），退休提前（在 63.5 岁）。他引用经合组织一份关于挪威的报告称，挪威的石油财富“扭曲了工作与闲暇的关系”。

挪威似乎尤其忽视制造业。它在飞快地去工业化，其速度超过了它的多数贸易伙伴。今天，挪威只有不到 10% 的 GDP 由制造业产生，瑞典则是约 20%。目前，石油和天然气占到了挪威一半以上的出口产值，其次是渔业和军火。已经有一段时间，人们买不到印有“挪威制造”字样的产品，这就是原因所在。

在目前的世界经济论坛全球竞争力指数排行榜上，挪威只排在第15位（在四个北欧主要国家中排名最低）。有个统计数据非常突出——连我这样的经济文盲看来——挪威没有理由不对此忧心忡忡，那就是经合组织给出的用于研发的国内总支出，它用占一国GDP的百分比表示，这个比例是未来经济表现的一个重要指标。比较起来，挪威的研发投入很少，只占GDP的1.71%，瑞典是3.42%。不仅如此，政府支出的研发投资占了一半（瑞典是四分之一以上）。如果这些数字还不足以说明挪威国民故步自封，满足于已有的成就，那么，连我也能当经济学家了。

也许挪威的社会结构最让人不安的事实是，三分之一工作年龄的挪威人无所事事，游手好闲。一百多万年轻人靠国家资助生活，其中绝大多数领取补助金，而且还有数量可观的挪威人（340 000）靠残疾、失业或者疾病补助生活——比例之高为欧洲之最。挪威儿童的情况也同样不容乐观，他们的识字率、数学和科学能力都落在欧洲的平均线以下，而且过去十年还有每况愈下的趋势。挪威媒体常常发牢骚说，“如今，年轻人只想从事媒体工作”，全然没有意识到这句话对媒体自己的讽刺。

经合组织发出警告，挪威面对的最大挑战是保持国民对工作、学习和创新的积极性。今天，挪威近10%的工作岗位由外国人填补，大部分是诸如剥切香蕉、清除鱼的内脏、擦洗医院地板（萨特雷写道，挪威一半的清洁工是外国人）之类，挪威人对此类工作唯恐避之不及。前不久，《纽约时报》采访了奥斯陆商业银行的经济学家克努特·安东·莫克。莫克说，“这是个石油换闲暇的项目……我们变得自我满足。度假屋接连不断地建起来。我们比多数国家的假期都长，还有极其优渥的福利和病假规定。这场美梦早晚要醒来。”

而许多挪威人正在呼吁，要求每年花费超过4%的基金，进步党尤其卖力地在这个问题上施加政治压力。“我们为什么要支付全世界最高的石油价格？”他们问，“为什么我们的医院不是世界一流？为什么今天早上我的邮件9点钟才送到，而不是8点钟？”呼声继续高涨，“这种情况怎么会发生在全世界最富裕的国家？”

“财富改变了我们，我们对这种改变没有开展充分的讨论，”萨特雷在《石油热》一书的结尾处总结道，“石油财富如何影响了我们，这是我们时代最重要的问题。”

我与旅居纽约的萨特雷取得了联系，询问他这本书2009年出版时，引起了何种反响。

“我本以为所有挪威人都会对这个话题感兴趣，”他告诉我说，“可是，事后看来，倒是瑞典人的兴趣更大。我觉得人们对我提出的问题基本上不予理会，尤其是老一代挪威人和石油生产领域的工作人员，他们对我持怀疑态度。每逢我在读书会上谈到这本书，总有人从座位上站起来，说，石油是挪威的福气。他们的态度好像表明，我被宠坏了，不识好歹，因为石油给我们的国家带来财富，而我对此却没有心存感激。我经常指出，我的意思并不是挪威由于石油而变得糟糕，我只想描述挪威发生了怎样的改变。”

不过，萨特雷不愿意给他的祖国描绘一幅明显反乌托邦的前景。挪威的情况相当不错，至于石油枯竭以后会怎样，这个担忧被推给了遥远的未来。然而，石油终归会枯竭，到那时，公共部门占到GDP的52%，这样的经济将不可维持。“届时挪威人将必须调整适应新情况。也许，福利国家必须有所缩减，人们获得的政府服务必须减少。还有一个问题是商业界该怎么办，既然整个挪威经济与石油息息相关，挪威人在后石油时代，又将从事何种工作。如果这些问题处置不当，挪威未来也许会面临艰难时刻，可能导致政治动荡。我认为挪威的体制足够坚固，能够处理这些问题。但是，我也坚决认为，现在是挪威最好的历史时期，政府的财富充裕得让人不敢相信，几乎让其他人感觉不公平。我可以想象，从今以后，挪威会走上下坡路。”

萨特雷对挪威石油业强大的游说力也提出了警告，他们发起反气候变化的宣传，粉饰石油业在一些可疑政权领导下的国家的活动，比如安哥拉、哈萨克斯坦和阿尔及利亚。石油业控制了挪威的外交政策，萨特雷声称，它“使我们孤立，让挪威变得不合群”。结果导致挪威被欧洲撇到一边，它的贸易保护主义色彩越来越强。他把始作俑者指向了挪威国家石油公司，它给挪威生活施加了无孔不入、有害无益的影响。举例说明，该公司主宰了挪威的文化领域，它给年轻的艺术家和音乐家颁发丰厚的奖金。唯一的条件是，这些艺术家和音乐家必须签署合同，承诺不得批评这家公司。

文化上的审查绝不是人们对挪威国家石油公司最严重的指控。绿色和平组织说，该公司与加拿大签署了有争议的开采沥青砂石油的协议，彻底损害了它良好的环保声誉——沥青砂石油在提炼和用途上，比原油更具污染性。虽然挪威国家石油公司在拿到开采许可时，承诺将采用对环境破坏最小的方法，但是，绿色和平组织指出，开采行为“无疑将造成显著的温室气体排放和环境破坏”。挪威国家石油公司在企业社会责任的问题上调门很高，可是，就在前几年它就曾遭到重挫。该公司爆出了贿赂伊朗官员的丑闻，《商业周刊》称之为“挪威历史上最恶劣的贿赂和权力寻租丑闻”。的确，我们几乎看不出它的道德准则与其他石油公司有什么不同。

我和挪威石油基金的负责人英格维·史勒格斯泰德谈到了道德问题。他说，他们不投资烟草业，并且遵守联合国对军火投资的规诫；他解释说，他们的做法是尝试从内部改变公司的政策和实践。

“我们不可能投资了 8 000 多家公司，事事做得无可指摘，”他说，“我们该怎么做？撇清干系，不承认我们存在问题？还是应该坐下来，说，有些地方我们可以改进，我们在寻找办法改进？”

可是，石油本身对环境的影响又该怎么看待？挪威人如何接受石油对环境的破坏？史勒格斯泰德深吸了一口气。

“呃，如果事实证明，气候变化是因为碳排放……”我听他说“如果”，脸上浮起了笑意，他看了我一眼，“……似乎多数人都持这种观点，那么，作为一家石油基金，我们至少可以想一想，我们怎么能让公司意识到这个问题。”

对挪威的财富而言，这当然是个煞风景的问题。多数睿智、独立的观察者普遍认为，一切化石燃料，尤其是石油，对我们的地球都不是好消息——它们不可持续，污染大气，可能正在缓慢地导致全球变暖。挪威国内大多使用清洁可再生的水电能源，从而免除了直接消费化石燃料的负罪感。它就像狡猾的毒品贩子，拒绝碰触自己的产品。

想必还有一个事实让挪威人更加不舒服，那就是他们直接受惠于推高了油价的地缘政治冲突——举例说明，侵略伊拉克或者利比亚内战。挪威经常被要求在国际冲突中充当调停角色——比如挪威调停斯里兰卡内战——实际上，它从形形色色与石油相关的国际冲突中获益最多，这真是莫大的反讽。我问史勒格斯泰德，石油在全世界造成巨大的环境破坏和人类败坏，挪威人是否觉得，他们巨大的财富被蒙上了污点？

“对于这个问题，你会听到五花八门的回答，就看你问谁了，”史勒格斯泰德谨慎地回答说，“你会发现，有人持这种观点。我认为，人们大致的共识是，没错，石油造成碳排放，但石油也许比煤炭要好。那么，再找一些其他可再生、可持续的能源怎么样？所以我们发起一个投资于新技术的特别项目。”

显然，史勒格斯泰德绝对不可能批评他的基金会那笔巨大财富的来源。不过，托马斯·海兰德·埃里克森就没有那么多顾虑了。

“这个问题很有意思，”2009 年我第一次采访他，问到了挪威人的石油负罪感，他这样回答，“你是不是怀着什么念头？是的，我们从来没有考虑过污染与财富之间的联系；实际上，挪威人认为自己使用的能源很清洁，但他们造成的污染比瑞典多得多。”

我们第二次见面是在布雷维克事件之后，他对这个问题有了新的看法：“这个问题造成的心理难题与‘7·22 事件’很像。我们发现，罪犯是我们的一个自己人，”他说，“我们不能怪罪外国人。我们往常习惯性地认为，作为一个民族，我们是解决办法的组成部分，有了石油以后，我们突然变成了问题的组成部分。我们转不过弯来。多数人在坚决否认，不肯面对事实。例如，沥青砂开采是造成污染最严重的一种石油开采，他们会说，‘可是，唔，如果我们不去开采加拿大的沥青砂，那么别人去开采，会用更加破坏环境和不可持续的方式。’呃，如果这样讲道理，基本上可以无限地狡辩下去——‘如果我们不做，别人就会做，他们比我们坏得多。’”

有没有挪威人曾经建议，干脆停止开采石油？

“没有。实际上，我们正在急速地泵出石油，比其他国家都快；我经常感到震惊，因为这个事实几乎没有引起任何争论。”

石油业对挪威人自己造成了什么影响？是不是让他们变得软弱而懒惰，像丹麦人津津乐道的那样？

“哦，是的，它当然对我们造成了影响。我的证据大多零零碎碎，不成体系，因为这不是我的研究领域。不过，以北方沿海的鱼类加工厂为例——工资高，可是工作辛苦，把鱼切片必须忍受寒冷。现在，这些工作绝大多数都外包给了中国——把鱼空运到中国，切片，用芬达斯（Findus）盒包装好，再运回来——剩余的工作由泰米尔人和俄国人完成，挪威人不用动手。挪威人移居到伦敦或者巴黎，去‘从事媒体工作’。”他哈哈大笑起来，“这才是真正的败坏迹象！没有人愿意在工厂工作，没有人愿意当工程师，所有人都只想出名……人们倾向于认为这一切理所当然。没什么要紧。我明天去不去上班都没关系，一切总归会正常运行。请病假的多了，从 90 年代起就在增多，不是因为人们患感冒的多了，而是他们觉得，请病假也没关系。”

第 7 章

黄 油

如我们所知，挪威向来有点边缘、隔绝而内向。在某种意义上，这个地区几百年来地缘政治的动荡对构建现代挪威人的心理所起的作用，比不上它那雄奇瑰丽的自然风光。

丹麦曾经建立帝国，后来陨落，它没完没了地与瑞典争斗，并且至今继续充当北欧与欧洲大陆的桥梁。瑞典统治过芬兰，后来失去了芬兰，它深入欧洲内陆征战，参加“二战”以后的战事，如今凭借其制造企业征服了全世界。芬兰天运不济，在地理上与挪威一样隔绝，但芬兰由于成了东西两边角力的绳索，也被迫参与了较多的区域性地缘政治；它先被瑞典、后被俄罗斯统治，在无数次冲突中流血牺牲，却坚决不屈；今天，芬兰是唯一欣然采用欧元的北欧国家。可以说，在北欧历史上，冰岛也处在边缘，虽然美洲是冰岛人发现的，虽然他们近年发起过第二次劫掠，这一次是对全球金融市场的劫掠。

至于挪威人，他们一向自成一体，我行我素。即使在本国境内，他们也四散分布，好像他们想尽一切办法要彼此隔绝。挪威人到世界各地探险，体现出巨大的勇气和聪明才智——挪威有到南极和北极探险的罗尔德·阿蒙森和弗里乔夫·南森，有到南太平洋探险的人类学家托尔·海尔达尔——即使是这些值得庆祝的事件，他们也好像精心策划，把探险的目的地选在人烟稀少，乃至荒无人烟的地方。

有时候，挪威人似乎丝毫不受外部世界的影响。他们有鱼，有木材，如今还有石油，有乳制品专卖店。他们不再需要其他人，也许除了需要几个瑞典人给他们剥香蕉皮。有一次我为了写一篇杂志文章，需要作些调研，于是向挪威的旅游事务局寻求帮助，这次简短的交涉给我的感觉是，他们客气地欢迎，而不是公开鼓励游客前来；如果游客不介意，最好还是待在游轮上，不要与他们多接触。

为什么挪威人这么封闭？在挪威被丹麦和瑞典占领期间，挪威人不仅缺乏民族自决，在很大程度上也缺乏自我或者国家意识。为了争取独立，他们进行了漫长的、拖得太久却并不那么艰苦激烈的战斗，终于在 1905 年实现了自治。其后发生的事情让我们看到了挪威人与瑞典人耐人寻味的不同。他们进入了下一个世纪。瑞典人有意识地共同努力，走向光明，拥抱技术和工业进步，实行现代化、世俗化和社会进步的政治制度，并在这个过程中，发展成为战后一个极其成功的工业国，一个制造业巨头，一个堪称楷模的现代的多元国家——此外还有美妙的流行音乐和个性鲜明的网球运动员。

正如托马斯·海兰德·埃里克森所说，“瑞典积极向上，进入了未来和现代化；我认为，他们觉得那是唯一的出路。当年的瑞典是个病入膏肓、老迈没落的国家，他们需要复兴。挪威则需要寻找，并在某种程度上建立国民认同——所以才会出现那些怪异的装束和国家浪漫主义，这些东西今天还在继续。”

挪威人认定，他们既不喜欢，也不需要现代世界，他们更喜欢自己的家乡服饰、土风舞和鱼干，他们退回到了过去农业社会的安全地带，寄情于大自然和海洋。这时候石油出现了，石油在一定程度上改变了这种情况，但也只是帮助挪威人维持了传统的人口地理分布，保持了他们的隔绝和贸易保护主义政策。

“如果从地平线上看欧洲，可以说，挪威和瑞士是突出来的，”英格维·史勒格斯泰德对我说，“它们其实不是欧洲的组成部分。瑞典和丹麦有过贵族和封建制度，他们看待世界是欧洲人的方式，他们有散布的小村庄和畜养农奴的农场，等等。我们挪威没有。所以，虽然我们语言相同，其实内部的差别远比你想象得要大。”

偶尔，这种孤立主义也会事与愿违，产生不良后果。2011 年，报道称挪威黄油告罄，斯堪的纳维亚其他几国颇为幸灾乐祸。一款时尚饮食建议人们大量使用黄油，这款饮食风靡全国，结果耗尽了挪威国内的存货。为了保护本国的乳制品业，挪威对进口乳制品征收高昂的关税，结果导致黄油价格直线飙升。人们开始恐慌购买，挪威国内垄断经营的蒂勒乳业（Tine Dairy）公司生产的黄油供应告竭。很快，挪威人就开始请求丹麦朋友来访时，在手提箱里装满丹麦产的银宝（Lurpak）黄油。

“真是丢人，让人很没面子。”托盖尔·川达尔哼了一声，对此现象表示不以为然。他是进步党的农业事务发言人，“上一次我们接受邻国的免费食品供应还是‘二战’期间。”

“我宁愿在欧盟做个落魄潦倒的人，嘴里嚼着黄油饼干，也不愿意做个豪富的挪威人，嘴里啃着没有黄油的面包。”当时，一个毫无风度可言的瑞典专栏作家写道。她接着又写，“这真是难以抗拒的反讽，一个小国家因为石油富得流油，却不能为自己的国民供应黄油这种简单的日常物品……一想到挪威人做饭，只能使用人造黄油凑合，我们在家里自制的传统藏红花面包吃起来格外觉得可口”。

虽然她这种幸灾乐祸的态度惹人反感，但它却让我们看到，在斯堪的纳维亚的部落三巨头和睦友好的表象之下，存在着赤裸裸的仇恨和嫉妒。可是，挪威人始终对自己的贸易保护主义执迷不悟：不久前他们武断地向丹麦奶酪开征 262% 的进口关税，此举激起了哥本哈根的强烈愤慨——征税是挪威自己在后殖民时代向丹麦发起的报复。

还一个很能说明问题的现象是，邻国国民有无数的笑话拿挪威人开涮。在这些笑话里，挪威人总是扮演乡巴佬和傻瓜的角色——就像英格兰人讲爱尔兰人的笑话，或者美国人讲波兰人的笑话。这些笑话以偏概全，体现了种族主义、殖民主义心态，而且政治不正确。所有思想健全的正人君子都应该义正词严地予以谴责，并且绝对不予复述。

下面就是我最喜欢的一个笑话：

一个瑞典人、一个丹麦人和一个挪威人遭遇沉船事故，搁浅在荒岛上。瑞典人找到一块魔法贝壳，每次一擦，就可以满足自己的一个愿望。“我想回家，回到我宽敞又舒适的房子里，我家里有沃尔沃汽车、录像机和简洁的宜家家具。”他一说完，马上就消失了。“我想回到我在哥本哈根的舒适温暖的小公寓，坐在软和的沙发上，把脚搁在桌子上，旁边坐着我性感的女朋友，还有半打啤酒。”丹麦人说完，也倏忽即逝。挪威人想了一会儿，把贝壳擦了一下。“这里太孤单了，”他说，“我想让我那两个朋友回来。”

接下来的两个笑话是我儿子贡献的。他在丹麦的学校里听到了这两个笑话，这说明关于挪威人的笑话呈现出愈演愈烈之势。有趣的是，我的丹麦妻子告诉我，这是一种新出现的情况。她说，她当年上学的时候，大家课间也讲笑话，里面的笨蛋是丹麦第二大城市奥胡斯来的人（一个挪威朋友则说，他们以前讲这类笑话，笨蛋是瑞典人）。当然，回到 20 世纪 70 年代，挪威人的石油财富还是遥远的梦幻。难道是挪威人笑话的流行度与挪威人的货币增值在齐头并进？

警察在哥本哈根遇到一个挪威人，他前面赶着一只摇摇摆摆的企鹅。

“你应该马上把企鹅送到动物园去。”警察提出要求。

“我这就去！”挪威人说。

第二天他们又见面了，可是挪威人依然带着企鹅。

“我想我告诉过你了，要把它送到动物园去。”警察说。

“是的，我带它去过了！”挪威人说，“它好像很喜欢动物园。我想，今天我要带它去看电影。”

还有一个类似的笑话：

一个挪威人在电影院的售货亭向女售票员买了一张票。过了一会儿，他返回来又买了一张票。然后又买了一张。过一会儿又买了一张。

终于，卖票的姑娘问他，“你为什么一趟趟地返回来买票？”

这个挪威人气急败坏地说，“每次我想进去，门口那个人就把我的票撕成两片！”

我问埃里克森，丹麦人讲挪威人的笑话，挪威人应该很不高兴吧？“哪里，我们完全不在乎，”他笑了，“可怜，他们的国家那么小，那么平坦。他们只是嫉妒……实际上，我们很喜欢丹麦人——我们认为他们见多识广，*hyggelig*。连他们的国旗也 *hyggelig*。他们居然把国旗印在包装上，利用国旗搞推销。在挪威，国旗是近乎神圣的。如果有人把挪威国旗印在一听火腿罐头上，一定会引起轩然大波。”

我认为我们也许可以得出结论，挪威人不像丹麦人和瑞典人取笑的那样愚蠢。要知道，从北海的海底把石油开采出来，不是容易的事。挪威近年来在联合国的人类发展指数上排名第一（包括在本书写作期间），这个指数的初衷本来是为了评估一国除财富之外的价值，所以挪威得到这个排名颇为讽刺。无论如何，它意味着挪威是官方认可的全世界最好的国家。就算是吧。它还是全世界两性最平等、政治最稳定的国家。同时，挪威的监禁率为欧洲国家最低——只有 3 500 挪威人生活在狱中，苏格兰的监禁率是挪威的两倍，虽然苏格兰的人口与挪威差不多。

挪威也在用笑话反击。比如，他们不失时机地嘲笑丹麦语。挪威人认为，自己的语言是唯一真正纯粹的斯堪的纳维亚语。在 19 世纪，讽刺丹麦语是挪威民族分离主义运动的一个重要方面，尤其是为了消除丹麦的影响。这一时期前后，挪威人采取了激进的措施，以农村方言为基础，又确立了一种挪威语——尼诺斯克语。尼诺斯克语其实比主流的挪威语——伯克梅尔语更接近古诺尔斯语和传统的挪威方言，伯克梅尔语本质上是杂化的丹麦语。尼诺斯克语始终不曾接近于取代伯克梅尔语，但它是官方语言，有超过 10% 的挪威人使用，主要在挪威西部地区。

事实上，丹麦语正日益成为整个斯堪的纳维亚地区的笑柄——瑞典人和挪威人对它的意见尤其大，他们声称，丹麦语越来越不容易听懂，丹麦人说话时，含糊和吞音的情况越来越多，而且还大量使用声门塞音。虽然乍听起来似乎不大可能，但是，我看过一档最搞笑的电视喜剧小品，是两个挪威喜剧演员表演的节目《在我们的牧场》（*Uti Vår Hage*）。他们假装自己是丹麦人，在费劲儿地相互沟通（小品用英语表演，在 YouTube 上起了个简单的标题，就叫“丹麦语”：至今已经被点击观看 300 多万次）。“丹麦语分崩离析，变成了毫无意义、不知所云的喉音。”一个绝望的“丹麦人”说。他走进一家五金店：“我连用丹麦语怎么跟人问好都不记得了。我什么也听不懂，他说什么，我就把他的话重复一遍。我姑且胡乱猜测，跟着说一句：*Kamelåså*（再会）。”小品的结尾是，店主人对着摄影机镜头发出恳求：“如果不采取措施，丹麦社会要崩溃了！我想直接向联合国以及国际社会发出呼吁。请帮帮我们。”

这种风趣的玩笑只限于近邻之间开一开。还有从更远的地方前来的移民；在布雷维克的审判缓缓走向尾声之际，两百个罗马尼亚吉卜赛人来到奥斯陆，挪威人对远方来客始终矛盾的态度由此可见一斑。吉卜赛人在奥斯陆市中心苏菲恩贝格教堂的周边搭起帐篷，结果激起了当地政府和媒体的强烈不满。有报道称，部分挪威网站称呼吉卜赛人为“老鼠”和“蛮人”。“这些人不该在这里，应该把他们赶出苏菲恩贝格教堂，赶出挪威，”一名当地的政府工作人员面对电视台采访时说，“我们不能把挪威和奥斯陆变成全世界的社会救助福利中心。”我写这本书时，市长在努力禁止乞讨，逼迫吉卜赛人离开，另外一些人则认真地考虑关闭进入挪威的边境。

时任首相延斯·斯托尔滕贝格一如既往地发出了调和的呼声：“‘7·22事件’告诉我们，千万不要因为人们属于某个群体，而给他们妄下结论。这类话语和表达只会导致更多的仇恨和冲突。”他说。

我们只能希望，在气候严寒的地球北部，挪威首相的呼吁也许最终会占上风。挪威人更适合多表现一点精神上的开放和包容。毕竟，虽然他们近来遭遇创伤，他们也有很多东西应当感恩。就社会凝聚力、平等、同质化和生活质量而言，他们享有类似于丹麦的优越性，要说有什么的话，作为一个社会，‘7·22事件’似乎让挪威团结得更加紧密。

“‘7·22’以后，人们真正体验到一种感觉，最终，我们是一家人，”埃里克森对我说，“我们是这么小的一个群体。首相、奥斯陆市长、王储，这些名人，他们不是高高在上，他们属于我们，他们就在我们中间。国王对我们讲话，他像一位刚刚失去亲人的叔父；首相对我们讲话，他像我们的邻居；就连王储也让我们感觉到强烈的文化上的亲密感。因为社会上层与下层的差别如此之小，人们会不期然地相遇。人人都知道，如果住在小镇的这块地方，冬天到城外的山上滑雪，有时候会遇到首相。我和首相是点头之交，就像我和许多人的关系。我跟他打招呼。

“我想说的是，你可以从社会学的角度看待这一点——挪威人认识首相，或者认识首相熟人的概率是瑞典人的两倍，瑞典的人口是挪威的两倍。挪威人认识首相的概率是西班牙的八倍。人们有一种感觉，大家由一个大家庭联结起来。全社会有一种高度的信任。一个挪威人出门旅行，他会怀念一点，即使他坐在有轨电车上打个盹，自己的一切也都很安全。就是这种感觉。”

高枕无忧的小憩、和平、安定和从容，这种感觉当然是北欧人所享有的安全感和生活质量的根本，延伸开来，也是他们幸福感的根本。可是，安全、务实、共识、调和、社会凝聚力——这些不是生活的一切，只是需求层次中的基本需求罢了。我不可能是第一个指出它的缺憾的人：斯堪的纳维亚也许缺了点什么，缺了那些你也许希望在需求层次的更高级别找到的东西——激情、火焰、张狂和生之欢乐，如果你再往南去，也许会找到这些东西。在斯堪的纳维亚，哪里可以找到激情、胆魄、冲突、冒险，找到一种活在边缘、逼近极限的感觉？

我告诉你在哪里……我们的下一站：芬兰。

芬兰

第 1 章

圣诞老人

随便问一名新闻记者，他最可怕的噩梦是什么，他给出的回答十有八九是这样：他对某人（这个人非常有名）作了细致深入、袒露真情的采访，急匆匆地赶回家，有生以来头一回兴致勃勃地准备把谈话内容誊写下来，不料却发现，他的录音机是坏的。我在采访过全世界最有名的人之后，就遇到了这种情况。

我带着 10 岁的儿子，来到芬兰位于北极圈边上的拉普兰区首府罗瓦涅米。时间在 7 月，正是极昼季节。此地 24 小时阳光普照，分不清白天还是夜晚，生物钟彻底紊乱。芬兰处在罕见的滚滚热浪之中。白花花的阳光肆无忌惮地直射而下，酷热难耐，让人头昏脑涨，我们晚上到达圣诞老人村的时候，完全不辨东西，云里雾里。圣诞老人村也就是"圣诞老人正式的家园"，它坐落在罗瓦涅米市以北 20 公里的松林深处。我们穿着短裤和 T 恤，排队等候进入圣诞老人洞穴，聆听圣诞颂歌，观看驯鹿在雪地里撒欢嬉戏的录像，尽量回想圣诞节的感受和气息。

这个村子由几座小木屋构成，它其实是个名字叫得好听的直销中心。里面的工作人员打扮成精灵模样，自始至终保持着接近于歇斯底里的热情腔调。一个精灵带我们参观了圣诞邮局，那纯粹的、浓得化不开的快乐圣诞节的氛围几乎让人恍惚迷离。（她那欢欣雀跃的表象着实令人景仰，这个表象只在一个瞬间露出些许破绽，那就是我儿子问她，这里为什么没有装着丹麦儿童来信的小搁架。她给出的回答是，那是因为丹麦人以为圣诞老人住在格陵兰。这位精灵当然不认为丹麦人的想法是对的，于是，她花了好几分钟的时间，兴冲冲地寻找着那个装着丹麦儿童来信的搁架，却怎么也找不到。我和她都心知肚明，绝对不可能找到。）

事后想来，也许有人会说，在7月份的大热天带着孩子去看圣诞老人，简直无异于虐待儿童，但我儿子似乎很喜欢这次旅行。我们终于被领进去面见圣诞老人。那间屋子有点像一间装饰鲜艳的摄影师工作室，圣诞老人坐在宝座上。看到我的大儿子见到圣诞老人时激动得不能自已，我对这一处“直销购物中心”所抱有的愤世嫉俗的心思顿时烟消云散。好吧，稍微有点消散。

圣诞老人专心致志地听我向他提了几个绝对原创、奇思妙想的问题（“您最喜欢圣诞节的什么？”“您在一年当中剩余的364天做什么？”等等），他给出了很棒的回答，只是稍微带一点芬兰口音（第一个问题的回答：“全世界的孩子们身体健康，受到良好的教育。”第二个问题的回答：“做圣诞老人是一年到头不得闲的工作！”）呵－呵－呵，只是在每个问题回答完毕后，他的笑声稍微有点不自然。我们在离开之前，还可以许下自己的心愿。我儿子祈愿世界和平。我祈愿得到一辆玛莎拉蒂。一切顺利，再好没有了。

可是，我回到酒店房间，随手按下我那台高精尖的马兰士电子录音机的播放键，听到的不是期待中堪比《福斯特对话尼克松》（*Frost/*

Nixon）的、足以青史留名的圣诞老人访谈，而是傲慢的“故障”信号。我狂按各个按键，就像实验室的黑猩猩想让机器吐出自己要吃的东西那样，按了半天，可是录音机却依旧毫无反应。我疲倦地意识到，只有一个解决办法了。

通常情况下，我会照一位优秀的新闻记者那样去做：尽可能地回想采访内容，实在想不起来就编造一下。可是，我是为广播节目作这次采访，必须提供录音，这显然行不通。我们不得不再去录制一次。于是，我们回到圣诞老人的小木屋。不得不说，圣诞老人是尽职敬业的楷模。他在一个小时之内，从繁忙事务中抽出时间，再次接待了我们，就好像他此前从未见过我们；他再次回答我的问题，也好像他还是头一回听到如此绝对原创、奇思妙想的问题。

这件事不是第一次，也不是最后一次，让我不得不由衷地佩服芬兰人在危机面前举世闻名的踏实可靠。（我也许应该补充说明，我的录音机怎么也无法正常使用时，罗瓦涅米市那位陪同我们作这次访问的公关女士给芬兰国家广播公司打了电话，他们答应一小时之内给我换一台录音机。我提醒你，这可是在北极圈内。）

现在，也许到了我该吐露对芬兰（也就是我们北欧历险的本站）的真实想法的时候：我认为芬兰人非常了不起。我对他们的爱之深切，没有尽头。让芬兰人统治世界，我没有一点儿意见。他们赢得了我这张选票，他们赢得了我的心。要我说，芬兰很了不起，它的首都赫尔辛基堪比天堂。

芬兰是动画片《姆明一族》（Moomins）的原创地，也是多位寡言的赛车手和诺基亚手机的故乡。不是只有我一个人为芬兰倾倒，对它赞不绝口。芬兰的学校系统吸引了全世界的教育工作者前来，虔诚地向他们取经：按照国际排名，芬兰的教育体系是全世界最好的。他们目前的经济竞争力排在全球第三位。过去几年来，《新闻周刊》、英国智库列格坦研究所和《单目镜》杂志，无一例外都把芬兰或者它的首都赫尔辛基评选为全世界最宜居的地方。眼下，芬兰有西欧最高的人均收入，是欧元区唯一保留了 3A 评级的经济体——连那些讨厌的评级机构也对芬兰另眼相看。芬兰被认为是全球腐败最少的地方——芬兰与丹麦、新西兰在透明国际的最新调查中并列第一。

芬兰人踏实，可靠。他们还有像撒哈拉沙漠一样干涩的幽默感，言语间充满了言不尽意、耐人寻味的讽刺意味。有一次，我为写作本书到赫尔辛基去作调研，一天晚上，在一家熙熙攘攘的酒吧，我和一名阴郁的芬兰电影导演交谈甚欢。中间我偶然提到了我打算给本书取的书名。他正要把一大杯伏特加举到嘴边，听到我的话，他停住手势，抬起厚厚的眼皮注视着我，不动声色地说：“‘几乎差不多’，是什么意思？”

芬兰人也是北欧人当中最有礼貌的。诚然，在这个问题上，北欧人彼此之间半斤八两，就好比说，猩猩在所有非人类灵长目动物中有最好的餐桌礼仪。不过，作为一个生活在北欧的英国人，我学会了对一切彬彬有礼的行为心存感激。芬兰人的风度绝对比不上英国出身的好莱坞演员大卫·尼文，但他们确实会让你先下火车，会退到一边让你进门，而且很少追问你何以能够靠写作维持生计。

我对芬兰人了解越多，尤其是对芬兰那痛苦的、纷争频仍的历史了解越多，我对芬兰人的喜爱和敬意就越发深厚，以至于达到这样的地步，如今，我成了大言不惭的芬兰迷，热情地支持与芬兰有关的一切。但凡谈到两个国家相对而言的优点——当然，绝大多数在涉及芬兰的情况下——我一定会说，“哦，可是你们看，芬兰就没有这样的事”（如果这件事情是不好的事），或者“在芬兰，这种事情多的是”（如果说的是好事，比如假日）。

所以，虽然接下来的篇幅是持平公允的报道，但是请读者记住，我认为芬兰非常棒。芬兰人自称“苏奥米”（Suomi），这个词也许源自芬兰语“沼泽”（suo），但是我很难相信。

虽然如此，我最初对芬兰的印象却全然不同。芬兰是欧洲的局外人，在地理位置和文化上都处于东西方的交界地段。实际上，我对芬兰的第一印象再令人沮丧不过。比如，“去往赫尔辛基”网站是我见过的第一个刊载其他旅游目的地广告的旅游网站（它刊载的广告是地中海的梅诺卡岛）。芬兰人的谦虚我早有耳闻，可是，自己的旅游网站却给别人打广告，这种做法就好比把自己的光华收在罐子里，又把罐子锁进橱柜，只要有人问起，就回答说，“什么，罐子在这里？不，不，不，这里什么都没有。”

另外一些报告同样令人扫兴。一个丹麦亲戚去赫尔辛基出过差，他为我描绘了一幅暗淡的景象。赫尔辛基是一座清冷的、灰扑扑的城市，酷似实施开放政策前的苏联；芬兰人身形高大，脸色阴郁，一罐嘶嘶作响的啤酒下肚，立马就变成了耍酒疯的疯子。他的芬方合伙人带他去了一家脱衣舞夜总会，在郊区塔楼的二层，那地方给他留下了难忘的惨酷记忆。那次经历让他一想起来就禁不住浑身发抖，所以他拒绝向我透露更多细节，只肯告诉我，第二天早上他醒来以后，发现自己躺在路边的排水沟里。

另一位“芬兰通”告诉我，在芬兰医生开具最多的三种处方药中，第一种是抗精神病药，第二种是胰岛素，第三种也是抗精神病或者抗抑郁药。据我在某英文版的芬兰新闻网站看到的一篇报道，数以万计的芬兰人受到焦虑失眠的困扰，靠苯二氮类药物缓减。更让人担忧的是，他们的枪支持有率为全球第三高（排在美国和也门之后）；谋杀率为西欧最高；他们喝起酒来不要命，还喜欢自寻短见，这些特点早已世人皆知。

与瑞典或丹麦不同——这两个国家为世界贡献了为数众多的电影

导演、音乐家、作家，当然，近年来还贡献了电视连续剧——芬兰文化产品的影响力却始终走不出波罗的海。当然，芬兰有西贝柳斯，有一两位建筑师（伊利尔·沙里宁、阿尔瓦·阿尔托），还有《姆明一族》，但是，除此之外，当然还要除了几位体育明星（他们似乎都擅长单打独斗的运动项目，比如田径长距离跑和赛车），芬兰人似乎并没有受到镁光灯的格外垂青。维基百科上的芬兰名人包括如下声名显赫的人物：

伊奥·博克（Ior Bock）——讲瑞典语的芬兰导游、神话学者，是个怪人

托尼·哈尔姆（Tony Halme）——摔跤手，演员

瓦伊诺·米利林尼（Väinö Myllyrinne）——个子最高的芬兰人

我第一次去芬兰之前作准备的时候，涉猎了他们最著名的电影导演阿基·考里斯马基（可惜不是我在酒吧里邂逅的那位导演）的作品。他的电影，比如《火柴厂女工》（The Match Factory Girl）和《没有过去的人》（The Man Without a Past）是如此阴郁，如此压抑，相形之下，瑞典导演伯格曼看起来仿佛英国的喜剧人物憨豆先生。考里斯马基典型风格的影片通常是这样的：一群人（他们骨子里是一群魔界使者，与世人格格不入）辛苦地从事着卑微的工作（挖煤、洗盘子），互相发牢骚，无节制地狂饮。最后，其中几个人自杀而死。完。

这类影片似乎反映了导演本人的生活观：考里斯马基不久前接受采访时说，“不知怎的，我知道，我早晚会自杀，只是现在还不到时候”。我希望他不要自杀。我喜欢他的电影，喜欢它们那可以加深生命体验的凄惨情调，但它们确实不能用作促销旅游业的广告牌。

我在网上搜索一切哪怕只是对芬兰稍微正面的描述，找到一个叫作“当你……时，就知道你已经在芬兰待得太久”的网站，它列出如下几条：

当大街上一个陌生人对你微笑：

1）你认为他喝醉了

2）他神智不正常

3）他是个美国人

那么，我们很容易把芬兰人描绘成一群不快乐的人，经常喝得酩酊大醉，身上既有压抑的瑞典式循规蹈矩的一面，又有俄罗斯人粗野豪放的一面。许多人正是这样认为的。但是，我请你等一下，不要这么快下结论。请你搭乘飞机，去一趟赫尔辛基吧。赫尔辛基像一缕清新的空气，而这里的空气也尤其清新。它的市中心很小——可以在20分钟内走完——但是街道宽敞开阔，没有被商业化污染，这一点让人耳目一新；街道两侧生长着挺拔的椴树；码头小巧玲珑，湾流汇集，渡船停泊，看上去与奥斯陆不无相似之处，不过，由于附近一座东正教堂的洋葱头屋顶和那座白得耀眼、气势雄伟的沙皇教堂，而平添了令人激动的东方风情。

在如今已成地标的飞瑟甜品店（Fazer's Konditori，现在叫飞瑟咖啡餐厅［Fazer Café & Restaurang］），店里陈列着琳琅满目的蛋糕、巧克力和冰激凌，制作精美，你可以过足眼瘾；芬兰人曾经在此地挑动反俄情绪（如果愿意，你现在也可以这么做，由你决定）。这里有有轨电车和自行车道，有结实坚固的公共建筑物（由沙里宁设计的理性主义风格的中央火车站看起来厚重典雅，但火车站前立着的那几根肌肉缺乏弹性的女像柱，则显得格外陈腐可笑），市区的大街小巷还零星分布着一些收听站点，按下按钮，站点内的喇叭里就会传出几句诗朗诵，万一你出门在外，发现自己突然需要两句诗歌，这个需求马上就可以得到满足。

这一切都让人觉得，芬兰很像斯堪的纳维亚，其实不然。这里有熟悉的国营酒水商店——里面灯火通明，它们的收银台照例是由不赞成喝酒的老太太坚守；芬兰人在着装上像斯堪的纳维亚人，他们身穿宽松肥大的外套，厚实的鞋子，戴着貌似价格不菲的眼镜；他们开廉价的法国车；他们头发金黄，脸上没有笑容，个子明显比我高出一截。我闯红灯过马路的时候，分明听到人群中发出啧啧的谴责声，虽然路上看不到一辆车。一切都干干净净，井井有条，按部就班；即使用斯堪的纳维亚的标准，人们的民族成分也相当单一。

我很快就发现，芬兰人对消夏别墅（*mökki*——全国有 470 000 多座）比丹麦人和瑞典人还要迷狂；孩子出生后，父母的产假也很长（爸爸妈妈两个人共计可以休一年的假）；他们大多是无神论者，如同斯堪的纳维亚其他国民，他们很少涉足那简单朴素的路德宗教堂。

北欧城市有个重要特点是人少。排队、拥堵和摩肩接踵的人流在北欧十分罕见；如果从伦敦或者纽约前来，就连首都城市也给人一种空空荡荡的感觉。人都到哪儿去了？与赫尔辛基相比，奥斯陆就成了熙熙攘攘的孟买。就我的视线所及，赫尔辛基的大街上看不到一个人。一天早上，我在早高峰最繁忙的时段，穿过广场前往主火车站东侧。我站在路上等了半天，数了一下，只有不到 60 个人路过。商店的展示寂然无声，市内商铺的招牌十分低调，几乎没有广告牌。在街道的拐角处看不到要你买东西的广告，不受此类信息的狂轰滥炸，实在让人神清气爽。

我渐渐察觉到了把芬兰与北欧其他国家区别开的其他“他者”迹象。语言是最明显的一点。芬兰语与其他北欧语言没有相似之处，几乎没有一个相同的词汇。多数芬兰人会讲瑞典语，但是很少有瑞典人会讲芬兰语。丹麦人或者挪威人遇到芬兰人时，大家都讲英语。在挪威、瑞典甚至冰岛，我的三脚猫丹麦语可以让我看懂周围的大部分标牌，但是在芬兰，我的丹麦语至多就像美国科幻电影《星际迷航》中人造的克林贡语一样，完全派不上用场（好吧，现在我认为，克林贡语和芬兰语很像）。在芬兰的第一天，我漫无目的地到处闲逛，三番五次地看到一家商店，叫作*Ravintola*，我以为它是一家人气旺盛的意大利连锁餐厅。好像全市的所有餐厅都是这家连锁店的分支。我不由地感到奇怪，难道它是政府垄断经营的大倒退？原来，*Ravintola*是芬兰语“餐厅”的意思。

赫尔辛基没什么景点，也没有几家博物馆可看；与斯德哥尔摩或者哥本哈根不同，它没有故作多情的中世纪情怀。城市中心区是多数政府机构和大学的所在地，一座座四四方方的19世纪俄式建筑雄踞其间（看上去就像微缩版的圣彼得堡；冷战期间，电影人常来这里取景，姑且用来表示俄罗斯城市）。在这些楼群中，那座像糖霜一样雪白的教堂醒目地突显出来。如同北欧路德宗的常见情形，教堂里既没有装饰物，也没有做礼拜的人；它鸟瞰着俄罗斯以外唯一一座沙皇雕像（亚历山大二世）。雕像旁就是西码头，渡船漫不经心地驶进驶出，接送着来自峡湾各座岛屿的通勤族。

我逛了逛码头周围的农贸市场，它的货摊上堆满了黄牛肝菌和野生浆果（包括百年不遇、千载难逢的云莓），然后我向西经过一座公园，公园两侧坐落着宏伟的咖啡馆、露天音乐演奏台和酒店——还是很像奥斯陆，只不过没有保时捷汽车。一座玻璃钢筋混凝土的现代艺术博物馆赫然耸立在眼前，我停下了脚步。博物馆里陈列着英国六年级生风格的装置艺术品，对资本主义和人类大加鞭笞。国家美术馆张挂着19世纪的“巧克力盒艺术”作品，绘画题材有天使、儿童葬礼，还有农民在北极圈的冻土带劳作的感伤之作。所有作品一律使用灰色、赭色和黑色调（虽然也有罕见的例外，一幅乐呵呵的蒙克自画像是彩色的）。国家博物馆是一座古怪的国家浪漫主义风格的建筑物；有点像“幽灵宅邸”；我想，里面也许住过一位残疾的男爵和他演奏管风琴的驼背男管家。它的杂七杂八的展品包括全世界最古老的渔网和一块石器时代的滑雪板残片。我看了展品说明后了解到，两千年前，芬兰原来有过相当宜人的气候，可以与今天的中欧相提并论。即使了解了这一点，也几乎不能提供安慰，我想。

博物馆的基调相当低沉，其说明文字与其说定义了芬兰人是什么，不如说解释了芬兰人不是什么——他们不是俄国人，不是瑞典人，不是维京人，等等。一个常见的主题是芬兰的偏远和它在欧洲历史上的边缘化角色。举例说明，文字说明写道，这里展出的部分罗马硬币“居然（着重号是我加的）流通到了芬兰”。工业革命直到 20 世纪初才传到这个地方。如果这家博物馆提供的知识真实可信，那么，在 20 世纪初之前，芬兰几乎没有发明过任何东西。

这家博物馆只字不提瑞典的影响，这个疏漏很奇怪，因为瑞典统治芬兰长达 659 年之久。瑞典人被赶走以后，俄罗斯人又统治了芬兰一百年，并且在芬兰独立后的近一百年里继续虎视眈眈地矗立在它旁边。俄罗斯人大体上呈现为正面形象。例如，沙皇亚历山大二世的改革受到称赞，因为它们为“促进（芬兰的）经济和文化事业的发展”发挥了作用。馆内展览了无数来自俄罗斯的礼物，包括原来悬挂在芬兰政府办公室的多帧沙皇肖像画。

我还看到了几次名称起得奇怪的军事冲突的介绍，几百年来，这些可怕的战役给芬兰造成了无谓的浩劫，比如礼帽之战（War of the Hats）和震怒（Greater Wrath）。“要是他们用这样的创造力给餐厅起名字就好了。”我心中暗想。

后来，我想找一找主要购物区。我信步闲走了一会儿，偶尔停下来听一听街头音乐演奏，每隔一个街口，就有古典音乐演奏，曲目之悦耳堪比音乐会。我只找到了几家稀稀落落的店铺。我向一位过路的女士打听，赫尔辛基市中心在哪里。“这里就是。”她回答说，看样子好像觉得这个问题很奇怪。

“是的，这里就是繁华区！”罗曼·沙茨大笑着说。第二天，我们吃过一顿冗长的午饭，喝了很多酒之后，一起走过前一天那个地方。他是个德国演员兼作家，已经在芬兰生活了28年。他是芬兰外籍居民中的名人，很受爱戴，人们喜欢他对芬兰人性格的微带嘲讽的看法。他是报纸专栏作家、电视主持人，一度当过演员，还写过几本论述芬兰人的书。我们走过市中心，一路上不断地有人跟他打招呼，看得出来，在芬兰，这个五十岁出头、身材高大、相貌英俊的德国人正在迅速接近国宝的地位。反过来，他对自己的第二祖国似乎也怀着崇高的敬意，虽然有时候仍然不免感到伤脑筋。

“呃，我不相信瑞典人，不相信冰岛人，不过，芬兰人始终靠得住。”沙茨告诉我。在大教堂街对面的一家传统餐厅里，我们坐下来吃着驯鹿肉。“如果你掉进了冰缝里，处在命悬一线的危急关头，那么，你盼望下一个碰巧经过的是芬兰人。如果一个芬兰人对你说，他星期五会给你送来柴火，你可以肯定地相信，星期五就会有柴火，因为50年前，如果没有柴火，你会冻死的。在这个国家，犯一次错误会尽人皆知。”

据沙茨说，芬兰人这种“说到做到”的态度在他们的语言中也有反映：“你知道吗，芬兰语没有将来时态。英语或者德语可以说，‘我要做这件事情或者那件事情’，或者‘我本该做了那件事情’，芬兰人说，‘你怎么能相信这样的人，他们说到将来变来变去？’芬兰人要么不做，要么现在去做，要么就是已经做过。”

芬兰语中，名词不分阳性、阴性和中性，实际上，人也不分性别——“他”和“她”用同一个词表示，都用指代男性的*hän*。一个芬兰朋友告诉我，芬兰人现在更多地用“它”来指代一切事物：“它上午结婚”，“它从早饭后就一直在喝伏特加”等等。芬兰语没有介词，也没有定冠词或者不定冠词：“一本书”、“那本书”和“书”都只是“书”，芬兰语叫 *kirja*。（虽然如此，芬兰语似乎有 14 种格词尾，所以，它也许并没有听起来那么浅显直白。）

当然，沙茨讲一口地道的芬兰语。“我妻子是个心理学家，我们俩一起接受婚姻家庭治疗。有一个瞬间，我恍然大悟地意识到，我一直在用芬兰语和两位心理学家讨论我的婚姻问题。我心里想，‘嗨，这事多酷啊！’”沙茨对芬兰语有一种理论——有人认为，芬兰语与蒙古语、日语和土耳其语起源于同一个语系——词与词之间的语法关系主要靠词本身的形态变化来表示。“人的行为和价值体系来自语法，来自语言。在瑞典、挪威乃至整个斯堪的纳维亚，在德国，在英国，我们讲的其实都是同一种语言的方言，但是在芬兰，人们组织思想，反映世界，表达感受、态度、情感的方法完全不同。它教我学会了一种全新的思想方法。芬兰语就像乐高玩具，你可以把任意两个零件组合在一起，它们都能契合。”

我刚开始学习丹麦语的时候，常常觉得丹麦语直接得令人诧异——“给我一块面包”，丹麦人走进面包店，这样发号施令——可是和芬兰语比较起来，丹麦语就像路易十四的凡尔赛宫里那温文尔雅的法语了。“如果你想用芬兰语说，‘她好像在装睡’，你只需要两个词。”沙茨说。可是，他没解释，为什么有人会想到说这句话。“芬兰的文化很原始，但在我看来这是件好事。芬兰人对人生的态度非常简单：你渴吗，饿吗，你想要我给你口交吗？问一声即可。他们对人类的基本需求有相当到位的基本理解，而像你我的祖国，或者法国，它们患上城市神经质已经好几百年了，你也许会认为那是一种‘圆通’，多数芬兰人现在也希望变得圆通。但我在寻找相反的东西。要一个芬兰人对你说‘我爱你’，你得等上十年，但他们是真心实意的。”

对这句话慎之又慎、轻易不肯说出口的不仅是芬兰人：所有北欧部落对待“爱”这个词，就好比驾驶“艾诺拉·盖”轰炸机的飞行员对待他的操纵杆旁边那个又大又红的按钮——只有经过漫长的旅程，对自己的目标万无一失的情况下，飞行员才会把炸弹投下去。我在赫尔辛基结识了一位女士，她在芬兰外事办公室上班，她曾帮助我与某些人士取得联系。她向我吐露说，她可以用其他语言说出“我爱你”这句话，但是如果使用芬兰语，就觉得难以启齿，因为芬兰语这句话承载的分量似乎要重得多。我的丹麦妻子也对我说过类似的话（至少这是她给我的理由）。瑞典人种学家阿克·道恩也写过，对于瑞典人，“‘我爱你’这句话听起来‘浪漫得做作，像廉价爱情小说里的东西”。“爱”这个词在北方不能像在美国那样随口说出；在美国，人们用“爱”来表达一个人对别人刚做的发型或者一款松饼食谱的喜爱，是太正常不过的事情。

“在芬兰，人们用别的方式表达情感。在这里，丈夫可以用修理洗衣机来向妻子表达自己深沉的爱，”沙茨说，“必须假以时日，才会理解并且喜欢上芬兰人。他们给人的第一印象是过于古板，除非你给他们喝烈酒，喝酒以后他们会变得非常性感，甚至蛮暴。不过，我刚来这里的时候才 25 岁，我觉得这也没关系。”

据大家所说，沙茨对芬兰人的性格特点和怪癖说长论短，芬兰人非但不以为忤，反倒对他的评说有不知餍足的胃口。“他们被隔绝了如此之久，如今才真正走出去融入世界，他们为自己在别人眼中的形象感到着迷。有个笑话讲的就是这个现象，”他轻声笑起来，“他们管它叫‘大象的笑话’：一个德国人、一个芬兰人和一个法国人在非洲，他们看见一头大象。德国人说，‘如果我杀了这头象，把象牙卖掉，我能赚到多少钱呢？’法国人说：‘多么漂亮的动物，造物真是神奇。’芬兰人说：‘哦，上帝，我想知道这头大象对芬兰怎么看。’”

第 2 章

沉 默

此刻是傍晚时分，我孤身一人走在赫尔辛基市中心一处破败的街区，有点迷了路。这里的公寓楼用黏稠度过高的混凝土建造，沿街的商铺被泰式按摩院、性用品商店和色情表演占据。北欧各国的首都都有此类定点规划的、几乎像戏剧舞台一样不受道德约束的区域：它的布景设计是沙发上躺着一位昏昏沉沉的瘾君子，他的裤子褪到一半，大腿根上插着一根针管，一个浓妆艳抹的非裔女人在附近的街角游荡。林立的商铺作为大背景，把这些细节衬托出来。在商铺蒙尘的橱窗里，摆放着用聚氨酯材料制成的五花八门的成人用品。

倘若你只用英国和美国媒体的眼光看待北欧地区，只听信那些媒体的描述——北欧人的形象是皮肤晒得黝黑的孩子们在洁净无瑕的峡湾里蹦蹦跳跳，男人们衔着烟管坐在朴素的木制椅上，女人们穿着针法复杂的针织衫烘焙斯佩尔特面包……那么，看到眼前这一幕，你也许会感到震惊。但是，斯堪的纳维亚都会城市的红灯区，与其简朴的教堂和舒适的咖啡馆一样，都是街景的组成部分。这些地方几乎还成了某种观光景点。事实上，哥本哈根的同类区域伊斯泰加德（Istedgade）的确是一处观光景点。

通常情况下，我来到城市的这些区域，从来不会觉得害怕（我偶尔不得不横穿这些街区去往别的目的地，你懂的），但是这一次我却心里慌张，忐忑不安，因为我要去做一件真正可怕的事情，而且是完全心甘情愿。

我停住脚步，再一次踌躇起来。哦，不，离那位穿豹纹衣服的女士太近了。我继续往前走，然后再次停下脚步。我心里想着，我没有告诉任何人我要去哪里，所以，谁也不知道我有没有去亲身体验。可我还是受到一种病态好奇心的驱使，受到肆意妄为的自由的诱惑——这就是匿名状态的好处。我径直往前走，手里紧攥着一张写着地址的小纸片。

我完全可以打道回府，我在图书馆消磨了一个下午，坐在一个舒适惬意的角落查资料，我可以再回到那个角落。可是，如果我没有体验这件事就离开赫尔辛基，我的芬兰之行就不圆满。回去以后，人们问我有没有做这件事，我就不得不承认，我临阵退缩了。他们扬起眉头，我就不得不找一些蹩脚的借口来搪塞。否则，我就得撒谎。可是，这件事对我来说太陌生了，我不可能把谎话编得圆滑。我必须获得第一手的体验。但这样一来，我就必须打破几条原则，而我一生中大多数时候都严格恪守自己的原则。

我正要去体验芬兰人那种独树一帜的消遣。事实上，它远远不只是一种消遣，在芬兰，它被认为是生活的必需，是芬兰人固有的、已然成为天性的构成要素。这件离经叛道的事情只是芬兰人的一种爱好，就像英国人的 DIY 或者法国人的通奸行为。我有个芬兰朋友，他除了这件事，别的几乎什么都不谈。我们第一次见面时，他就絮絮叨叨地谈了一个多小时，后来我们每次见面，他总会再次提到这个话题，每次都带着明确的意图，那就是鼓动我去体验一下。

当然，我说的是桑拿。瑞典人也喜欢桑拿。冰岛人有热水浴。但芬兰人把对桑拿的喜爱提升到了全新的高度。在芬兰的社交生活和闲暇时光中，桑拿居于核心位置。在芬兰国内，每两个芬兰人就有一间桑拿浴室，桑拿浴室比汽车还多——超过250多万间。桑拿房是他们主要的聚会场所，是家人朋友男女老少在一起放松身心的场地。在同一个地点。全部光着身子。这种聚会场合有点像酒吧，或者乡村礼堂。可是不穿衣服。而且里面很热。

芬兰人会对你说，他们的桑拿是全世界最热的，其他非芬兰的桑拿根本算不上桑拿。他们嘲笑瑞典的桑拿房不冷不热的温度（低于80摄氏度的都是“暖房”，他们对你说），然后又以此为例，说明瑞典人个性软弱。芬兰人甚至评选“桑拿世界冠军”，对冠军的唯一要求是看谁能在最高温度下蒸最长时间。去年有一名参赛者猝死，他参加比赛的那间桑拿房的温度提高到了110摄氏度。那是个俄罗斯人。

芬兰的议会成员每周一次在桑拿房聚头（我猜，他们也在桑拿房里常规性地召开全会）；自冷战时期的总统乌尔霍·吉科宁统治芬兰以来，就形成了一种传统，即总统邀请到访芬兰的外国政要到桑拿房来共度良宵。（听到这里，我的思绪马上就转到了德国总理安吉拉·默克尔身上，这太不应该了，是吧？）

我在20世纪70年代的英国长大成人，我的教养告诉我，裸露身体是一件羞耻、难堪并且要尽量避免的事情，可能的话要在独处时裸露，如果有他人在场，一定要不惜一切代价避免裸体。同时，人类由蒙昧走向开化，进而达到目前文明的巅峰，迄今为止，这个渐进过程始终受到一种可贵的欲望驱动，即尽量减少身体所承受的痛苦、风险、危机、暴露和不适。人们怎么会自作自受，坐在一只大烤炉里，露着屁股，并深感陶醉呢？

起码的警觉保护着我，让我至今都没有洗过桑拿，不过，这个纪录要打破了。我向赫尔辛基最古老的桑拿房走去。它建于1929年，烧木柴。这地方不难找。桑拿房外面，聚着一群裹着毛巾浴袍的男人，看样子犹如一支裸体主义纠察队；有些人身上只搭一块毛巾。他们或坐或站，聚在入口处的一面矮墙边，有吸烟的，也有喝啤酒的。

我快步从他们身边经过，径直走进前门，努力想做出一副我对桑拿浴室熟门熟路的样子。一个年轻人坐在小小亭子间的玻璃门后面。我故作随意地说："我想……"

该说"洗"桑拿、"蒸"桑拿，还是"做"个桑拿呢？

"……我是说，唔，一个桑拿，可以吗？"

"你有毛巾吗？"他问。该死，我没有毛巾。这马上就暴露出我是个桑拿新手。没关系，他可以租给我一块毛巾，他说。他给了我一块毛巾，还有一把钥匙挂在橡胶手环上，然后对我指了指右边的一扇门。

更衣室装了护墙板，陈旧不堪。我一进去，首先映入眼帘的是一群白花花的后背，肌肉松弛，满是皱褶。我注意到这里面至少没有女人，顿时松了一口气；如果有女人，我将不得不跨越新一轮的难关。我找了个偏僻的角落，开始脱衣服。我把衣服放进寄物柜，抓着毛巾站在那里。接下来该做什么？我茫然没有头绪。我该把毛巾缠在腰间吗？如果那样，会不会显得过于古板，过于盎格鲁－撒克逊？（千万别，我可不想给人留下这样的印象。）也许在桑拿套房的不同区域，裸露的程度各有不同。读者不妨想一想，此时此刻，我甚至不知道自己该往哪边去。我假装把柜子里的衣服又整理了一遍，同时偷眼观察别人在干什么，我心里完全清楚，自己这样偷瞄，也许会被人察觉。终于，另一个客人从我身边走了过去，他把毛巾随意搭在肩膀上，两半屁股一颠一颠，仿佛在掂一对牛奶冻。他从另一扇门出去了。我决定跟着他，我也把毛巾搭在了肩膀上。

赤裸身体走在大庭广众之下，我感到浑身不自在。我越想专心致志地像平常那样走路，我的步态就越不自然。我们进了淋浴室。我惊骇地看到，在房间尽头，一个男人光着身子躺在一张按摩床上，正在让人用桦树条拍打。拍打他的是个女人。

她穿着衣服，头也不抬地拍打着。可是……好吧，看在上帝的分上！我快步溜到一个喷头下面，转身对着墙壁。洗好了澡，我意识到，我把那个一直跟着的人跟丢了，不由得心中越发慌乱。他到哪儿去了？更要紧的是，他有没有带毛巾？墙上挂着几块毛巾，他的毛巾也在里面吗？我现在该做什么？我知道，芬兰人非常注重桑拿房的卫生。把毛巾带到浴室里，会不会被认为不卫生？还是说不带自己的毛巾，会被认为不卫生？洗桑拿的时候，我该垫点什么东西，还是该光着屁股坐下来？哦，天哪！我怎么会做这种自取其辱的事情？

淋浴室尽头有一扇门。门开了，一阵强劲的蒸汽吹了出来。一个男人肩上搭着毛巾走了进去。啊哈！我趁着门还没有关上，立刻跟着他走进了桑拿房。里面的空气又热又潮，闻起来有一股馨香的柴火味，没有烟熏味。里面黑咕隆咚，不过我的眼睛很快就开始适应。房间靠墙安放着混凝土台座，呈直角拐弯。透过浓浓的水汽，我看清楚里面有两个人：一个是我跟着的那个人，另一个长得颇像已故的美国演员欧内斯特·博格宁。此人肚子滚圆，宛若炮弹，幸好这个肚子把他的下半身遮住，避开了人的眼目。两个人坐得隔开老远，这马上就又给我出了一道难题。我该坐在哪里？我注意到门口摞着几块小木板。它们是用来垫在屁股下面的吗？我鼓起勇气问那个像欧内斯特的人。他咕哝了一句，我没听懂，他的语气很不友好。似乎我一开口说话，就已经违反了桑拿浴的某些礼仪。

我不好意思地笑了笑，拿了一块木板，坐到了桑拿间的正中间，与他们两个人隔开相等的距离。我那位热衷洗桑拿的朋友提醒过我，在桑拿间，坐的位置越高，空气就越灼热。我不想被人小看，不想做出一副认怂的外国人的样子，就选了个中间档的台阶，比那两个人的位置高了一级，然后坐了下来。

不出三秒钟，我的脸颊就开始火辣辣地发烫。汗水从我身上顺流而下。过了约一分钟，我就觉得口干舌燥，每吸一口气，肺里都热得难受。可是，我绝不能比那两个人先走出房间。又进来一个人。他弯下腰，好像拧了一下水龙头。一阵世间所无的咕噜声传了出来，仿佛桑拿间的肚子在咕咕直叫，房间里顿时热气弥漫。温度高了好几度。我又坐了几分钟。我满心羞愧地注意到，每个新来的人都要先去拧一下水龙头。我又违反了礼仪，这是第二项。

时间在一分一秒地流逝。我接受了自己的裸体，几乎有点怡然自得了。当然，我始终有点拘谨，不过，房间里的安静才更让我恼火。又进来两个人。他们调高温度，坐在一起。显然他们是朋友，可是他们之间一句话都没说。

那位“欧内斯特·博格宁”走了。另外一个人也走了。现在，我终于有理由出去了，可事实却是，我想留下来。那灼热的炙烤，心脏怦怦直跳，挥汗如雨——我发现这一切出乎意料地惬意，令人欲罢不能。“欧内斯特·博格宁”又回来了，很快，第二个人也回来了。他们当然要回来。原来他们只是去淋了冷水浴。

来洗桑拿之前，我认真地考虑过先蒸桑拿、再跳到冰窟窿里冷却这件事。我想，我断然不做这种有点受虐意味的傻事。与其说我不耐疼痛，不如说，如我妻子乐于告诉别人的那样，我连极小的不适也无法忍受。你会发现，我的衣柜里没有羊毛裤；我也从来不去有卵石的海滩。可是，此时此刻，淋个冷水浴听起来相当称心合意。

我走出去，站在喷头下，鼓足精神，把开关调到全冷。倾泻而下的冷水顿时让人神清气爽，劲头倍增，而又舒爽宜人，比我曾经体验过的一切都要惬意。真是太爽了。

回到桑拿房里，我径直走向最高处的台阶，比“欧内斯特”的位置要高。那里热得烫人，几乎要把人烤熟。我的脑袋开始发昏，眼睛也花了。我只好退下几个台阶，又忘了把木板带下来，结果我坐下来的时候，屁股直接压在了滚烫的混凝土台阶上。我差点尖叫起来。我深深地吸一口灼热的空气，尽量不去看后面进来的两个人——那两个人的样貌好似英国漫画人物“毕林普上校”和丹麦发现的木乃伊“图林男子”——他们的性器官在我眼前晃了几下，从我身边走了过去。

我觉得自己越发喘不过气来。我担心自己要犯心脏病，就跌跌撞撞走了出去。我冲了澡，穿好衣服出了门。走在赫尔辛基凉爽的黄昏，觉得自己前所未有地清爽洁净，只是渴得要命，并且浑身乏力。

过了一个小时，我还在酣畅淋漓地出着汗。此时我已回到市中心，正坐在酒吧里，喝着黄灿灿的、晶莹剔透的冰啤，那沁人心脾的味道好像平生第一次品尝到。我思考着芬兰人及其对桑拿的迷狂。虽然受罪，我还是很喜欢这次体验；要说有什么的话，那就是我对在公共场合赤身露体变得更加抵触。我想，我不会迫不及待地跑回去再体验一次。可是，芬兰人何以如此执迷于桑拿浴？是出于某种固有的受虐倾向，还是出于它的反面——大丈夫气概？是芬兰人觉得，自己理应在日常生活中受到这样的惩罚？还是说原因很简单，这里的气候一年到头没几天暖和，他们格外渴望彻骨的暖意？如果是后者，为什么加拿大人没有形成桑拿文化呢？

桑拿对他们的社会交往似乎没有多大用处，可是，他们为什么要装出桑拿有助于社交的样子？也许我运气不好，也许桑拿文化还有我未知的一面，我是在一个冷清的工作日去的——在我看来，至少就我的短暂经验而言，芬兰人蒸桑拿时，默然不语和热气弥漫是同等重要的两个特点。这也许就是桑拿对芬兰人的根本吸引力所在。他们的不善言辞举世闻名。

“芬兰男人的少言寡语给外国人留下深刻印象。”旅居芬兰的美国学者理查德·D. 刘易斯在他的著作《芬兰：文化上的独狼》（*Finland, Cultural Lone Wolf*）中写道。芬兰人不喜欢八卦，不喜欢不相干的闲聊。刘易斯坚决赞同地理决定论，他认为，芬兰的气候和环境直接造就了芬兰的国民性格：“低温让人们必须尽量减少户外活动。在零下 20 摄氏度的严寒中，人们不会在大街上闲逛……在赫尔辛基的东风中，像美国人那样绽放一个大大的笑脸，会让你的门牙生疼。”

芬兰的气候和地形必然对芬兰国民性的形成产生了作用，不过，芬兰人的寡言在某种意义上也可能与他们的同质性有关。芬兰的种族多样性很小（只有 2.5% 的人口是移民，它的邻国瑞典则占到了三分之一以上）。所以，倘若你要破解芬兰社会，根据美国人类学家爱德华·T. 霍尔（Edward T. Hall）提出的著名的高语境 / 低语境理论，芬兰应当被认为是典型的高语境文化——也许是全世界最高语境的文化之一。

根据霍尔的理论，“高语境”文化是指人们具有相同的期待、体验、背景乃至基因。在这种文化中，人与人之间语言沟通的需求较少，因为他们非常了解彼此，也知道各自通常情况下应当如何行为举止。在高语境文化中，话语具有更高的意义，但是对话语的需要减少。在低语境文化中，比如伦敦，不同的民族、种族和宗教成百上千，为了让别人明白自己的意思，有必要进行更多的语言沟通。人们的共同点较少时，心照不宣的默契就少，就有更多的空白需要填充。

可以说，这是北欧国家的一个共同特点，只是程度不等而已。它们都高度同质化，所以是高语境社会。挪威社会人类学家托德·拉森指出，挪威也有类似的现象，因为所有人大体上都很相似，“反例和意外很罕见”。在芬兰和挪威这种高语境社会，往往很容易揣测你与之打交道的对方是什么样的人，他在想什么，他如何行动，他可能对你作出怎样的反应。芬兰人彼此之间根本不需要说话。

“从沟通的角度，芬兰人的寒暄最短，但是可以传达与两分钟的交谈等量的信息，”罗曼·沙茨表示同意，“你也许和芬兰人默坐半天，突然，他说，‘给我一杯咖啡，’然后你心里想，‘哇，这太唐突了。’但事实是，我们是朋友，我们不需要像英国人那样把什么都说出来，说上一大堆‘麻烦你……可以吗’，或者‘请你……好吗？多谢’之类。”

芬兰人的少言寡语在自己人中间或许行得通，如果出门在外，或者必须与外国人合作时，就会出现问题。尤其是男人，可能会显得太唐突，太直接，有时候达到粗鲁无礼的地步。他们发现，让他们参与社交润滑剂一般的闲聊是一项格外艰难的挑战；如果肯花心思，连挪威人也能做到，芬兰人却无所适从。

“芬兰人不相信多话的人。如果你一次说话超过四五分钟，他们就怀疑你是不是想掩饰什么。”旅居芬兰的美国学者理查德·D. 刘易斯写道。他补充说明，芬兰人属于一种反应性或者倾听的文化，通常不会主动发起谈话，而是喜欢观察和等待，在开口之前先观察事态如何发展。刘易斯承认，这其中有历史的，也有地理的影响：“气候严寒，又夹在瑞典和俄罗斯这两个大佬之间，芬兰人没有受到鼓励主动开口，除非让他们说话，他们才开口。”

一个芬兰熟人给我讲过一件事，他说，这件事精辟地说明了芬兰人对人类交往的常规态度。他和他的小舅子在暴风雪中驾车行驶在乡间道路上，行到半路，他们的车坏了。他们等了半个小时，才终于有另外一辆车经过。那辆车停了下来。司机跳下车来帮助他们。他从帽檐下仔细观察了一下故障车，帮助他们把车重新发动起来。整个过程中，双方一句话也没说，只是点点头，打了个招呼。我的朋友赌咒发誓说，双方没有说一句话。那人开车走了。我的朋友说，“哇噢，我们今天真走运。不知道他是谁呀？”他的小舅子回答说，“哦，是尤哈，我们一起上过学。”

还有一个芬兰人告诉我，她工作之余喜欢爬山。但是她承认，她喜欢一个人去，如果有朋友或者家人提出要跟她一起去，她就会隐约感到生气。“如果我们去远足，在山上的某处公共木屋过夜，发现另外一伙人也在那里过夜，我就会非常失望。我认为多数芬兰人都有这种感觉。我们总是喜欢独来独往。”她对我说。她还是个爱聊天的人呢。相比起来，多数丹麦人如果在山上见到其他丹麦人，一定会很高兴，这是又一次聊天叙旧、结识新交的机会，大家可以分享一两罐乐堡啤酒，一起唱歌。

“我去赫尔辛基，待上几天就会头疼——人太多了，没有足够的私人空间，”另一名芬兰妇女对我说，“我去过香港。”她说。她一想起香港的情形就浑身发抖，“太多了。人太多了！”

有一次，我乘飞机从芬兰上空经过。向下俯瞰，让我惊叹的是，即使在看起来渺无人迹的原始森林之中（芬兰 75% 的国土森林密布，荒无人烟，还有 10% 是寒冷的湖泊），我偶尔也会看到一道威卢克斯（Velux）玻璃天窗的反光，那是森林里一座孤零零的房顶发出来的，或者看到桑拿房升起的袅袅轻烟。那里的住户与文明社会显然远隔万里。“附近见不到一个邻居，”我心里想，“又一个芬兰人怡然自得。”很奇怪，这个想法让我感到安慰。

芬兰人的寡言也许还可以解释为腼腆。芬兰语表示腼腆的词是 *ujo*，它没有英语单词 shy 的那种负面含义，北欧地区其他语言中的腼腆也没有负面含义。在地球的这块区域，谦虚和平等如此受到重视，腼腆不被视为社交缺陷，更常见的是，腼腆被认为是一种体现谦虚、克制、愿意倾听他人的品格。

不过，斯堪的纳维亚的腼腆有很多层次。在“长途飞行中遇到这样的邻座非常好，晚宴上遇到这样的邻座则不太好”这个范畴，芬兰人拔得头筹，他们几乎像一言不发的舞伴；其次是瑞典人，瑞典人和芬兰人一样，也不爱说话；再其次是挪威人和冰岛人。丹麦人在这个范畴可以算作正常的人类。也许因为丹麦人有做贸易的传统，离欧洲大陆更近，所以他们对闲聊应对自如——“要 *hygge* 呀”的法则在起作用。因此，斯堪的纳维亚的其他几国无不用怀疑的眼光看待丹麦人——丹麦人是北欧地区伶牙俐齿、多嘴多舌的异类。“他们有点南方血统。”一个挪威人一本正经地对我说。

在真正去过丹麦的人看来，把丹麦人描述成类似于拉丁人的性格——花言巧语，喜欢热闹，违反规则，无所顾忌，标新立异，见多识广——似乎有点牵强附会，不着边际。萍水相逢的丹麦人给我的感觉很像德国人，只是家具更好一点。如今我已经在他们中间及几个北欧邻国生活过一段时间，我能理解丹麦人为什么给它的几个北方邻国留下这样的印象。与芬兰人或者瑞典人相比，丹麦人堪比拉斯维加斯的卡巴莱歌舞表演主持人了。

说到北欧人的寡言，男女之间无疑存在区别：一般来说，斯堪的纳维亚的男性对默然不语感到自在，女性则更愿意主动攀谈，让一个外国人心情放松。当然，这完全有可能是由于我非凡的个人魅力。不过，在芬兰，我觉得女人远比男人爱说话。虽然如此，我们也要给他们说句公道话，当男人们沉思默想了足够长的时间，终于决定为交谈作出贡献，你至少可以知道，他们会说出明确的意见，绝不用花哨的语言来装饰，也绝不受礼仪规范的约束，而且，他们的意见斩钉截铁，不容更改。

然而，我们仍然会想，如果芬兰人在巴黎的沙龙里出入，或者冒险进入伦敦或者东京讲究礼仪的场合，他们所到之处，必然会给很多人造成不解和冒犯。有人说，芬兰人与日本人有许多相同的特点——理查德·刘易斯认为，这两国的国民都几乎从不使用身体语言，善于倾听，从不正面冲撞，等等——可是，连日本人也觉得，芬兰人的直接和突兀令人不快。

说句题外话：我们看到，斯堪的纳维亚人不太喜欢闲聊，但他们却有一些神秘的非语言沟通方式，这些非语言信号就像蝙蝠发出的高频声波，我们其他人几乎听不到。这种沟通的载体就是他们那些貌似无关紧要的无声语气，我也是刚刚才开始学着破解。最常用的就是突然短促地吸一口气，伴之以轻声咕哝，这表示同意，类似于“是的，可是”的意思。对于有些丹麦人，这样的信号非常明显。我最初看到丹麦人对我的话作出如此反应时，吃惊不小，以为我与之说话的对象是不是突然之间身体有什么不适。理查德·刘易斯描述了芬兰人的版本，芬兰人是“叹气，几乎不出声的哼哼和愉快的嘟囔”。每个种族和每一种语言都有此类非语言信号，用“嗯——唔”表示肯定，用“嗯？”表示疑问，还有其他一些语音语调，而斯堪的纳维亚人似乎把这些信号变成了主要的沟通方式。

在某种意义上，芬兰人可以被认为是“超斯堪的纳维亚人”。我们已经知道，瑞典人、丹麦人和挪威人按照詹代法则进行自我审查——千万不要吹嘘自己的成就或者财产，千万不要认为自己比别人强，等等。芬兰人把这种谦虚提升到了全新的高度，达到了许多人认为对出口经济造成了负面影响的地步。

“我们没有胆魄走到外面去，勇敢地夸耀我们多么出色，”前不久该国的旅游负责人如此说道，“我们站在角落里，两手插在口袋中，希望有人注意到我们。”

罗曼·沙茨对芬兰人的谦虚有类似的看法。“就拿螺丝钉来举例说明。美国人举着一枚螺丝钉，会这样说，‘这枚螺丝钉会改变你的生活！它会让你快乐。它是全世界最好的螺丝钉’。然后喋喋不休地描述这枚螺丝钉的技术细节，连讲两个半小时不歇气，让你听得昏昏欲睡。芬兰人只会说，‘这儿有一枚螺丝钉’。做推销完全违背芬兰人的心理特点。只有靠不住的人才会推销或者营销什么东西。可是，在全球化的大背景下，这当然行不通。”

有时候，即使在芬兰人中间也行不通。海吉·艾托科斯基是芬兰最重要的宽幅报纸《赫尔辛基新闻报》（*Helsingin Sanomat*）的外事编辑，他告诉我，他的同事们什么话也不说，经常让他一筹莫展。“我喜欢芬兰人的低调。”艾托科斯基说，他在回国之前，曾经在柏林和布鲁塞尔当过驻外记者。“可是，我在工作中遇到了困难。记者提出创意和好的新闻故事时，他们从来不说，‘我们应该大张旗鼓地报道这个’。我一再对他们说，他们可以为自己的创意感到骄傲。我要在其他部门找一个英语好的人。我找到了。我问她，她的英语是不是很好。她说，‘嗯，还行。我学过一点英语。’可是，她原来是英语专业毕业的！她的英语非常娴熟。”

我不禁纳闷，芬兰人的寡言是一种疾病的症状，是芬兰社会对外呈现为许多负面形象的原因——愁闷、抑郁、暴力，等等；还是历史创伤的体现——太多的冲突和失败，此处最好不予赘述——又或者仅仅是天气的副作用，如理查德·刘易斯所言，芬兰的气候本身不利于发起浅薄无聊的闲聊。

芬兰人的一声不吭似乎与他们的另一个名声远扬的特点相得益彰，那就是喝酒。可是，喝酒是为了治疗沉默呢——作为药物，用来缓减他们自我强加的隔绝——还是说，喝酒与沉默都是疾病的症状？换句话说，哪个在先，是酒精还是沉默？

第3章

酒精

两个芬兰人哈努和雅各在街上相遇了。哈努对雅各说，“想喝一杯吗？”雅各点点头，于是他们就去了哈努家。两个人默默地喝了一瓶伏特加。哈努打开第二瓶的时候，问雅各，“你过得怎么样？”雅各很不耐烦地回答说，“哎，我们来这儿，不是为了喝酒的吗？”

只要我向别人提到我要去芬兰，他们每个人（没有例外）马上就会或明或暗地提到芬兰人爱喝酒的名声，有像“他们爱喝酒，那些芬兰人”这样微妙的提示，也有直白的提醒：“你要星期六晚上待在那里吗？那是大混乱的场面呀！”通常说话者还会抓起我的胳膊，目不转睛地盯着我看半天，好像生怕我不明白似的。

对芬兰人有这种印象的并不局限于我的社交圈。有礼仪指南对前往芬兰的外国管理人员提出了如下忠告：“一句提醒：如果你们坚持源源不断地供应酒水，那么，鸡尾酒会或者晚饭后的酒局也许会被芬兰客人无限延长。芬兰人不把所有的酒水喝得精光，不会罢休。”

芬兰音乐家让·西贝柳斯以连续三四天纵情豪饮而闻名。芬兰前总理阿赫蒂·卡尔亚莱宁是著名的酒鬼，曾因酒驾被捕，后来因酗酒解除公职。这种狂饮烂醉的文化也催生了该国继手机与木材之后一种主要的出口商品，即死亡金属乐队。在一级方程式赛车中，芬兰赛车手一贯享有酒量大的名声。我好像想起来，有个人曾经被判犯下了世间独一无二的罪行，“醉酒驾船”。爱沙尼亚位于波罗的海南岸。时至今日，当来自赫尔辛基的渡船抵达爱沙尼亚港口，成百上千饥渴的芬兰人上岸，开怀畅饮爱沙尼亚价格低廉的烈酒时，爱沙尼亚人还会把自己的孩子从门前的台阶上一把抱起，赶紧逃命。

在赫尔辛基逗留的头几天，我在街上闲逛，几乎没有看到不加节制地狂饮烂醉的迹象。街头巷尾没有见到遍地呕吐物和砸碎的玻璃瓶。汽车井然有序地驶过，我没有看到红头涨脑的酒鬼戴着破旧的大礼帽，跌跌撞撞地抱着重得蹊跷的牛皮纸袋，不时偷偷喝上几口，一路高唱着渔村民谣。

芬兰人爱喝酒的名声令人费解，因为看看欧洲的人均年酒精消费量，芬兰人其实在平均线上下。多数报道倾向于把芬兰人的酒精消费量确定在每人每年 10 到 12 升之间（这是纯酒精，如果把它与喝酒本身分开的话），这个数字处于中间水平。瑞典人喝酒较少，这不假，不过，瑞典政府也花费巨资开展反对酒精饮料的宣传，其支出之巨超过了世界其他国家。丹麦人和英国人喝酒都比芬兰人多，在 2010 年经合组织关于酒精的全球健康报告中，约三分之二的国家的酒精消费都比芬兰多。20 世纪 80 年代中期，北欧地区开展过一项饮酒习惯的研究，表明所有斯堪的纳维亚人对醉酒的态度大致相同：只有冰岛人积极**赞成**醉酒。那么，芬兰人喜欢纵情豪饮的名声是怎么来的？

马蒂·佩尔托宁（Matti Peltonen）是赫尔辛基大学社会历史系主任，他六十岁出头，体格魁梧，体贴周到。他自 20 世纪 80 年代起就在研究自己的同胞与酒精的关系。赫尔辛基大学位于市中心，校园里矗立着一些宫殿般宏伟的 19 世纪建筑物，他的办公地点就在其中的一栋楼里，我们在他堆满图书的办公室见面了。芬兰人爱喝酒的笑话很多，他解释了这些笑话最初的起源，这个起源出乎人们的意料。

“那些笑话当初是芬兰人自己讲的，否则谁会知道芬兰人爱喝酒呢？”佩尔托宁面无表情地说，“我们自己编造了这个荒唐的故事。”

负面的国民形象很容易被邻国渲染和传播——英国人说法国人“阴险”，美国人说加拿大人“弱智”，等等——但是芬兰人给别人省了麻烦，他们自己创造了负面的自我形象。佩尔托宁写过，芬兰人“为了抹黑我们自己的国民性格，不惜走极端”。可是，他们为什么要这样败坏自己的名声呢？

他认为，这要怪 20 世纪初芬兰的禁酒运动。禁酒运动肇始于统治阶级与新兴的产业工人阶级之间的阶级斗争。不能信任工人阶级，不能把选票交到工人阶级手中，因为他们多半时候烂醉如泥，至少这是当权派的说法。作为回应，工人运动转向了以禁令的形式自行发起强制戒酒，但这个计划有一处不足，双方对此都心知肚明：那时候，芬兰人喝酒比现在还要少，每年只有约 2 升。

“推行禁酒令时，他们遇到了巨大的困难，因为大家已经很节制了。我们太穷，没钱喝酒，”佩尔托宁说，“当时的农民运动使用了禁酒的口号，得到了社会的广泛接受：‘看，我们代表所有节制饮酒的人，我们应该在社会上享有更大的发言权。’”

工人运动的领导层欣然助长了这种不实之词，即芬兰的工人阶级无法节制饮酒——在酒精的作用下，工人会变得野蛮不羁，无法无天——他们甚至宣称，酗酒是工人血液当中的某种生理基因。他们之所以这么做，是因为他们相信，如果日后工人阶级能够证明自己头脑清醒、尽职尽责，他们就有权获得更大的政治权利。既然大多数工人本来就头脑清醒、尽职尽责，那么，这个目标其实是个既成事实。

芬兰人致力于全力遏制自己想象中的酗酒问题。1919 年，他们终于实施了禁酒令。禁酒令不可避免地导致了私酒贩卖，并且由于饮用家庭酿造的私酒，引发了多起死亡事件。事实上，芬兰的第一部影片大概就拍摄于这一时期前后，它讲述一个贩卖私酒的农民的故事——此时芬兰人的自我形象正在形成。禁酒令终于在 1932 年废止。之后很长时间里，芬兰实行配给制，每个成年人获得一定的酒精配额。配给制后来被国家的酒类专卖制度取代。冰岛、挪威和瑞典也实行酒类专卖，芬兰则开设了那些可怕的“国家酒品公司”（Alko）商店。以这种方式对待普通饮酒者，无疑是一种侮辱，但是至少在芬兰，这种制度比过去宽松多了——现在有了更多的酒类商店，而且有些商店偶尔开门营业。不过，住在偏远地区的芬兰人不得不驱车几百英里，才能伸出颤抖的双手，买到一瓶酒，这种情况也并不罕见。芬兰流行一种叫作克斯肯可瓦萨米奇酒（Salmiakki Koskenkorva）的 30 度伏特加香甜酒，它是一种透明的、带有甘草味道的烈酒。

“二战”以后，芬兰的统治阶级继续把社会底层描述成随心所欲、不加节制的酒鬼。国家百废待兴的时候，芬兰的劳动大军最不该做的就是借酒浇愁！边界修改之后，芬兰除了把宝贵的农业用地和繁荣的城镇割让给苏联，还背上了沉重的战争赔款的包袱，它迫切需要经济增长来偿还欠款。所以，米佳，把酒瓶放下！打起精神，赶快重建我们的国家！于是，禁酒运动被赋予了持久的效力；在聚会上想喝酒狂欢，需要取得国家的批准。

1952 年，奥林匹克运动会在赫尔辛基举办，芬兰人害羞地登上了国际舞台，他们对自己在别人眼中的形象具有极其强烈的自我意识。此时芬兰人已经深深相信，他们具有酗酒的偏好，所以他们前所未有地、更加急切地想要遏制这种想象中的纵情豪饮——虽然他们每年的酒精消费量仍然远远低于 3 升，只有邻国瑞典的一半左右。国家酒类专营机构发起了“芬兰人民道德运动”，以便使喝酒受到持续的监控。从此，酒水就只能在餐厅和“国家酒品公司”的商店里喝到。

“外国人会怎么看？”佩尔托宁在近日发表的一篇论述芬兰人的文章中写道。如今，芬兰人近乎偏执地认为，本国盛行着所谓的酗酒风气。“早在 1948 年，就有人试图用顾忌形象所引发的不安全感来逼迫芬兰人……‘道德运动’分发了宣传册，里面的插图把芬兰人画成原始人，身上裹着动物皮毛，手中挥舞着棍棒。”

佩尔托宁认为，芬兰人爱喝酒的名声很早便失去控制，并且此后被听之任之地四处传扬。但是我恐怕要说，这个名声也不无根据。诚然，问题不在于芬兰人每年总共喝多少酒，他们之所以有了这样的名声，是由于他们喝酒的方式。芬兰人喜好豪饮，喜好“一鼓作气”地喝酒：他们烂醉如泥的时候比欧洲其他国家的人都多。2007 年，欧盟在 30 000 多人中间作了一项民意调查，27% 的芬兰人承认，豪饮是他们惯常的喝酒方式，即一次性喝酒 5 杯以上（仅次于爱尔兰人，34% 的爱尔兰人承认豪饮）。其实，芬兰人一年喝酒的总量不比我们多，但他们倾向于一次性灌下大量烈酒。

那么，“国家酒品公司”的商店似乎并没有像预期那样，起到让人们保持头脑清醒的作用。在一个英国人看来，政府以此种方式管制葡萄酒、啤酒和烈酒的销售，似乎具有赫胥黎笔下《美丽新世界》的鲜明味道，这无非是自己畅饮波尔多的统治阶级迫使劳苦大众臣服的又一种方式而已。你或许要说，如果公民太无知，不懂得过度饮酒的后果，或者无法控制自己的胃口，政府用酒类专营来保护公民健康，也是无奈之举，那么，为什么政府不对糖和脂肪也实行专营呢？（有专营商店出售棉花糖和猪肉块……也许不是个坏主意。）此外，如果你刚好在某个时刻想喝几口酒，比如说傍晚、周末，可是到处买不到一瓶葡萄酒，那是多么让人抓狂的事呀。在瑞典、挪威、冰岛和芬兰，酒类专卖店在星期五下午6点左右打烊是再正常不过了。不用说，星期天全天关门歇业——就我的经验，星期天正是你最想喝一杯的时候。

有些酒类专卖店的确做出了努力，尽量把他们的商品以普通消费品对待，而不是像对待治疗性病的处方药。不过，我见过最糟糕的酒类专卖店，是在斯德哥尔摩的老城（Gamla stan）里。在那里，酒瓶被陈列在玻璃柜子里，去那里购物的可怜的酒鬼自己根本够不到。我去的那天是星期五晚上，顾客们不得不排队一个多小时，为了自己迫切地想要喝上几口而饱受羞辱。人们把一笔贵得离谱的钱交给一个脸色冰冷的老悍妇，然后，她转身消失在柜台后面，好半天才重新露面，给他们拿来一瓶智利产的劣质酒。这种模式有点像英国的百货零售店 Argos，只不过针对的是更为悲惨可怜的社会下层。美国作家苏珊·桑塔格描写过瑞典的国营酒类商店——*Systembolaget*（这个词翻译过来是“制度”的意思，让人直觉地感到冰冷），她写道，它“半像殡仪馆，半像非法堕胎的密室”。她的描述可谓传神。

不过，佩尔托宁完全不这样认为。“没必要为我们感到难过，”他不服气地说，“芬兰的酒类商店比丹麦（普通的酒类零售店）要好，因为芬兰是专营的：政府是个大买家，所以我们可以用更少的钱买到更好的葡萄酒，种类也更多、更全。英国人只能买到澳大利亚进口的廉价葡萄酒，品种也没有芬兰齐全。我们从来不买低于5欧元的劣质葡萄酒。”

政府越俎代庖，用更少的钱为国民供应质量更好的酒，它比那些被认为放纵宽大的政府为本国不知节制的国民提供的酒水还要好，这似乎是个奇怪的现象。真是这样吗？在酒类专卖制度下，北欧各国政府确实具有强大的购买力，再加上不存在谋求利润的动机，这意味着理论上，政府应该能够用较低的价格提供质量更好的产品。虽然我在瑞典的体会并非如此，但奥斯陆的一个酒侍朋友向我解释了个中缘由。因为政府对酒类征收固定关税，而不是根据一瓶酒的价值按比例收税，在挪威，一瓶好酒的价格比在英国便宜得多。你买的酒越贵，就越划算。

可是，我离开佩尔托宁的办公室时，还是不禁有一种感觉，他似乎有点不肯正视芬兰人喝酒问题的严重性。他声称，“没有证据表明”，喝酒与芬兰的暴力犯罪水平有关，而是更倾向于把罪责推给“西方生活的压力”。豪饮烂醉的只是少数人，他说。芬兰人喝的烈性酒较少，而且正在学习适度地品尝优质的葡萄酒。可是，芬兰过度饮酒的后果正日益引起关注。酒精如今已经成为芬兰男性死亡的首要原因（死于酒精滥用的人数是肺癌的三倍），是女性死亡的第二大原因。根据《赫尔辛基新闻报》，芬兰肝硬化死亡率的增长速度比其他欧洲国家都快：出于某些尚不知晓的原因，芬兰人的肝脏似乎比其他民族更容易受到酒精的伤害。

众所周知，自杀的数字向来不可靠（比如，天主教国家往往不情愿宣告自杀死亡）。根据世界卫生组织的报告，芬兰有北欧地区最高的自杀率：每年每 10 万人中有 17.6 人自杀，丹麦是 11.9 人，为北欧地区最低（美国的自杀率是 11.8，英国是 6.9）。这会不会与酒精有一定关系呢？

酒精给芬兰人造成的破坏不全是自作自受。根据 2011 年由联合国毒品和犯罪问题办公室开展的全球凶杀问题研究报告，芬兰的全球凶杀率是丹麦的两倍多，虽然两国的人口规模大致相当——芬兰每 10 万人有 2.3 起死亡案例，丹麦是 0.9 起（英国是 1.2，美国是 5.0）。

可是，有时候，芬兰人好像颇为自己豪饮和暴烈的名声而自豪（对自杀不那么自豪）。芬兰的奥斯托波斯尼亚（Ostrobothnia）地区被许多人认为是该国的酒水饮料大本营。事实上，奥斯托波斯尼亚长久以来一直以暴力闻名——19 世纪中叶，此地涌现过持械斗殴的盗马贼，叫作 *puukkojunkkarit*，他们是传奇性的人物，形象介于罗宾汉与“刀客迈克”之间。奥斯托波斯尼亚的民歌欢快地歌唱乱哄哄的打斗场面。《哈马那场可怕的婚礼》（哈马是芬兰民间故事中一个以暴力著称的地方）讲的就是“喝酒和打架在继续——从过道到楼梯口，一路尸体横陈”。

这就自然而然地把话题引到了 *sisu*，也就是那种坚毅、刚强的男子气概，这是一种被芬兰人珍视、让瑞典人嫉妒的精神。*sisu* 这个词给人一种沉静、坚定的力量感，一种可靠感；它指的是能够在面对不可战胜的逆境时，表现出毫不动摇的决心；愿意的话，你可以说，这是一种主动出击的坚忍顽强。如果一辆公共汽车半路坏了，*sisu* 精神要求所有乘客下车，合力把它推动，不发一句怨言。*sisu* 是芬兰男性渴望拥有的品质，是芬兰国民性的深层特征和牢固基础。可是，当一个人喝光一瓶苏联红牌伏特加，人事不省地栽倒在雪地里，鼻子被冻掉了，却不肯去急症室接受救护，这也是 *sisu* 精神吗？男子气概已经成为芬兰人的标志，豪饮烂醉是不是这种男子气概的又一种体现呢？

这时，我突然想到：在关于芬兰人何以是芬兰人的所有讨论中，真正讨论的其实是芬兰男人何以是芬兰人。芬兰人的自我形象是沉默、强悍、具有 *sisu* 气概的酒徒，这个形象基本上以男性为主。就连男性沙文主义肆意泛滥的意大利人，也在其自我形象中保留了一些女性要素，芬兰人却没有。这很奇怪，因为在芬兰社会，女性发挥着举足轻重的作用；自“二战”以来，芬兰有过多位女总统和女总理，芬兰妇女活跃在职场，她们还是欧洲最早争取到投票权的，等等。

有一种老套的看法，老套的看法大多不无一定的道理，那就是，有些男人热衷于夸示阳刚之气或者雄性胆魄，他们之所以这么做，是为了掩饰内心的脆弱或者不安全感。人们无需具备高深的思辨心理学知识，也会产生疑问：就实际情况而言，芬兰男人内心深处是不是承受着自尊很低的煎熬。所谓 *sisu* 精神的一切表现，会不会只是一种表象？那个芬兰人在酒吧里高谈阔论，吹嘘自己所向披靡的性征服，他会不会是个处男？那个身高只有 6 英尺，却到处寻衅打架的人呢？还有那位铁人三项运动员……好吧，他是个货真价实的铁人三项运动员。

不，芬兰人显然不是自尊很低。绝对不是。所以，奥斯托波斯尼亚的读者，请你放下斧头。但是我确实想知道，现代的芬兰男性对酒精消费（调查显示，芬兰人是唯一把饮酒列为最大社会问题的民族，酒精问题比其余 11 个选项都严重）带来的健康风险和反社会后果一清二楚，却仍然豪饮烂醉，他们是把它作为阳刚之气的例行体现，还是集体借酒浇愁，以化解男人内心深处的忧愁，抑或两者都有。他们之所以喝酒，也许是为了忘却历史上的屈辱，忘却高高在上的瑞典人和专横跋扈的俄国人曾经对他们的奴役。连丹麦也短暂地统治过芬兰，虽然那是早在 15 世纪，丹麦人早已把这段历史忘得一干二净。回顾这样的历史，当然不可能满怀自豪。但芬兰人毕竟还是挺了过来。

比如，人们常常认为，1939 至 1940 年芬兰反抗苏联的冬季战争（Winter War）是芬兰人的 *sisu* 精神达到顶峰的时候。的确，在抵挡苏联军队入侵的过程中，芬兰军队体现了惊人的勇敢、顽强和坚忍不拔，当时苏军的实力是芬兰军队的三倍，并且在此期间，芬兰军队几乎没有得到瑞典的丝毫帮助，可是很遗憾，芬兰人后来还是战败了。芬兰人无比勇敢，不屈不挠，这不假；可是，到头来，曼纳海姆防线仍然几乎没有起到作用。战败以后，也许比割地赔款更让芬兰人懊悔的是，他们本着务实的精神，在败给苏联人以后，又径直投入了德国人的怀抱。芬兰人继续与纳粹并肩战斗，对抗苏联，又打了三年。

做事后诸葛亮很容易。我们都能理解，芬兰人认为德国人最有可能帮助他们保住自由，于是选择了与德国人并肩作战，不料却与现代历史上一种极其邪恶的政治制度沆瀣一气。从历史的角度看，此举并不明智。

我不是最早想到这种可能性的人：由于深重的历史创伤（最痛苦的也许莫过于 1919 年内战），芬兰人也许真的自我厌恶。芬兰小说家艾拉·彭纳宁在他1956年的著名小说《蒙古人》（*Mongolit*）中，得出了类似的结论。

我认为有必要把自己的理论告诉罗曼·沙茨，听一听他的意见，即“芬兰男人喝酒，是为了安抚他们几个世纪以来被外国统治和军事败局伤害的自我”。

他听了并不显得吃惊。

“说实话，我认为这是个现成的懦弱借口，”他说，“芬兰男人不是因为对‘二战’感到耻辱才开始喝酒的。芬兰男人对小小的芬兰有勇气反抗德国和苏联、能够捍卫自己而无比自豪——他们还跟英国人干过仗，喔，我记得，跟英国人干仗好像是在拉普兰的某个地方。不，芬兰人很早以前就开始喝酒了。听我说，如果你11月间来到这里，孤零零一个人坐着，外面黑沉沉的，你会很想喝一杯。喝上一杯以后，你觉得心情好多了；于是你想，也许再喝一杯，你的心情会更好。在芬兰，人们喝酒是为了忘掉一个星期的烦心事，把自己归零，让自己浑身抽搐，把肚子里的东西吐个干净，然后第二天早上醒来，什么都不记得了。”

沙茨提出，可以用一个激进的办法来解决芬兰普遍盛行的喝酒问题：“酒精应该全部放开管制。如果全面放开管制，也许会有10万人饮酒致死，这个事实会让芬兰人清醒过来，然后，其余的芬兰人就懂得喝酒节制了。”他在开玩笑。有点像开玩笑。“我是个自由派；我认为，有些人有权把自己喝得人事不省。”

他还提到了一种叫作“尚武基因”的东西，人们在芬兰人的DNA中发现了这种东西，这就给芬兰人与酒精的关系蒙上了一层异样的光芒。我查了一下。它其实是一种酶，叫作单胺氧化酶A，它与血清素共同发挥作用。根据美国国家滥用酒精与酒精中毒研究所开展的一项研究，单胺氧化酶A的水平、酒精消费与冲动的暴力行为之间似乎确实存在某种关联。研究表明，芬兰人体内这种酶的水平比其他人高，貌似这种酶与酒精不相适应；醉酒状态似乎会触发某些芬兰人身上的尚武精神，让他们更喜欢对人拳脚相加。海基·艾托克斯基认可这种说法。

“我也注意到，我出去参加聚会，玩得很开心，到了某个时候，大概到了晚上11点半前后，人们就开始变得好斗，”一天，我们在他《赫尔辛基新闻报》的办公室附近吃午饭时，他对我说，“他们的尚武基因被激活，他们开始像傻瓜一样行为举止，你一拳我一脚地动起手来，扭打在一起——我说的是那些‘体面’人——不知道为什么，大家都接受这种行为。第二天，人们大笑着问，‘昨天你看到某某的什么样子了吗？’然后就把这件事抛在脑后。在美国，有人会出面干预，把他们送去接受康复治疗。这里的态度却是‘太好笑了，他喝高了’，仅此而已。我们倾向于接受一些在瑞典不可接受的行为。”

英国演员尼尔·哈德威克在芬兰生活了40年，他同意这种看法。“喝酒没有让他们变得和蔼可亲，而是让他们变得咄咄逼人，”他对我说，“他们对待喝酒的态度很认真，很实在：我们干了一星期的活儿，现在到了星期五，我们要一醉方休。”

和沙茨一样，哈德威克也把芬兰人爱喝酒的部分原因归于气候和冬日的阴沉黑暗（即*kaamos*）：“二月到六月是如此漫长，天气一成不变。那是很可怕、很难熬的。春天来得太晚，一年到头没几天亮堂堂的日子。冬天，人们从不把灯关掉。人不可能对这样的气候习以为常。我试过补充维生素D，也用过太阳灯，可实际情况却是，你在这里住得年头越久，就越感到抑郁。我每年冬天都在想，我能不能熬过去。我认为，这就是人们形成及时行乐心理的原因，有机会找点乐子，何不欣然作乐。看在上帝的分上，夏天稍纵即逝，人们可以玩乐的时间很短，中间的间隔又那么漫长。芬兰人有一种强烈的享乐主义心态，我认为这就是原因所在。”

对芬兰人来说，很遗憾，他们给全世界留下的鲜明印象无疑就是这种“强烈的享乐主义”以及其后可能发生的大打出手。对于一个进步、现代的民主国家，这个形象显然不合理想。所以，近些年来，那些以操心芬兰人的国际声誉为本职工作的人们，一直在努力改变这个形象。在5年的时间内，芬兰政府咨询了各行各业的有识之士，从诺基亚的领导人到学校老师，询问他们如何看待自己、他们希望世界如何看待自己。由此产生了一个“品牌形象”工程，它的题目叫《芬兰的使命》。它试图把芬兰人定位为全世界问题的解决者，此外，它还发起一项宣传活动，强调芬兰人诚实可信的一面，其主打广告语是“董事会有芬兰人吗？”——这是他们的“医生在吗”的翻版，意思是芬兰人踏实可靠，只要有芬兰人在，就不会出什么大问题。

一天晚上，我在观看演出的间隙，非常偶然地结识了该品牌委员会的成员、芬兰音乐出口协会的宝琳娜·阿霍卡斯。我和她碰巧都在那些晚上去到亚历山大剧院，观看了芬兰当红的现代舞演员泰罗·沙里宁的表演（沙里宁的表演使人震撼，但也有点疯狂。演出如此前卫，以至于火警响了老半天，观众才渐渐回过神来，原来火警不是演出内容的组成部分。不用说，我们被领出剧场的时候，消防队早已到达）。

“今天，假如让你从头开始设计一个国家，最后设计出来的结果就是芬兰。”阿霍卡斯自信地对我说。第二天，我们又在她的办公室会了面。“芬兰是个奇迹，但是，这个奇迹故事不为人知。”

除了其他特点，她还提到了芬兰社会的机会平等——“我们照顾每个人，不论背景如何，所有人都享有平等的机会”；芬兰人踏实可靠——“我们是全世界最可靠的人，一言九鼎，说到做到”；甚至还有天气——“我喜欢雪，冬天，它给城市带来光亮。我们宁可要雪，也不想要英国那样的阴冷潮湿。”

这时候，我提到了酒精问题。从国际形象来说，芬兰人的酒鬼形象有点负面，是个包袱，不是吗？“唔，是个包袱，”她说，但转瞬就眉飞色舞起来："可是，既疯狂又可靠，这个形象多有趣呀！"

星期五晚上，我大胆地去到赫尔辛基市中心，想亲眼看看芬兰人喝酒之后到底有多"疯狂"。晚上8点钟，我去了网球宫（Tennispalatsi，1952年奥运会篮球比赛的场馆）附近的一家酒吧。酒吧里虽然熙来攘往，却安静克制。到9点钟，酒吧开始热闹起来，有人泼洒了几杯酒，但是没有特别不像话的事情发生。我10点前后离开。穿过广场，我到了另一家酒吧，继续进行这次立意严肃的社会人类学实地调研。

11点30分左右，我离开了第二家酒吧。我发现街上的人相当多。成群结队的年轻小伙在街面上游荡。他们身穿长长的黑色皮外套，戴着银项链，在广场上大呼小叫，呼朋引伴。他们喝得醉醺醺的，摇摇摆摆。摔碎玻璃瓶的声音四处回响。还有捡瓶子的人蜂拥到垃圾桶旁边（为了鼓励回收，北欧各国对回收的瓶瓶罐罐给予报酬，所以，对于不太富裕的人，翻捡垃圾是常见的职业。某些时候——通常是我要交税的时候——我本人也认真地考虑过要不要去从事这个行当）。

转眼工夫，就从星期五晚上到了星期六早上，赫尔辛基的街市多了一丝隐隐的威胁。我注意到多数酒吧和酒馆门外，都站着一袭黑衣的私家保安。不过，说句实话，这里的情形并不比北欧其他主要城市更糟糕，绝对不比（比如说）英国的克劳利或者莱斯特的周五晚上更可怕。

在克劳利，我会担心自己的性命安全；在赫尔辛基，我只担心人们的着装品位。

第 4 章

瑞 典

你必须喜爱这样一个国家，它让歌手洛尔迪参加欧视歌唱大赛，并且获了奖；它人均消费的冰激凌超过了其他欧洲国家（每年 14 升）；它的探戈舞者比阿根廷还多。[1] 这个地方很特别，这一点毫无疑问。

已故的耶鲁政治学者塞缪尔·亨廷顿在他的著作《文明的冲突》（*The Clash of Civilization*）中指出，芬兰处在世界两大主要文明、基督教与东正教的断层线上，两种文化在这里迎面相撞。在某种意义上，芬兰人永远处于撕裂状态；历史上，他们一面受到瑞典的影响，与信仰基督教的欧洲大陆息息相关——文艺复兴、启蒙运动、宗教改革，等等，另一方面，他们又与东正教的沙皇、与共产主义制度休戚与共。

因此，读者也许会料想芬兰人有点精神分裂，或者在文化上“内

[1] 芬兰的探戈舞曲全都是忧伤的小调。这种舞为什么流行，我在“丁丁探戈”（Tin Tin Tango）咖啡馆与之攀谈的一位女士给出了解释。她说，如果你能让芬兰男人长时间地跳舞，他们没空喝酒，就会把酒戒掉。探戈舞要花一些时间才能学会。

心矛盾”，我怀疑实情正是如此。在《芬兰：文化上的独狼》中，理查德·D. 刘易斯总结了他看到的芬兰人自相矛盾的秉性：“芬兰人心地善良，却渴望独处。他们工作勤劳，头脑聪明，却常常显得反应迟钝。他们热爱自由，却限制自己的自由，商店早早打烊，限制酒精摄入，公寓大楼里禁止深夜泡澡，他们还听任自己被沉重的税负压倒。他们崇尚体育运动和健美，可是直至近些年，他们的饮食习惯却使芬兰成了西欧心脏病发病率最高的国家……他们热爱祖国，却很少说它的好话。”

1947 年，芬兰被迫把 10% 的领土割让给苏联，此后，那条两种文明的界线就相当于把国家一分两半，可是芬兰人不得不在更长的时间内忍受这种双重性：“20 世纪前叶，芬兰人发现自己处在权力斗争的巨大漩涡中，这种局面还将持续——无论是热战还是冷战期间——直到 1945 年，”刘易斯写道，“芬兰人应对这种地缘政治平衡的方式，在很大程度上决定了这个国家的历史。”芬兰承受两个方向撕扯的时间未免太长了。难怪芬兰人的心理如此纠结、如此矛盾，难怪他们有那么多根深蒂固的禁忌，其中许多禁忌似乎都深深地根植于这种双重影响中。

他们与瑞典人关系复杂，俄国人让他们不安。他们担心全世界把他们视为笨嘴拙舌、不善社交的人。他们有喝酒和暴力的问题。他们发生过可怕的内战。他们与纳粹发生过倒霉的纠葛。1947 年的领土割让无疑像瓜分次大陆一样使国家分裂。他们越来越担心诺基亚的破产倒闭将再次导致国家几近破产，就像 20 世纪 90 年代初期的那次，等等。

可以说，一切关于芬兰特性的老生常谈——喝酒、暴力、寡言乃至桑拿——其实都只是他们的禁忌的症状或者副作用。本质上，芬兰人是由他们没有说出口的话定义的。

这种文化冲突中首当其冲地体现在它与瑞典的关系上。早先，我在孩子就读的学校结识了一名芬兰父亲。我们经常在学校的活动中见面，聊一聊各自的近况；到了傍晚，几杯葡萄酒下肚，我们还会对世相百态发发感慨。但是，关于这位朋友，有一件事我始终不能理解：他经常在谈话中插入一个事实，他是个瑞典裔芬兰人。在他第二次提到这一点之后，我好像说了一句“是的，好吧，你已经说过了。然后呢？”可是，他一定要让我知道他的确切身份：他是讲瑞典语的城里人，来自南部沿海，见多识广；他以此把自己与其他芬兰人区别开，与住在寒冷的北方腹地的芬兰人区别开。他来自西贝柳斯和阿尔瓦·阿尔托的芬兰，而不是来自深山老林、盛产不会说话的酒鬼的芬兰。

芬兰与瑞典的接触早在有文字记录之前便已开始，也许是以奥兰群岛（Åland Islands）作为踏板。奥兰群岛位于芬兰西南沿海，此地大概是芬兰几千年来仅有的适合生存的地区。瑞典人定居下来，开始与芬兰人做贸易，芬兰人带着皮毛和焦油从森林里走了出来。在 1155 到 1293 年间，瑞典逐渐“征服”了芬兰。

芬兰人有无数的理由仇恨瑞典的统治：1696 至 1697 年间的饥荒只是其中的一例，此次饥荒由接连两个严酷的冬天造成。由于斯德哥尔摩政府的无能，芬兰近三分之一的人口被迫忍饥挨饿。这段历史没有被忘记。

至于瑞典对芬兰社会上层的影响达到了何种程度，最鲜明的例证莫过于，瑞典于 19 世纪初放弃对芬兰的统治之后，它的影响继续绵延不绝。1809 年召开了波尔沃首届议会（此次会议确定芬兰为大公国，将受俄罗斯统治），会议尚未对各项协议达成一致意见，芬兰新的统治阶级——必须说明一点，它基本上仍由瑞典裔芬兰人组成——就急着在宪法中保障讲瑞典语的同胞享有同等权利了。在芬兰摆脱瑞典的统治后近半个多世纪，瑞典语始终是芬兰唯一的官方语言；势利眼吹捧瑞典文化的潮流更是历时持久。“具有社会抱负的家族使用瑞典姓氏掩饰自己的芬兰出身，这种情况司空见惯。”T. K. 德里写道。[1]

今天，300 000 左右瑞典裔芬兰人的显赫地位虽然有所下降，他们在当权的社会上层及工业界却仍然拥有惊人的影响力（最著名的例子也许就是绰号“泰迪熊”的比约恩·瓦尔罗斯了。他是一位直言不讳的银行家，也是一位芬兰富豪，他成了信奉自由市场资本主义的瑞典裔芬兰人的典型代表）。

“瑞典裔少数派的影响力很难估量，”海基·艾托克斯基对我说，“也许他们只有 10% 是世家贵胄，那些家族当然势力很大——那是世世代代积累起来的财富，他们有公司，雇用了成千上万人——但是，多数瑞典裔芬兰人是普通人。众人瞩目的坏小子肯定是瓦尔罗斯。他是芬兰最有名的资本家，每次他说什么话，都会登上头版头条。”

瑞典裔芬兰人有自己的国民大会，即 *Folketinget*；有自己的政党“瑞典人民党”（Swedish People’s Party），该党通常在政府中有一位部长；有自己的国家剧院，它几乎与芬兰国家剧院一样高大宏伟，甚至可能更雅致；他们甚至还有自己的国旗，图案是红底黄十字。瑞典语始终是芬兰的官方语言，是学校里的必修课。如果一个地区有 8% 以上的居民讲瑞典语，该地区就必须使用双语交流。虽然芬兰只有 6% 的人口是瑞典裔芬兰人，但是在芬兰南部和西部沿海的某些地方，最著名的就是讲瑞典语、实行自治的奥兰群岛，瑞典裔居民占到绝大多数——虽然严格说来，他们都是芬兰人。几年前我去过那里，我的主要记忆是一天上午，我去了它的一处主要景点，那是一家蜗牛养殖场，晚上差点儿被蚊虫叮死。按照法律，在讲瑞典语的这些区域，连大街上的标牌也必须

[1] 说到芬兰的独立，我在波尔沃议会召开 200 周年之际来到赫尔辛基，深刻认识到芬兰和瑞典诠释 1809 年事件的不同态度。在赫尔辛基，芬兰人兴高采烈地举办 200 周年庆典，以致惹得瑞典不高兴；用我与之交谈的一位愤怒的芬兰教育部人士的话，瑞典政府居然胆敢要求芬兰人不要那么高调。两相对比，斯德哥尔摩纪念此事件的展览主题就相当低调——“1809——分裂的王国”。显然，瑞典人仍在为失去芬兰而痛悔。

把瑞典语写在上面，把芬兰语写在下面。伦敦的某些街区有数量可观，乃至占多数的法国人；你能想象肯辛顿区议会在大街上竖起法语标牌，会是什么情形吗？

“讲瑞典语的芬兰人和讲芬兰语的芬兰人之间，仍然存在朦胧的区别，”罗曼·沙茨告诉我，“瑞典裔芬兰人过去有一种优越感，但是现在已经没有了。那都过去了。现在，芬兰有诺基亚，有鸡尾酒，有单板滑雪。我们不再需要这种区别。”

有人对我说，光看外表，就可以把瑞典裔芬兰人与“地道”的芬兰人区别开。可是，瑞典裔芬兰人坚决要做芬兰人，绝没有做瑞典人的意愿，更别说移居瑞典了。芬兰是他们的家园。所以，芬兰的双语状况被刻意保持，据沙茨说，从新生儿就开始严格推行。“我给儿子报名参加了一个游泳班，可是他们说，只有讲瑞典语的名额还有空余，讲芬兰语的班已经满了。我说，‘可他们只是些婴儿！他们还不会说话。’最后，我不得不声明，我儿子是德国裔芬兰人，德语是瑞典语的姊妹语言，他们才把他收下！”

“瑞典是你又爱又恨、爱恨交加的敌人，”尼尔·哈德威克对我说，“我不认为现在是瑞典裔芬兰人在统治芬兰，但他们确实在以小圈子的方式自行其是，他们垄断了文化和教育预算中相当大的一部分，用来发展瑞典语。针对瑞典裔的项目可以得到大量的幕后支持，有点像老朋友形成了关系网。”

“芬兰人以前——在一定程度上，现在也一样——在瑞典人面前有强烈的自卑情结。”艾托克斯基表示赞同。我再一次觉得，这种心理可以理解。自卑情结我们都有。

芬兰的右翼政党“正统芬兰人党”（True Finn party）在迅速崛起。在近年来的民意调查中，它的支持率从 4% 火箭般蹿升到了 19%；我写这本书的时候，它已经成为芬兰第三大政党。该党对瑞典裔芬兰人的特殊待遇尤其恼恨不已。除了惯常的反对移民的主张（这是他们成功的一个关键因素，虽然芬兰的移民比北欧其他几国少得多），该党还想彻底消除瑞典在芬兰的影响。

但是，艾托克斯基——他不是瑞典裔芬兰人——对这个问题有不同的看法。他认为，瑞典裔芬兰人的待遇是芬兰“照顾少数派的绝佳范例”。在他看来，虽然芬兰人完全有理由仇恨瑞典，但是，在冷战期间，芬兰与瑞典的渊源却成了芬兰与西方社会相通的一座难得的桥梁。

此外，把瑞典裔芬兰人从历史课本上抹掉，可能会很难看，因为芬兰许多伟大的历史人物，尤其是为芬兰的国家地位而战斗、而奋斗的伟人都是瑞典裔芬兰人——比如芬兰的民族诗人约翰·路德维格·鲁内贝格、伟大的作曲家让·西贝柳斯、杰出的建筑师阿尔瓦·阿尔托（他母亲是瑞典人）；就连传奇的军事人物卡尔·古斯塔夫·曼纳海姆元帅也不例外，今天，几乎所有芬兰城镇的主干道都以曼纳海姆的名字命名。托夫·扬森创作了《姆明一族》，她也是瑞典裔芬兰人。

我获悉有个人对芬兰与邻国复杂的历史关系别有见地，她就是历史学家劳拉·科尔布。一天，我去科尔布位于赫尔辛基大学的办公室拜访了她。她身材矮小，态度热情，年龄在四十五六岁。我问她，芬兰人在过去的主人面前存在自卑情结，她是否同意这个观点。

“我想，与其说自卑，不如说我们嫉妒他们的成功，”她说，“瑞典就像太阳，吸引所有人，像成功的磁石……我认为，许多芬兰人对瑞典心存感激。”

我请科尔布细说究竟。她听上去有点太宽宏大量了。芬兰人对瑞典人真的没有不满？用不着我太多追问，她就滔滔不绝地讲了起来……

“我前段时间在瑞典的乌普萨拉住了几天，在那里我又开始思考我与瑞典的关系。我是爱这个国家呢，还是恨这个国家？我发现两种感情都有。看到今天两国的情况，我觉得两国在1809年分裂，是一件不幸的事，因为这两个国家只有相互拥有，才能彼此圆满：瑞典人可以汲取芬兰人身上的严肃性、戏剧性，以及一种真实地活着的感觉。瑞典人没有遇到过足够严峻的挑战，他们志得意满，在郊区的房子里过着惬意的生活。你知道，现在，瑞典所有的艺术家和作家都是外来人口。最优秀的图书和戏剧作者，都不是土生土长的瑞典人。瑞典是个缺乏活力的社会。这时候，当然，看着瑞典，我就想，他们之所以能够积累财富，其实是因为芬兰人保护了他们，所以，我有一种——我认为不是怨恨，而是一种意识。我有一种感觉，那就是，我们在奋勇抵抗、苦苦支撑，瑞典人却在在院子里摆弄花花草草。”

我从几个芬兰人那里听到过类似的说法——即瑞典人有点像纨绔子弟，忸怩着不肯把自己的手弄脏；它怂恿芬兰人去狠揍俄罗斯人，自己却在波的尼亚湾的另一侧扇着花边手帕。几位芬兰男士用“同性恋”这个词向我描述他们的瑞典同事。我们会看到，在“二战”期间以及“二战”以后，瑞典严守中立，并凭借这一立场获益甚多。

“在芬兰，瑞典人，至少瑞典男人通常被认为是同性恋，”罗曼·沙茨说，“瑞典人性情温柔，脸色苍白，他们的鸟上不长毛。瑞典人当兵，不用剃掉头发。他们可以领到发套，把头发罩起来！”我查了一下这条信息的真伪，惊讶地发现，居然确有其事：1971 年，瑞典军队订购了 50 000 只发套，以便让士兵们把当时流行的长刘海罩起来。

荷兰人类学家吉尔特·霍夫斯塔德 1980 年开展的“文化特质”研究影响深远。他对全球各种文化的价值作了研究，在“男性与女性特质”一节，他认为，芬兰社会是北欧地区最男性化的，而瑞典人不仅在北欧、在全球也是最不男性化的。瑞典人的国际形象由此可见一斑。

芬兰使用欧元，这与瑞典的做法大相径庭，瑞典保留了克朗。芬兰人为自己是最早（由于时差的缘故）使用单一货币欧元的国家而自豪。而在一年一度的田径比赛中——叫作 *Suomi-Ruotsi-maaottelu*（字面意思是“芬兰—瑞典国际赛”），两国间的明争暗斗每每非常激烈。

“那是一场民族主义大爆发的赛事。”沙茨告诉我。他搓着手，对明年的赛事满心期待。“今年，芬兰的电视广告语是，‘重要的不是让芬兰赢，而是让瑞典输’。”

第 5 章

俄罗斯

英国乐队组合“宠物店男孩”的粉丝都知道（从《西区女孩》这首歌的歌词中），1917 年 4 月，正在日内瓦湖畔流亡的弗拉基米尔·伊里奇·列宁被偷偷送上火车，经由斯德哥尔摩前往圣彼得堡的芬兰火车站。列宁多年前就承诺过，要让芬兰脱离俄罗斯的控制，这只是个时间问题。

芬兰人自 1809 年以来一直梦想自治，民族主义的“芬兰人运动”为自治作了铺垫（该运动的口号是：“我们不再是瑞典人，我们不想做俄罗斯人，那么，让我们成为芬兰人！”）。自治本应当让芬兰翻开全新的一页。历史学家劳拉·科尔布告诉我，“在那个时期，我们确立了民族认同，确立了芬兰语作为官方语言的地位，还出版了《卡勒瓦拉》（*Kalevala*）神话故事集（1835 年，艾里拉斯·隆洛特收集芬兰的古代传说和抒情诗编辑而成，它对英国作家托尔金产生了巨大的影响）。我们自主决定命运。”可是，芬兰却陷入了自我毁灭的噩梦，它的余波几十年无法平息。

共产主义在芬兰处于上升势头，如同欧洲其他国家的情形。激进的芬兰人打着红旗集结起来，中产阶级则组成白派，由曼纳海姆率领；沙皇统治期间，曼纳海姆曾经在俄罗斯军队服役。这场内战虽然只持续了不到 4 个月，它造成的心理创伤却绵延至今。白派获胜，37 000 人死去。大量红派及其支持者被处死或者遭到监禁，被监禁者后来获得特赦。在此后的几十年里，这件痛苦的往事被默默掩盖。那是芬兰历史上绝无仅有的一次大分裂。那是一场内战（这几乎是一句废话），而芬兰的内战似乎格外苦涩。我们可以想象，芬兰人出了名地不爱说话，这对缩短内心创伤的愈合过程全然没有帮助。

“至今，红派的墓地仍然很难得到祭扫，”一个芬兰人告诉我，他的家人曾经参加红派，“森林里有很多没有墓碑的红派墓地。红白双方的分裂表面上看不出来，但是如果你到乡下去，走进任何一座村庄，所有人都能说出，当年，谁家是红派，谁家是白派。”

劳拉·科尔布说，芬兰人用 50 年的时间才勉强接受了内战的后果。“亲历过内战的那一代人已经故去，但是，每个芬兰家庭仍然与它有着某种关联；你要么属于白派，要么属于红派。现在的形势和 60 年代不一样了，可是，人们仍然保留着（与它的）某种创伤性关系，因为它其实是手足相残，是共产党与资产阶级和农民的斗争。”

“那段红白相争的历史今天仍然很敏感，”尼尔·哈德威克表示同意，“你和人交往，过一段时间，就会知道他是哪一派。这应该没关系，但它的影响很深远。我以前管自己叫共产党，现在不叫了，但我们这些老左派，还是只消一个眼神，就能把彼此认出来。70 年代，左派被认为是极端不爱国的——只要抓到机会，左派就会把国家出卖给莫斯科——可是，我从来没想过要做出卖国家的事。”

假如没有苏联在旁边虎视眈眈地盯着，苏联政治局显然支持芬兰共产党，也许芬兰内战的创伤会比较容易愈合。芬兰刚刚独立时，芬兰—俄罗斯的关系发展良好，但是，随着“二战”的阴云逼近，“俄罗斯熊”再一次把目光转向了它西边这个小小的邻国。

与俄罗斯此前对芬兰的兴趣一样，斯大林也许从未认真地考虑过征服芬兰，他只想要一块较大的缓冲地带，以保护圣彼得堡（彼时已经更名为列宁格勒）。他要求控制圣彼得堡城外的几座芬兰岛屿以及芬兰港口汉科（Hanko）。芬兰人拒绝了。两国于1938年11月开战。事后证明，这次冲突成了对芬兰人*sisu*精神的终极考验。

芬兰人面临着必败无疑的局面。他们只有200 000人，几乎没有飞机和坦克可以用来保卫祖国，抵抗1 200多万苏联红军。双方在永久冻土带难分难解地鏖战了3个月，零下40摄氏度的气温旷日持久，迟迟不见回暖。战斗结束时，超过26 000名芬兰人丧生，苏联方面死亡127 000人。读者要想了解这场战争是多么艰苦卓绝，不妨看看芬兰导演帕克·帕累克1989年拍摄的影片《冬季战争》（The Winter War，该片可说是芬兰版《细细的红线》），它在长达3个小时的影片中淋漓尽致地反映了战场上的情势，雪地浸染着鲜血，树木摧折断裂，壕沟被炮弹烧焦，残肢断臂四处散落。在整部影片中，演员们从始至终很少表露情感。（一个略显“轻松”的时刻是，奋战在曼纳海姆防线的JR23步兵团战士想办法弄到一笔钱，准备造一座桑拿房。）

战事如此惨绝人寰，但是，在某种意义上，冬季战争点燃了芬兰的激情，让分裂的国家团结起来，令芬兰人赢得了全世界的敬佩。他们一袭白衣的滑雪巡逻队——苏联人称之为“白衣死神”，成了“二战”的标志。美国战地记者、海明威的前妻玛莎·盖尔霍恩当时驻在芬兰，她参与塑造了芬兰人不屈不挠、坚韧不拔的持久形象：“芬兰人非常了不起，他们的刚毅一如白色的坚冰。”她从战地发回的一篇报道中写道。

在芬兰与苏联冲突期间，瑞典保持中立，几乎没有采取任何举动支持自己曾经的属地；冲突之初，瑞典甚至不允许国际联盟（League of Nations）和盟国军队过境，前去支援芬兰。可以理解，有些芬兰人对此至今耿耿于怀。让芬兰人难以释怀的不仅仅是瑞典在战争期间的封锁，或者瑞典坐视芬兰苦苦挣扎，不肯出手相救；他们记恨的还有瑞典经济繁荣发展的无耻手段，瑞典既为德国人也为英国人供应原材料，从国家安全的角度，在此后的几十年里，瑞典让刚强的芬兰人充当对付苏联的缓冲带，自己则坐收渔翁之利。一个芬兰人这样对我说："芬兰人抵抗苏联的时候，瑞典在趁机晾晒干草。"我问他对瑞典是否还残留着恨意，他沉默半晌，然后以芬兰人特有的言简意赅回答说，"这个问题问得好。"

芬兰抵抗苏联所取得的成功十分有限——前面提到过，曼纳海姆防线在 1940 年初还是被突破了——这有限的成功鼓励了希特勒，他认为，他能打败斯大林。短暂的冬季战争继之以历时三年的"继续战争"，在此期间，芬兰最初宣布中立（它对苏德双方说，"别管我们！你们继续！"），但是后来它还是认为，加入纳粹的"巴巴罗萨"行动、共同反抗苏联，才最符合自己的利益。芬兰人允许 20 多万德国士兵在芬兰北部战斗，允许纳粹使用各种原材料，尤其是镍。

事过境迁，如今对芬兰与纳粹合作表示谴责实在很容易，但我们仍不免对芬兰人与希特勒结盟感到一丝不屑。苏联到底会不会侵略芬兰？根据当年的苏联高层指挥部门文件，苏联从未有过这样的意图，这就使芬兰与德国结盟失去了依据。

对此芬兰人当然表示异议。"我们与德国并肩作战，反抗苏联；但我们不是与德国结盟，那是截然不同的两码事，"科尔布辩解说，"我们没有像荷兰、挪威或者丹麦那样同流合污。我们只是军事上的手足。我们其实是在德国的帮助下，阻止苏联占领芬兰。"

一向务实的芬兰人在这里画了一条极其微妙的界线：他们是在严格地恪守反共立场，维护民族利益，努力收复失地，阻止苏联入侵；而不是帮助希特勒实现第三帝国的野心。我们如今了解到，苏联在征服了芬兰的几个波罗的海邻国后，犯下了令人发指的暴行（现在，那几个国家才开始从苏联时代复苏）。站在历史的角度，芬兰人一度拥护德国，此举虽然在道义上站不住脚，但苏联的暴行意味着，芬兰想尽一切办法避免加入苏联阵营，却不失为明智之举。我在罗瓦涅米历史博物馆看到的文字说明就写道："国际形势迫使芬兰寻求德国的帮助。"

不过，在战争的最后几个月，芬兰人终于把枪口对准了德国人。德国人发起报复，在由拉普兰向北逃跑时，烧毁了沿途的所有建筑物，破坏了所有的桥梁和道路。所以，我和儿子去拜访圣诞老人时才会看到，今天的罗瓦涅米是一片冷冰冰的钢筋混凝土丛林：在难以想象的匮乏年代，一切都必须从一砖一瓦重建。

芬兰为自己曾经站在德国一边而受到惩罚，它后来把10%的领土割让给了苏联，包括富饶的卡累利阿农业区的大部分土地，近100座发电站，大片森林，以及对经济至关重要的维堡港。苏联境内的芬兰难民逃回了芬兰。芬兰本身相当于遭到分裂，可是今天，这次国家分裂早已被欧洲列国遗忘。

曼纳海姆想办法让芬兰摆脱了苏联的掌控。他的第二个高明之举是拒绝接受马歇尔计划的援助。拒绝美援的行为集中体现了芬兰人的倔强和顽梗。虽然芬兰急需资金，但它却自力更生，自给自足，既偿还了苏联的债务，又免于与美国有所瓜葛。不设美国的军事基地，不加入北约，这样就不会对苏联构成威胁，苏联就用不着担心芬兰会被西方用作入侵的跳板。反过来，苏联又觉得没有必要强硬地对待或者侵略芬兰。所以，芬兰没有成为下一个爱沙尼亚，而是作为冷战棋盘上一枚具有战略意义的棋子，在经济上获得了巨大利益。

20世纪70年代，芬兰成功地牵制了莫斯科，许多人把功劳算在乌尔霍·吉科宁头上。他先当总理，又当总统，前后掌权共计25年。他带领芬兰踩上了外交钢丝绳，直至1981年他因健康原因辞职，时年已80高龄。吉科宁本人间或也动过独裁统治的念头。比如1961年，他曾经解散议会，以便安慰苏联人，证明他仍旧大权在握。芬苏之间发生过各种危机——比如1958年的所谓“夜霜危机”，苏联人取消向芬兰工厂的订单，撤回驻芬兰大使——吉科宁想办法保住了芬兰的独立。“如果你想知道，当年，芬兰为什么是唯一没有被苏联占领的国家，”一个芬兰人对我说，“你就必须搞清楚吉科宁与苏联的关系。”

今天，吉科宁在芬兰历史中享有准神话般的地位。他1986年去世，此后近30年间，关于他到底忠诚于东方还是西方，他在内战期间做了什么，坊间有各种传闻和辟谣，至今经久不息。

“他所有的讲话都强调芬兰与苏联保持良好关系的重要性。这种意识已经深入我们的骨髓。芬兰被迫更加温和地提出自己的观点。”科尔布说。我对吉科宁的“积极中立”表示批评：有人认为，他对莫斯科卑躬屈膝，他与赫鲁晓夫过从甚密（他们是一起打猎的伙伴）。“苏联那么强大，我们承受着意识形态的压力，必须接受苏联对历史的阐释。谈不上我们对他们言听计从。我把它叫作‘国家现实主义’。你们可以轻巧地说：我们受到挤压，承受着压力。当然，你们有北约撑腰。”

科尔布描述吉科宁“与苏联领导人关系紧密”。不过，还有许多人说话可没这么客气。说实在的，他是不是个苏联走狗？

“就我的理解，事情的内幕很像英国间谍作家约翰·勒卡雷笔下的那个世界，”尼尔·哈德威克给我讲了六七十年代的芬苏关系，“他和苏联人关系很近，人们始终不知道他到底站在哪一边。有一次，那是在好几年前，我在伦敦的一家酒吧里，表演区有个穿雨衣的老头喝得烂醉。我目不转睛地盯着他看，心里想，‘唔，我认识他，他是谁？’他注意到我在看他，说，‘你不知道我是谁吗？我是乔治·布朗（此人在威尔逊领导下的英国政府当过工党的外交大臣，是个坚定的反苏人士）’。我们聊了几句。我说，我生活在芬兰。他一听，回答说，‘啊，吉科宁的国家，他给克格勃干活儿，你知道吧？’”不管这事是真是假，几乎没有争议的是，芬兰总统吉科宁深受苏联的信任（1979 年，他们给他颁发了类似于诺贝尔奖的列宁和平奖），他还为芬兰赢得一个暧昧的绰号“吉科斯洛伐克”（Kekkoslovakia）。

也许芬苏关系中绝无仅有的一次危机是 1978 年那次。“苏联提出让苏联和芬兰军队开展联合军事演习，”科尔布回忆说，“我们的政治家相当巧妙地说，‘还是不要吧，或许我们可以过去，跟在你们的军队后面，你们也可以派军队过来，跟在我们后面，但是我们不要混在一起’。整个冷战期间，我们处于一种近乎‘外交侵略’的状态，是偷偷摸摸的侵略。”

这种偷偷摸摸的侵略表现为多种形式，有些形式颇具英国伊林喜剧的味道。几个芬兰人回忆这一时期的情形，向我提到了“住家俄罗斯人”（Home Russian）的怪现象。这是一种“铁幕后的好伙伴”制度，芬兰的政府首脑和其他当权派与身份相同的苏联人结成一对。

“当然，苏联大使馆极其强大，芬兰的每位政府首脑都有一位‘住家苏联人’，也就是一名苏联外交官做他的密友。芬兰人邀请对方到自己的消夏别墅，邀请他参加家庭聚会。”科尔布这样说。

这种关系对双方都有好处：“他们收集我们的情况，我们在干什么，知识界和政界在想什么。不过，人人都知道，这种关系的目的是什么。”科尔布说。苏联人尤其看重芬兰人在伦敦和纽约出差期间收集到的一切信息。

尼尔·哈德威克在冷战正值高峰之际来过芬兰。我们在我所住酒店的酒吧间见了面，我请他回想一下赫尔辛基当时的情形。“40 年前，这里非常东欧化，基本上什么都禁止，除了那些强制要求的事，”他笑了，“到像我们今天的这样一个地方来，是件让人怵头的事情。你得先在外面排队，门口有门卫。你买了饮料，如果碰巧看到一个朋友，也不能随便更换桌子。你不能举着饮料各处走动，只能由侍者给你端来。他们还把窗帘拉下来，不让外面的行人看到里面的人在喝酒。”

苏联对普通芬兰人生活的影响非同小可。每天，全国的广播电台都会播出10分钟的公告，有点像披露“邻居们在干什么”，据哈德威克说，其内容充斥“温和的苏联宣传”。他还说明，每家每户必须保留一本所谓的家庭记事本，里面不仅要记下家里住着几口人，还要记下访客的姓名。来年一月，一名家庭成员必须到地方警察局排队，请求警察局检查这些记录，检查完毕加盖验视章。如果没能按时送检，就会被罚款。

芬兰媒体和出版界对可能惹恼苏联的信息非常警觉。“我从年纪大的同事那里听说，外交政策尤其是个敏感问题，”《赫尔辛基新闻报》的外事编辑海基·艾托克斯基告诉我，“外交部长积极地给我们的人民施加压力。基本上人人都知道，我们的独立仰赖莫斯科。比如，反苏的图书被从图书馆下架。戈尔巴乔夫来到赫尔辛基，他宣布芬兰是个中立国，这是个重大新闻。今天你会想，‘那又怎样？芬兰不是已经自由了吗？’可是当年，这条消息是个重磅炸弹。他说的不是‘你们是个独立的国家’，他说的是‘中立’国家，也就是说，不属于苏联阵营——‘你们可以自行活动，做你们想做的事情。’”（艾托克斯基漏掉不提的是，1991年，戈尔巴乔夫被绑架和罢黜时，《赫尔辛基新闻报》刊载了某位领导人的言论。这位领导人说，这表明形势在向好的方向发展。芬兰显然仍然十分担心招致苏联政治局的不悦。）

这种焦虑完全可以理解。在漫长的冷战时期，苏联的坦克一直部署在芬兰边境，只待一声令下即可隆隆驶入。如果苏联真的入侵，谁会来援助芬兰人呢？戴着发套、严守中立的瑞典人？被解除武装的德国人？芬兰离美国远隔万里，遥不可及。相反，芬兰人做了他们一贯擅长的事情：他们调整适应这种实力政治，把自己的骄傲吞下，俯首低头，接受现实。可以想象，各种各样的禁忌必然应运而生。

我们还可以想象，军事败局、内战造成分裂、民族自治无奈地让位于务实的应急策略，种种打击必然对芬兰人的自尊造成了严重的伤害。然后，到了1989年，当铁幕轰然倒塌时，芬兰也几近破产。苏联分崩离析，芬兰失去了主要的贸易伙伴。出口一落千丈，几个月内，经济缩减了13%。我想，90年代想必又是舔舐伤口、忍辱负重的十年，使他们在上个世纪的屈辱之后再受摧残。

“噢，老天，绝对不是。那是个成功故事！”我向罗曼·沙茨提到这个话题，他这样说，“历史上，芬兰人口从来不曾达到现在这么多。我不认为芬兰人历史上苦难深重或者受尽侵占奴役。芬兰自1917年独立以来，他们吸引到了建设国家、发展文化所需要的一切。”

芬兰人是务实的代名词。可是，过去几百年的历史对他们的*精神*造成了什么影响呢？“他们必须务实，”沙茨争辩说，“他们习惯了零下40摄氏度的气温，习惯了附近有北极熊出没！如果你习惯了国境内的200 000座湖泊，习惯了长达8个月的冬天，苏联人就什么也不是。我认为这是一种精明，一种生存本能。在我看来，‘芬兰化’（这个词被用来形容对苏联人敏感的事物进行自我审查）是个褒义词，因为那是应对时局的唯一办法。”

“从来没有沦为受害者的感觉，”科尔布对此持相同意见，“我们从来不曾被占领，这就是我们的成功。”

可是，我还是觉得，务实不值得浪漫化，实力政治很难激发人们强烈的自豪感，很难让人对当年的芬兰首脑们肃然起敬。他们在克里姆林宫烟雾缭绕的房间里交换秘密，在汉科的消夏别墅里交换伦敦的点滴信息，或者在大使馆的圣诞晚会上交换几包熏鲑鱼和伏特加。果然，不出所料，多年来，“芬兰化”成了芬兰人不愿触及的又一个禁忌，他们的禁忌名单已然相当冗长。

芬兰媒体如何看待今日俄罗斯呢？举个例子，普京总统前不久威胁芬兰，如果芬兰允许北约部署提议中的武器，俄罗斯将采取“报复性措施”。芬兰报纸仍然对俄罗斯领导层保持尊敬吗？“不。我要说，我们无所顾忌地严厉批评俄罗斯，”艾托克斯基说，“我们绝对不再亲俄了。一种隐隐的威胁始终存在，如果事后证明，普京政权是邪恶的侵略力量，到时候不知道会怎样——到那时，我们显然不太安全，我们依旧是俄罗斯的近邻，内心深处我们从来不会觉得高枕无忧，因为任何人只要读一读历史，就会知道，谁也说不准事态会怎么发展。”

第 6 章

学 校

芬兰在冷战后备受称赞的成就是它的教育制度。如果让芬兰人自己去宣传，你是不会知道这一点的。自然，要由外国人来指出，芬兰有全世界最好的学校。

自 2000 年以来，经合组织每隔 3 年发布一次国际教育制度排行榜，业界普遍认为它的排名准确无误。它对 70 个国家的 15 岁学生的数学、阅读和科学能力进行评估，在这三个领域，芬兰都荣登榜首或者名列前茅。《大西洋月刊》不久前称芬兰是“西方国家”中当之无愧的教育超级大国。

多年来，教育学家们浩浩荡荡地从世界各地奔赴芬兰，观摩学习它的秘诀。这些秘诀并非一目了然。你也许想当然地以为，芬兰人为中小学大把投资，花钱之快让诺基亚来不及去挣，其实不然：他们的教育支出不比经合组织统计表上每名学生的平均支出更多；芬兰的教师收入大致与其他西欧国家持平，事实上，他们比美国教师的收入要低约 20%。你也许还会以为，芬兰学校的班级规模较小，或者孩子们从子宫直接进入课堂，或者他们放学回家时背着齐身高的家庭作业，测验之频繁比职业自行车手还多，以及他们喝的营养早餐里每天都要掺一点神经兴奋类药物利他林。

不，不，完全不是这样（当然，我没有化验过他们的早餐麦片粥的成分）。按照北欧的标准，芬兰的班级规模不算小，一般为 20 到 23 个孩子。与北欧其他国家一样，芬兰儿童也是从 7 岁开始接受正规教育。因为相当比例的妇女参加工作，托儿服务十分廉价（费用与父母的收入相关），多数孩子很小就上托儿所，但他们也要到 7 岁才可以坐在教室里，接受较长时间的授课。16 岁之前，学校没有或者很少考试，几乎不布置家庭作业；学习成绩不进行公开排行，孩子们一天平均只在学校待 4 个小时。这里没有超前教育的倾向。

到此为止，芬兰的教育制度符合斯堪的纳维亚的普遍特点，但是芬兰的学生成绩却比它的几个北欧邻国要好。我喋喋不休地谈论芬兰的教育制度时，一个丹麦朋友嗤之以鼻。他指出，到了大学，芬兰的教育就没那么成功了。这话有一定的道理，但是，95% 以上的芬兰儿童在 16 岁以后仍会继续接受教育。瑞典人也觉得恼羞成怒，芬兰原是自己的属地，如今居然在教育上超越了自己，教育是现代与文明的一个如此重要的指标；瑞典人声称，芬兰享有不公平的优势，尤其是它极端同质化，相对缺少移民。

必须指出，就连芬兰人也对自己的 PISA（经合组织的国际学生评估项目）长期名列前茅颇为不解。起初，他们以为自己是 PISA 系统出现的反常案例，至今仍有人始终对它将信将疑。

“在人人获得同等机会的意义上，我们的学校制度很好，但是我对那些说法不以为然，说什么芬兰的教育制度全世界最好。我不相信那些 PISA 研究，”新闻工作者海基·艾托克斯基对我说，“答案很简单，芬兰的学校制度和其他西欧国家一样好，但是我们的移民人口较少，我们没有多少学习差的学生。而且，99% 的学生母语是芬兰语或者瑞典语。如果你去德国，你会看到，那里有 10% 的学生讲土耳其语。这就是我的看法。”

“对这个问题，我要说，不仅非移民（的芬兰学生）比非移民的瑞典学生成绩好，芬兰移民的成绩也比瑞典移民的成绩好。”帕特里克·谢宁教授说。他是赫尔辛基大学行为科学系主任（该系负责精细调整芬兰的人类发展和学习），我们在他位于市中心北侧的办公室里交谈。“所有人都表现很好。瑞典人用移民问题来解释 PISA 成绩，是站不住脚的。有些国家的移民比瑞典还要多，教育制度却比瑞典好；有些国家移民人口较少，但教育制度却很差。”

除了门门优秀，芬兰的学生成绩还有个极其显著的特点，那就是，所有学校均衡地分享成功：在芬兰，学校之间在成绩方面的差别极小：好学校与差学校的成绩只相差 4%。其他成绩突出的国家和地区——像新加坡、中国台湾和香港等“虎妈”国家和地区——把尖子生转入特殊的超前教育学校。他们夸耀说，在这些学校里，学生成绩差别很小；可是，如果在学校之间进行比较，尤其是不同地区的学校加以比较，差距便十分醒目。芬兰则不然，不管孩子在偏远的拉普兰还是赫尔辛基的郊区学校就读，他的成绩始终是稳定的。

这一点也许没什么要紧。不过，盖洛普近期作了一项国内移民调查，就 5 年内在城市之间迁徙的可能性而言，芬兰人继新西兰和美国之后排名第三。谢宁因此认为，学校间的平等至关重要。“每 100 人当中，就有几个孩子转学。如果你把这个数字加起来，算上 9 年以上的中小学教育，比例就相当大了。如果孩子的数学（由于转学的缘故）落下一大截，他就遇到了大麻烦。”他说，芬兰的秘诀在于始终如一地强力执行教学大纲，孩子们一旦落下课程，会给予一对一的辅导（每年约有三分之一的芬兰学龄儿童接受这种额外的帮助）。

还有一个同等重要的因素，那就是国家对教育工作者给予慷慨的照顾，并大量划拨资源。“我们的教师培训部门遍地都是，多到了荒唐的地步。”谢宁这样说。在芬兰，自从国家在19世纪后半叶建立教育制度之初，教师职业就被认为享有威望，因为教师对建设一个独立的国家发挥关键作用。这种情形在我几乎不可想象。我回想起自己当年所受的教育，教师都是些破罐子破摔的精神病患者和不适应社会的人。但是，在芬兰这个国家，教师长期以来被视为民族英雄。他们站在最前沿，树立和传播国家欣欣向荣的自我形象。他们堪称捍卫国家学术自由的斗士。

“当年，教师关系到心智建设、认同建构，所以，我们选聘的教师都是开拓者，他们要举着火把深入乡村，把光明播撒在乡村地区。所以，自那以后，在这个意义上，从事教育工作始终有一种荣耀感。”谢宁说。从很早起，芬兰的教育就注重传授生存技能，从木工活到缝纫技术，无所不包。教师被叫作“人民的蜡烛”，照亮芬兰人自力更生的道路。

从事教学至今仍是吸引人的职业。四分之一的芬兰大学毕业生把教师作为首选职业。在英美国家，半文盲申请接受教师培训的事情并非罕见；芬兰与之不同，教师职业吸引最聪明的学生。

“想一想你当年的老师。”谢宁向我提议。我不禁打了个寒噤。“是啊！”他笑起来，“那么，当年的经历会让你倾向于从教吗？不会。但是如果你遇到的是优秀的老师，工作出色，勤奋，努力，而且讲究方式方法，你的感受也许会大不一样。”

在芬兰，教师培训课程有可能比法律或者医学更难申请。报名人数通常要比名额多10%，有时候甚至更多。几年前，赫尔辛基大学的博士学位课程有120个名额，申请人数达到了2 400人。自1970年起，芬兰教师一律被要求在国家的支持下获取博士学位。“芬兰的教师培训采用一种研究型方法。他们不仅要学习怎么教学，还要学习对自己的教学工作开展批判性思考。”谢宁说。

虽然教师在芬兰历史上扮演过重要的英雄角色，事实却是，在要求教师获取博士学位之前，芬兰的教育制度和我们一样差。对博士学位的要求显然是芬兰教育制度成功的一个关键因素。

“让教师接受博士学位的教育。”我请谢宁给别的国家提些建议时，他这样说。我说，那会耗费相当一笔钱。“可是，你能不花那笔钱吗？要么花钱，要么只让一部分学生上大学，他们的父母足够有钱，能花得起——这类学生不太可能选择教师职业，而是子承父业的可能性更大。在芬兰，人人都可以上大学。我们希望那些出身工薪阶层的聪明孩子当老师。而且，事实上，英国比芬兰花钱更多，效果却较差。我们的秘诀就在于尽量选择优秀的学生，资助他们，而不是费心费力地去培训那些不太优秀或者没有潜力的学生。”

芬兰孩子成绩好，尤其在学校教育的早期阶段，还有一种解释是芬兰语很简单。美国新闻记者马尔科姆·格拉德维尔提出一条著名的推论。他说，中国学生擅长数学，是因为汉语的数字系统与英语或其他语言相比合乎逻辑，简单，清楚，而且是单音节。也许同样的说法也适用于芬兰语。“孩子们在6岁左右开始学习阅读和写作，读写能力就一劳永逸地养成了。当然，词汇量会增加，但新词可以自动嵌进去。”我向一个芬兰朋友说起这个理论，他这样对我说。我想知道，语言的简单是否让芬兰学生的学习变得轻松？芬兰语没有将来时态，必然可以缩短入门的工夫。在芬兰，讲瑞典语的学校确实与欧洲平均水平较为接近：瑞典语比芬兰语复杂，想必要多花一点时间才能掌握。

事实上，芬兰学生学习好，还有一个相当重要的原因。还是那个词：平等。芬兰没有公立与私立的二元教育体系。芬兰没有私立学校，至少没有别国的那种私立学校。芬兰的学校教育一律由国家出资。所以，芬兰发出的信号是，平等从黑板开始。

因此，教师高兴，PISA 成绩出色，家长满意，芬兰经济显然也受益不浅。芬兰得到一支劳动大军，它可以帮助国家实现工业多样化，不必只靠森林工业。不过，孩子们怎么想？他们快乐吗？

我来芬兰之前，世界卫生组织发布了一分研究报告，讨论各国学生对学校教育的满意（或者不满意）度。出乎许多人意料的是，在各受访国中，芬兰儿童最不喜欢学校。早在 2006 年，经合组织就发布过一篇类似的报告，表明瑞典儿童在学校里比芬兰儿童更快乐；芬兰儿童考试成绩较高，瑞典学生则在表达自己方面更胜一筹。

“看看他们（世卫组织）提的（那个问题），你‘很’喜欢学校吗，很少有学生会给出肯定的回答，”谢宁说，“我们的研究表明，学生认为学校‘还行’。老实说，你问任何一个处于青春前期或者青春期的孩子，他喜不喜欢某个事物，他给出的回答多半是‘还行’。更何况芬兰人本来就用忧郁的眼光看待一切事物……我们从世卫组织的报告中还看到，如果你问学生‘你认为学校重要吗？’芬兰儿童的回答最为肯定。当然，还有一些国家，孩子们如果不上学，就只能在大街上游荡。如果把芬兰与那些国家比较，芬兰儿童（对学校教育）给出的回答会更加肯定。”

许多人用世卫组织的报告大做文章，认为它证明，芬兰的教育制度在某种程度上培养了社会疏离和仇恨。这种仇恨导致近年来发生了两起事件：芬兰学生把枪带到学校里，大开杀戒。2007 年 11 月，18 岁的佩卡－埃里克·奥维宁枪杀了校长、学校护士和 7 名学生。他就读的学校在首都以北 30 英里的约凯拉。接下来，2008 年 9 月，22 岁的厨师培训生马蒂·朱哈尼·萨里在大学校园，用一把 .22 口径的手枪打死了 10 个同学。他就读的考哈约基酒店管理学院位于赫尔辛基西北 180 英里处。

2006 年还发生过一起举国震动的事件，幸好无人遇难。国际媒体没有报道这件事。2006 年 5 月，18 岁的男生卡勒・霍尔姆放火焚烧了芬兰最神圣的教堂、始建于 15 世纪的波尔沃大教堂。1809 年，芬兰摆脱瑞典的控制，沙皇亚历山大一世赋予芬兰自治权，庆典仪式就是在那座教堂举行的。

我请教谢宁对两起校园枪击案的看法。能否把两起事件归咎于芬兰的教育制度？他认为不能，他心中另有罪魁祸首。“几百年来，我们一直在向你们（英国人和美国人）学习——你们的文学、艺术、文化等等，为我们树立了榜样。如今，尤其是有了互联网以后，芬兰的年轻人处处学美国，美国是他们的榜样。想想看，为什么 50 年前没有发生过这种事情？原因很简单：做这样的事情需要创意，要非常聪明、足够疯狂，才会想到做这样的事。”

“那么，你是说，这是受到美国启发的盲目模仿之举？”我问，“与学业压力无关，与芬兰人的阴郁心灵无关？”

“如今，如果一个人属于内心阴暗的少数派，总是可以在网络上找到自己的归属。芬兰人又倾向于寻找榜样，”他说，“我不知道你的青春期是怎么度过的，我体验过非常黑暗的时刻。我认为，我们要看老师、学校护士和心理医生之间的沟通情况。也许存在沟通不畅的问题。”

如同我们在挪威听到的说法，偶尔有几个疯子开枪滥杀无辜，这在全世界都是不幸的事。前面提到，芬兰的枪支持有率位居世界第三，仅次于美国和也门，它的两起学校枪击案也许正是这个事实的后果。一个当地人告诉我，“我们是个狩猎民族，我们每年猎杀 65 000 头麋鹿。有时候，赫尔辛基有熊和野狼出没。”

几天以后，我在赫尔辛基的康比购物中心记录这段时间的大事记。在顶层，我注意到一群少男少女在一家滑板店门口徘徊。我笑容满面、步调悠闲地向他们走去，尽量让自己看起来不像贼眉鼠眼的变态狂。我解释说，我在研究他们国家的教育制度，很想听听“普通”学生的观点。我可以问他们几个问题吗？透过他们的长刘海，我看到两个男孩和一个女孩四下瞄了一眼，寻找逃跑的通道，然后彼此对视，一副惊慌害怕的样子。然后他们低头盯着自己的匡威鞋。

我应当明白，芬兰人典型的寡言，再加上青少年普遍的焦虑，这两个特点决定了我和他们不大可能发起妙语连珠的谈话。对于我提出的大多数问题，他们都以耸耸肩膀、挪几下脚步、喉咙里发出几声咕哝来回答。没有值得一提的内容（“一般来说，你对学校感觉怎么样？”“噢……还行。”）。根据我与芬兰年轻人这次简短的谈不上互动的互动，如果要我下一个结论，那就是，芬兰青少年和别国的同龄人一样厌烦别人招惹自己，且激素分泌旺盛。

第 7 章

妻 子

芬兰的未来似乎前所未有地光明。这一点不是他们自己透露，而是世界其他国家注意到的。除了 PISA 测试长期保持高水准，它强劲的经济和大致堪称典范的生活水平终于让世界认识到，安静、腼腆、饱经沧桑、伤痕累累却不可战胜的芬兰，有许多知识可以与世界分享。

美国《新闻周刊》和英国列格坦研究所的报告称，芬兰或者赫尔辛基是全世界最宜居的地方。听到这样的赞美，芬兰人通常耸耸肩膀，皱起眉，摇着头指出，他们依然是北欧的穷国，本质上仍是 500 万伐木工外加一小撮势利眼的瑞典人；伐木工从深山老林里出来，一有机会就想重回森林。他们照样不善社交，依旧是自我毁灭的酒鬼。

“说芬兰是全世界的一块乐土，实在太荒唐，”当我向海基・艾托克斯基提到了《新闻周刊》的调查时，他这样说，“这是个很好的国家，很多方面做得不错，但我不认为这里是天堂。”在《新闻周刊》的文章刊出几个小时之后，他所在的报纸《赫尔辛基新闻报》就揪出了《新闻周刊》文章的一处计算错误。《新闻报》称，赢家应该是瑞士。

还有一位芬兰新闻工作者对《新闻周刊》的调查作出了回应。他写道："对于自杀、抑郁、酗酒和我们寒冷黑暗的冬天又该怎么看？……很多芬兰人觉得，芬兰具有双重人格。我们有好的一面，也有坏的一面，两个方面都很极端，就像这里的太阳：夏天从不落山，冬天暗无天日，正好相互抵消。"芬兰人的自我形象一贯负面，这番话堪称是个完美申明。

几年前的一项调查请芬兰人用8个形容词来描述自己，他们选择了诚实、迟缓、可靠、真实、腼腆、直接、内敛和守时。不太像一个自信、信任他人的民族，对吧？但是，不管他们承不承认，有些迹象表明，芬兰的辉煌时刻终于到来，芬兰正在从专横跋扈、恃强凌弱的邻国阴影下走出来。世界经济论坛的全球竞争力指数被用来评估各国未来的增长势头，它最近一次评估把芬兰排在第三位（这个结果尤其令人满足，因为芬兰把瑞典挤到了第四位）。

不过，还是要由罗曼·沙茨和尼尔·哈德威克这样的局外人来为芬兰唱赞歌。"以前有人问我，如果我可以改变芬兰的三件事，会是哪三件？"哈德威克告诉我，"我开玩笑地回答说，'气候、居民和地理位置。'如今，我得费一番心思想一想我希望改变哪些东西。"

我几次前往赫尔辛基，不知不觉爱上了它。不过，除了去过波尔沃——波尔沃是一座格外美丽的古镇，距离赫尔辛基不远——我还没有游历过芬兰的腹地。于是，我决定踏上"真正"的芬兰之旅，希望为这块神秘的土地及其人民描摹一幅更为细腻丰富的画面。经过一番游历，现在，我终于明白了芬兰人为什么对自己、对自己的国家如此消极，如此悲观。

我和儿子到北极圈内拜访过圣诞老人以后，沿着该国的纵贯线继续前进。目之所及，芬兰境内几乎全部被郁郁苍苍的森林所覆盖。我们乘坐火车前行，向窗外望去，只见一片茫无涯际、一成不变的绿色。火车本身是现代化的典范：票价低廉，分配座位（这是文明国家的第二个标志，第一个标志是电影院出售酒水），车厢里空空荡荡。芬兰的火车与丹麦不同。在丹麦的火车上，你有时候会觉得自己恍若置身于英国漫画家贺加斯笔下的世界，车上的人们喝酒，搂抱接吻，大喊大叫；在这里，没有一个人说话，这一点最让人舒心。

酒店——或者说酒店的窗帘，给我留下的印象有些逊色。听起来我也许有点吹毛求疵。可是，我原本以为，在这个午夜时分依然阳光普照的国家，人们会掏钱安装厚一点的窗帘。可是不然。连续几个夜晚，白花花的太阳把我们的酒店房间照射得无比敞亮。就像阿尔·帕西诺在一部久已被人遗忘的美国惊悚片《白夜追凶》（Insomnia）中所处的苦境，我翻来覆去无法入睡，几乎被逼到了发疯的边缘。[1] 我在这次旅途中入住了多家酒店，它们的窗帘的每道豁口、每条裂缝、每个虫咬的小洞，都让阳光像审讯室里那灼人的顶灯一样，无遮无拦地射过来，令我饱受折磨。此外，还有各种蚊虫侵扰。夏天去往芬兰乡间的任何地方，你马上就会像查理·布朗的朋友“猪圈”一样，被乌云般的蚊虫团团萦绕。

虽然芬兰号称风光秀美，但我们从罗瓦涅米一路前往赫尔辛基，中途在各省的湖畔小镇停留，这些小镇——奥鲁（Oulu）、伊萨尔米（Iisalmi）、库奥皮奥（Kuopio）却基本上乏善可陈，满眼只见千篇一律、毫无特色的现代钢筋混凝土街区和 H&M 品牌店。纳粹的焦土政策与 20 世纪 70 年代推行进步的社会民主住房政策相结合（一个芬兰人向我描述过这项住房政策，说它是芬兰人自卑情结的一个表现：他们迫切地希望自己看上去和瑞典人一样现代），导致这些地方几乎没有值得

[1] 帕西诺扮演一个洛杉矶警察，他被派到阿拉斯加某小镇处理一起谋杀案。晚上睡觉时，为了不让阳光射进来，他气急败坏，几近发疯，后来不得不用酒店的家具把窗户挡起来。然后他发了疯。罗宾·威廉姆斯把他杀了。除了罗宾·威廉姆斯出场后的高潮场面，我在芬兰的处境与阿尔·帕西诺一模一样。

一看的建筑物或者历史景观。我不由地产生了一个想法，没有老建筑，也许对芬兰人来说反倒少了许多牵绊：也许他们因此可以对变化和进步抱持更加开放的态度。姑且称之为建筑决定论吧。不过，我还是怀念那种与历史声气相通的感觉。

就我的判断，赫尔辛基之外也没有什么美食可言。可点的饭菜令人厌恶——不是粗糙的比萨饼、过时的意大利餐，就是驯鹿肉。没完没了的驯鹿肉。在这些小镇，当地人夏天晚上的主要消遣似乎是要么开着一辆美国旧车兜风，要么扛着一箱啤酒，带着明确的尽快喝得烂醉的意图，一头扎向海湾。

在库奥皮奥一个芳香馥郁的周六傍晚，我们出去散步，顺便想找点东西吃。我们跟着一伙人默默地走到湖边，我隐约觉得有点儿不对劲儿，却不明白哪里不对劲儿。后来还是我儿子把它点破了。“怎么没有小孩？”他说。他说得一点儿不错。一个孩子也没有。很像英国电影《飞天万能车》（Chitty Chitty Bang Bang）里面的场景。想来库奥皮奥的居民把孩子交给了保姆（希望不是交给影片中的那个盗童者），现在一心只想喝个烂醉。

我虽然无意中瞥到了“真实”的芬兰那令人丧气的一面，却依旧是芬兰人的狂热粉丝。它的优点我历历在心。就这种迷狂而言，我不是唯一的。赫尔辛基刚刚荣膺世界设计之都的美誉；芬兰经济的出口导向比以往任何时候更为鲜明（占到了 GDP 的近 40%）；2008 年经济危机之后，芬兰在欧元区率先复苏。经合组织发布各国国内研发总支出占 GDP 的比重，在最新的榜单上，芬兰以引人注目的 3.87% 当仁不让地占据了榜首的位置。更令人鼓舞的是，这笔钱只有很少部分是公共资金（占 24%，挪威的公共资金则占到了 46.8%）。小小的芬兰还申报了许多专利——它的人口排在全球第 115 位，而根据世界知识产权组织的排名，它的专利申请排在第 13 位。

诚然，人们始终担心，芬兰经济依旧“把所有鸡蛋放在一个篮子里”，这里的篮子就是四面楚歌的诺基亚手机公司。诺基亚有时占到了芬兰GDP的四分之一，这给一家企业造成了惊人的负担。目前，诺基亚的情况不太好。它的世界最大手机制造商的称号被三星夺去，前不久它被微软收购，更是显得灰溜溜——这件事普遍被视为一场民族悲剧。如果有可能，今天，苹果公司也许可以把整个芬兰买下。

“我们正在急切地尝试工业和经济基础多元化，”外交部的一名发言人对我说，“我们需要第二家诺基亚，继木材和船运之后，诺基亚是我们仅有的产业。我们有大量小规模的创新企业，在研发方面投入了大量资金，我们是个盛产工程师的国家，但我们缺乏营销技能。我们太谦虚了。”

芬兰在劳动力市场上有个很大的优势，那就是它也许是全球两性最平等的社会。芬兰妇女是欧洲最早获得投票权的（1906年）；半数议员为女性在这里是常规；芬兰有过多位女总理和女总统。2011年，芬兰60%以上的大学毕业生是女性。

“芬兰妇女处于支配地位，”罗曼·沙茨兴致勃勃地对我说，他自认是芬兰人的拥趸，“传统上，在芬兰农场，家里的大事小情都由女人做主，包括对男人发号施令；男人负责外面的事。芬兰男人不和妻子商量，什么事都不能决定。男人也洗碗。芬兰没有家庭主妇——没有哪个家庭只靠一份薪水能够养活全家。妇女不留在家里生养孩子，她们有自己的事业，有自己的银行账户。这一点很棒——我离婚只花了一百欧元。”

沙茨说，这种性别平等也延伸到了企业界。“我见过好多次：两个外国人到了一家芬兰公司，两位男士和一位女士接待了他们。他们以为，女士会负责倒咖啡和记笔记。过了15分钟，他们才明白过来，这里的情况很特别——女士似乎是两个男人的上司。千万不要低估芬兰女性。拥有高中文凭、拥有学位的女性比男性多，议会中女性的比例是全世界最高的。”

“芬兰妇女非常了不起，”尼尔·哈德威克表示同意，“在英国时，我习惯了女人和男人在一起时假装自己比男人笨，不要把他们吓跑，但是在这里，女人采取主动。这是个鲜明的母系社会。”

我不知道背妻锦标赛是否符合上述观察。我和儿子中途停下，观看了一场背妻比赛。这一赛事每年7月在松卡耶尔维举办。松卡耶尔维是个只有一条主干道的小镇，位于芬兰的正中部。就我看出来的门道，这一令人捧腹的赛事主要是为几个亚洲电视新闻摄制组举办的，稀奇古怪的芬兰体育赛事是亚洲电视台的至爱（又见奥鲁的世界空气吉他锦标赛；五花八门的扔侏儒、扔手机锦标赛；奥鲁的大蒜节；泥泞足球世界锦标赛，等等）。比赛在本地学校的跑道上举办，赛场上洋溢着乡村集市的热闹气氛，工艺品货摊、彩票摊和啤酒帐篷纷纷开张营业。这一赛事从90年代中期发起，由当地的传说发展而来：据说，早年，流氓和土匪把别人的妻子掳走。今天，这一事件吸引了来自世界各地的参赛者，至少引来了爱沙尼亚参赛者——多数时候都是爱沙尼亚人获胜。我不无失望地发现，参赛者不必已婚，甚至不必是夫妻；他们可以借用别人的妻子。我想，这大概是为了呼应这场赛事的起源。

原来，比赛是某种展示风采的障碍赛，男人背着背上的女人，绕着20米的跑道参加限时接力赛，跑道上设置了许多栏杆和水洼。很难搞清楚这到底是一场严肃的体育赛事，还是一场哑剧表演：有些参赛选手身穿夸张搞笑的外衣（打扮成法国漫画人物“阿斯特里克斯和奥比里克”的样子，也有比利时漫画形象“蓝精灵”样子的），还有人显然为此一赛事专门受过训练。

背妻的式样各个不同，颇为有趣：有的男选手喜欢采用普通的背负货物的方式，有的采用消防员的肩扛式，还有的采用了相当不雅的姿势——就像印度《爱经》的初稿中被弃之不用的姿势——女人被头朝下甩在男人背上，她的两条腿夹着他的脖子，她的脸在他的背上荡来荡去。到了涉过水洼的时候，这种姿势尤其不可取，因为男人一步步地向前挪动时，“妻子”的头有时候会浸到水里。

观众穿着牛仔短裤，拖鞋袜子，T 恤衫下面的啤酒肚微微隆起。他们默不出声地看着比赛的进展情况，时不时嚼几口袋子里的鲜豆，喝几口塑料酒杯里的啤酒。

第一场比赛之后，我在啤酒帐篷里和一名组织者攀谈起来（他可能是市长，我始终没搞清楚是不是）。

“谁赢了？”我问。我想与他发起礼貌的交谈。

“谁在乎呢？”他说着，把杯子里的啤酒一饮而尽。

我注意到，这场比赛最难的地方并不是负重，甚至也不是路上的障碍（虽然这两条要求我都做不到），而是每次跨越一个障碍，要把“妻子”像传递接力棒一样交给团队的下一名成员；而且在传递之前，前面的选手必须喝掉一瓶汽水。这事听上去是小事一桩，可是，一个人背着一个成年女性，上气不接下气地跑了 80 米，又涉过齐腰深的冰冷水洼，这时候让他喝水，一杯水就好比一桶水的分量。有几个男人就在这个环节狼狈出局。他们把水喝了进去，可是无法下咽，冒泡的汽水全部从鼻孔里喷了出来。这种颇不体面的施托克间歇泉式的喷射，终于让一直沉默观战的人群产生了反应。他们喜欢这一幕。有人脸上甚至挤出了笑容。这里是芬兰的乡野地区，观看有人因为汽水喝得太快而当众出丑，成了人们夏日午后愉快的消遣。我其实也不能否认这种愉悦。我们这个下午过得非常开心。

女性在社会中的显著地位——无论在政府，还是头朝下趴在男人背上，绕着跑道一圈圈地跑，她们的脑袋像橡胶门环一样拍打着“蓝精灵爸爸”的后背——是芬兰社会表面上看起来与其他几个北欧国家相似的一个方面（虽然其他国家没有背妻大赛——我认为，公平地说，背妻大赛为芬兰独有）。但是，芬兰究竟是否属于斯堪的纳维亚，是否属于北欧，这个疑问始终萦回不绝。

我们已经看到，在某种意义上，芬兰人几乎是超斯堪的纳维亚人。他们是个福利国家。他们具有高语境的同质性，沉默寡言，坦白可靠，喜欢豪饮，爱吃咸味甘草。罗曼·沙茨说：“他们维系着一个社会，这个社会惊人地多元，惊人地自由——人们可以随心所欲地加入任何一个少数派，不管涉及性、政治还是宗教，人们都不会干涉你。言论自由是100%的：谁也不会因为说了什么话而惹上麻烦。这是真正开放的文化。”一切都很斯堪的纳维亚。不过，俄罗斯的政治和文化影响始终不容低估。近些年来，芬兰越来越多地把目光转向波罗的海对岸的爱沙尼亚，向欧盟寻求贸易、友谊和廉价的烈酒。

民族主义的正统芬兰人党在崛起，不知道未来几年，它将对芬兰与邻国的关系造成何种影响，这是个值得关注的有趣问题。正统芬兰人党想要切断芬兰与欧洲的纽带；它对俄罗斯没有太多好感，而与挪威、瑞典和丹麦的右翼党派同声共气，志趣相投。所以，也许芬兰日后会在更大的程度上接受自己的北欧属性。

“我认为，他们更倾向于认为自己是斯堪的纳维亚人，而不是欧洲人，”尼尔·哈德威克说，“但这种想法在改变。我不认为芬兰人觉得自己与丹麦有什么瓜葛。挪威有山，挪威人有钱；挪威人和芬兰人一样，喜欢户外运动，喜欢滑雪。芬兰人不太认为冰岛也属于斯堪的纳维亚。”

“有些芬兰人确实自认为是斯堪的纳维亚人；有些人则不然，他们渴望成为欧洲人，”艾托克斯基说，“我希望既是斯堪的纳维亚人，又是欧洲人。我希望芬兰成为北欧的典范，又能用欧洲人的方式办事。斯堪的纳维亚是个适合加入的很不错的大家庭。”

凭我对芬兰历史一知半解的了解，我本以为会看到一个文化肤浅、缺乏安全感的国家。相反，我发现芬兰人既刚毅不屈，又沉稳内敛，这种品格远远超过了坚忍顽强或者 *sisu* 精神，超过了对艰难困苦的豪迈担当；芬兰人表现出了无尽的圆融、智谋和骄傲，以及几百年来磨砺形成的政治上的灵活务实。我来之前，本以为我看到的芬兰人会是后殖民时代神经质的受害者，对自己的文化缺乏自信，脆弱多疑；相反，我却发现了芬兰人身上罕见的、深沉的英雄气概。

“你千万不要把我们描绘成受害者，”劳拉·科尔布对我说，“我们的民族文化表现为屡败屡战、渐行渐强的英雄主义。我们始终怀有共同的愿景，那就是要齐心协力，把未来建设得更加美好，这就是我们的英雄主义。战争迫使国民团结起来。我们的历史比瑞典更加跌宕起伏。瑞典一直是个平静、美丽、富饶、工业化的现代国家，自 1809 年以后再没有发生过什么事。小小的芬兰则饱经战争、变革、动乱的蹂躏，还有 20 世纪 90 年代的屈辱……

“但是，”她脸上露出开朗的笑容，接着说，“这里从不无聊。”

那么，让我们就此前往最后的目的地——瑞典。

瑞典

第1章

龙虾

这里是马尔默大广场（Stortorget），现在是星期五的傍晚时分。我混迹于数千熙熙攘攘的市民中间。他们手挽着手，摩肩接踵地挤在几张长桌边，不时和着一首用瑞典语演唱的歌曲摇摆身体。那首歌的调子是《我的邦妮漂洋过海》（*My Bonnie Lies Over the Ocean*）。桌上堆满了空酒瓶和饮料罐，它们是全世界最大规模的龙虾狂欢节留下的垃圾。胡吃海塞的狂欢活动正在走向高潮。

瑞典传统的龙虾狂欢节——*kräftsvika*——是瑞典为数不多的公众狂欢日，人们可以抛开面子，无所顾忌地开怀大笑，肆意发泄原本沉睡的维京精神。这个节日每年八月中旬举办，它是阴沉的冬天来临之前，夏日里最后的欢庆。没必要羞羞答答，所有人都吃喝得斯文扫地。包括我。

我牢记着库奥皮奥的那次经历。我到达马尔默中心广场时，发现广场上没有孩子。当时我就应该想到，再过一两个小时，我也许会喝得脸红脖子粗，并且与素昧平生的老太太跳起土风舞。老太太另一只手抓着空酒瓶，我呢，头戴圆锥形纸帽，胸前挂着绘有卡通龙虾的塑料围嘴。*Skål*（干杯）！

“让我们一杯下肚！”台上的民乐乐团一阵急管繁弦，用班卓琴、口琴和小提琴演奏着祝酒歌，这支曲子酷似活泼的土风舞曲。瑞典人以拥有大量祝酒歌著称，今天来参加聚会的人们似乎都知道这首歌的歌词。几名狂欢者爬上桌子，在上面轻盈地热舞起来。他们兴高采烈地挥舞着胳膊，傻傻的圆锥帽扣在脑袋上，依旧把衬衫扎在短裤里。天色渐暗，我该步履蹒跚地回到住处去了。

这里是瑞典。

却又那么不像瑞典。

我们终于来到了瑞典。它是北欧拼图最中间的那一块——它是焦点，是中心，是破解斯堪的纳维亚的文化、政治、社会和内部关系史的钥匙。世界对斯堪的纳维亚的看法是：现代、自由、集体主义——而且，相当乏味（除了龙虾狂欢节）。这个印象在很大程度上由瑞典而非北欧其他几国决定。瑞典是北欧面积最大、人口最多（930万）的国家。以一切标准看，它都最为成功，偶尔也最让人生气，并且无疑最具影响力（我为自己这么描述瑞典向丹麦人表示歉意。不过，丹麦人心里清楚，这是事实）。

芬兰历史学家劳拉·科尔布对我说过，过去五百多年来，瑞典像太阳，像磁石，间或也许还像黑洞（虽然它有线条流畅的沙发和出色的日托设施），北欧其他几国对它仰视，受它吸引（在某些时候，它们被它吞噬，又吐了出来）。它是大哥，是班长，是榜样。我们来到了瑞典——《卫报》一度称之为“全世界有史以来最为成功的社会”。

几百年来，北欧各姐妹国家都曾经承受过瑞典的震怒，倘若瑞典受了委屈或者受到威胁，各姐妹国家都会跟着遭殃，中欧的一大块范围也同样受过拖累。不过，如今的瑞典是个中立国，以和平著称，它更愿意把那段嗜杀成性的暴虐历史抛在脑后，不再反复思量。芬兰、挪威和丹麦，都有理由对这个道貌岸然、成就显赫的邻国怀有残存的怨恨和嫉妒之情。这四个国家向世人呈现一幅手足情深的面孔，它们成立了北欧联盟和北欧理事会。它们相互开放边界。从泰国的普吉岛到西班牙的大加纳利岛，他们在这些旅游胜地的游泳池边形成了各种各样的斯堪的纳维亚小圈子。透过种种表象，作为局外人的你挖得越深，你的谈话对象越多（谈话时他们醉得越厉害），你就越能够察觉到，另外三国人对瑞典人耿耿于怀，斤斤计较，充满敌意。也许这是一种较为低级的情感，是几百年来的胶着、争斗与背叛留下的伤痕。可是，请读者相信我，这种敌意是存在的，瑞典人始终是仇视的对象。丹麦人听到瑞典取得经济成功、宜家征服世界时，作出的勉强反应体现了这种敌意（宜家公司执意把它最不庄重的产品，比如门垫等，用丹麦城镇命名，更是加深了丹麦人的敌意）。挪威人得意洋洋地告诉你，给他们剥香蕉皮的移民是瑞典工人时，体现了这种敌意。芬兰人嘀嘀咕咕地谈论冬季战争和“瑞典男人是‘同性恋’”时，体现了这种敌意。

当然，在我们看来，瑞典人绝对是和善而可敬的。瑞典在 20 世纪取得的成就不胜枚举，而且大多纯洁高尚：比如理性地实行政教分离，比如大力发展工业，取得经济成功，当然，还有它竖立了悲天悯人、无远弗届、光芒四射的福利国家的标杆。在上世纪的绝大多数时候，瑞典都被认为（它自己也认为）是全世界的社会实验室：一群金发的集体主义者，满怀英雄气概，奋勇开辟更好的生活方式，遵循更高、更现代的道德准则，写出动听的四分钟流行歌曲。

我们也对有关他们的免费学校和慈善医院、和谐折中的共识政治、经济平等与性别平等的报道津津乐道。瑞典最近有一项创新引起了英国媒体的关注，那就是 *Kunskapsskolan*（知识学堂），这是一种形式自由、开放布局的教育制度，没有教室，孩子们自行制定学业目标，规划学习进度。如果我上学的时候是这种情形，我们会在第一天上午乱成一锅粥。可是英国媒体看到瑞典人这么做，它也想这么做。

此刻，瑞典的榜样正引起全球决策人士和政界的关注。从戴维·卡梅隆到弗朗索瓦·奥朗德，连巴拉克·奥巴马也不能免俗，多位稳健的西方政治领袖都幻想模仿瑞典的混合经济，照搬瑞典共识驱动的政治模式。瑞典这只安详的北欧天鹅，似乎每每能够不动声色、不起波澜地达成自己的目标：不论是颁布实施进步的劳动法，在银行业失策之后运筹实现经济复苏，还是在网球场上夺冠，瑞典人一向气定神闲。

瑞典近年来最大胆的社会实验是在多元化方面。在过去的 40 年来，这个斯堪的纳维亚大国欣然接纳的移民之多，超过了所有其他欧洲国家。今天，约 15% 的瑞典人口是在瑞典以外出生（丹麦只有 6% 多一点，丹麦是北方第二大移民国）。如果把下一代包括进去，约三分之一的人口出生在瑞典以外。瑞典直到 19 世纪末，还是由同质化的、彼此隔绝的乡村社会构成，它的外交政策在过去两百年来以狭隘和中立为特点。对于这样一个国家，它的移民数量是个惊人的统计数字。不过，我们也会看到，这种新情况也造成了一些新问题。

过去几年来，全世界向瑞典请教，学习应对各种银行业危机和经济危机。瑞典早在几十年前遭遇过类似的由信贷引发的震荡。1985 年，瑞典政府对信贷市场取消管制，瑞典人充分利用了几乎源源不断的所谓“圣诞老人”式信贷，结果，住房泡沫不可避免地破裂，让他们付出了惨痛的代价。到 20 世纪 90 年代，瑞典遇到了危机：失业率翻了四番，预算赤字飙升。但是政府迅速采取行动收拾残局，实施了重大的公共部门支出和税收减免，同时保留了福利国家的内核。它以比撒切尔夫人还要大的魄力，对一些服务行业实行了改革和私有化；鼓励学校主动退出国家体系；允许病人选择任何医生，包括私人医生，再由医生向政府收取费用，等等。也许最重要的是，他们加强了对银行的监管，此后再也没有放松。这些举措使瑞典能够很好地应对近年来的全球经济危机，于是，瑞典继续扬帆起航，似乎又一次对身边的风雷震荡浑然不觉。

与丹麦的“黄蜂”模式（高税收，庞大的公共部门，覆盖广泛的福利国家）类似，瑞典也对许多经济学家的警告置若罔闻。自“二战”以来，类似的警告就不绝于耳。瑞典即使谈不上繁荣，至少也做得相当不错。我前面提到过，在世界经济论坛最新的全球竞争力报告中，它排在第四位。联合国的人类发展指数把它排在第十位，领先于丹麦和芬兰。挪威的人类发展指数名列第一——它那巨额的石油财富应当能够确保在未来几十年，按照绝对标准，挪威将仍是最富有的北欧国家——但是，瑞典的工业产出继续使它的邻国相形见绌。它的强项在于发展大规模的跨国企业，比如利乐（全球最大的食品包装企业）、H&M（全球第二大服装零售企业）、工业工程公司阿特拉斯·科普柯（Atlas Copco）、爱立信、沃尔沃，还有那家被许多人视为婚姻坟墓的全球连锁企业宜家公司。实际上，北欧地区近一半的大公司都是瑞典公司。[1]

瑞典的失业率不太乐观，几年来一直徘徊在较高水平：目前是7.3%（瑞典的失业率数字就像好莱坞明星琼·柯琳丝的年龄一样不可靠，所以，实际数字也许要高得多）。最为严重的是，年轻人的失业率比另外几个北欧国家高得多（接近30%）。虽然如此，瑞典的GDP和它的增长率继续领跑这一地区。政府债务也在下降——这与欧洲大陆其他国家形成了鲜明对比：瑞典的政府债务占到GDP的35%，而欧元区国家的平均债务占GDP的90%。

瑞典除了卖给我们缀着亮片的文胸、不好打开的牛奶盒和ödmjuks（我个人偏爱的宜家系列产品——用作茶具），近年来瑞典的文化出口

[1] 不过，请大家为萨博（SAAB）默哀片刻。多年来它为汽车行业增光添彩，不料却成了美国公司管理不善和它自己古怪任性的牺牲品。萨博破产的消息发布时，它的忠实客户、上百万名建筑师和平面设计师长叹一声，转身去看奥迪的宣传册。

也相当可圈可点。北欧犯罪小说已然占领了全世界的机场书店——亨宁·曼凯尔的小说售出了3 500万册，斯蒂格·拉森售出了6 000万册。瑞典还是世界第三大音乐出口国（继美国和英国之后）。瑞典有数量庞大的作曲家和制作人，他们似乎共有一种神奇的天赋，能够源源不断地推出声音尖细的青少年流行歌曲。美国流行女歌手凯蒂·佩里、粉红佳人（Pink）和布兰妮演唱的那些才气四溢、朗朗上口、温存柔媚、燕语呢喃的歌曲——都是瑞典人创作的。

而且，瑞典还有一位谢了顶的首相。我个人认为，英年谢顶绝对是大势所趋。

多年来我去过瑞典好几趟。我去过首都斯德哥尔摩，也去过其他地方，马尔默去得最多。我结识了很多瑞典人。可是同挪威人一样，瑞典人在我心目中的印象，仍然主要由我丹麦的亲朋好友决定。丹麦与瑞典在历史上纷争不断，我不该，也不指望从丹麦人口中听到对瑞典人的公允评价。

“我去过瑞典，”我记得一个丹麦朋友对我说，然后干巴巴地加了一句，“我认为……（瑞典不怎么样）。”

另一个人前不久去了一趟瑞典的哥德堡。我问他感觉怎么样。

“瑞典很棒，”他说，“还停留在上世纪70年代。”我的天。

丹麦是瑞典的南部邻国。丹麦人对瑞典人有一种由来已久的看法，那就是呆板，沉闷，缺乏幽默感，刻板地遵守规矩；瑞典人嚼烟叶；他们循规蹈矩到令人窒息的地步。丹麦人私底下喜欢讲瑞典人的故事，说瑞典人谨小慎微，像工蜂一样驯服，还喜欢卖弄学问。[1]

[1] 丹麦人形容瑞典人冷漠、呆板，德国作风鲜明。事实上，我早年刚来丹麦的时候，这样的描述相当吻合丹麦人给我的最初印象，不过我显然没有把这种感觉说出口。由此我得出一个结论，丹麦以北有一个比丹麦人还要公事公办、事事讲求规矩的邻国，也许不是坏事；两相比较，丹麦人显得可爱多了。丹麦人自认是悠闲自在、开心快乐的典范，我认为没有必要否定他们这个自我形象。

几天前，一个丹麦朋友给我讲了下面这件趣事：

"一群瑞典同事每周五下午聚会，分享一瓶葡萄酒，用来庆祝周末。过了几个星期，一个人突然站起来说，'我认为我们应该把这瓶葡萄酒报税，还能享受税收优惠。'另外几个人商量了一下，一致同意向相关部门报5克朗的税。"

还有一件事是另一个朋友讲的。他去斯德哥尔摩郊区看望住在那里的瑞典熟人：

"我在站台上站着，等待搭乘火车进城。一个西装革履的瑞典人走过来，对我说，'对不起，这是我站的地方'。站台上大概只有三分之一的人。他每天都站在我当时站立的地方等车。我让开了。"

丹麦人把瑞典人描述得很不堪，除此之外，就只剩下过于轻信的国际媒体对瑞典人同样有失偏颇的描述了。英国和美国的报纸杂志早已认定，瑞典进步的社会政策、混合资本主义、组合家具、酵母面包烘焙、留胡子的嬉皮风格和组装自行车，样样堪称典范。英美媒体始终坚持这一论调，从未改变。

这个国家宛若《复制娇妻》(Stepford Wife)在现实生活中的翻版，我想去探个究竟。一国国民绝不可能像丹麦人口中的瑞典人那么学究气和缺乏幽默感，也不可能像左倾媒体宣称得那么完美无瑕。真实情况想必介于二者之间吧。

第 2 章

唐老鸭

已故的美国政论家苏珊·桑塔格头发浓密，出身纽约犹太家庭，她或许不是揭开瑞典深层奥秘的第一人选。不过，上世纪六七十年代，苏珊·桑塔格在瑞典生活了 12 年。其间她拍过几部（据大家说）不太叫好、类似伯格曼风格的电影。在我看来更为有趣的是，她在离开瑞典之前，给它写了一篇尖酸刻薄、辛辣无情的告别宣言。

桑塔格不认为瑞典人是个和善友好的民族。“一言不发是瑞典国民的陋习。老实说，瑞典遍地都是姿色平平、唐突无礼的微缩版瑞典女演员嘉宝。”她写道。接着，她又不惜笔墨，淋漓尽致地描写瑞典人笨拙、疑心重、“对规则死心塌地”，更别提他们还是厌世的酒鬼：“瑞典人希望被强暴。喝酒是全民自我强暴的一种方式。”她写道。她把挑起论争的手榴弹的拉环一拉，从肩膀上向后一抛，径直登上泛美航空公司的航班，飞往肯尼迪机场。就连瑞典人的中立也很成问题，与其说它是人道主义理念的高尚姿态，不如说是集体妄想症的表现（更别提虚伪了——桑塔格指出，“二战”期间，半数以上的瑞典人亲德国）。

也许她的电影不成功，影响到了她对东道国的看法。但是桑塔格居然把许多人眼中瑞典的一大优点也变成了缺点：“我相信，瑞典人的理性存在深刻的缺陷，它在很大程度上由压抑、焦虑和情感疏离造成……我认为，这种理性差不多是病态的。”他们的色情作品也不对，它“贬低人们对性的感觉……就像专给男性妇科医生看的百科全书插图……让男人看了毫无感觉”。

噢，瑞典人炒菜也过了火候。

最重要的是，一言不发、面无表情、胆小怯懦的瑞典东道主让桑塔格觉得乏味透顶，让她无聊得发疯。我认识不少瑞典人，实际上（我要声明一点，瑞典全国 930 万人口，我只接触过极小的一部分）我觉得他们并不像桑塔格描述得那么沉闷，那么内敛（当然，参加龙虾狂欢节、饕餮豪饮的时候除外）。好的一面是，他们无私而专注地听你说话，即使你显然满口胡言乱语，他们也很少打断。你讲个笑话，他们听了会笑。（这是出于礼貌还是同情，我不太清楚；不过，说实在的，是礼貌还是同情，又有什么关系呢？）有一本指南这样描写瑞典人：“你说得越多，他们听得越久——就越安静。”对于像我这样夸夸其谈的牛皮大王，他们是理想的听众。我喜欢他们。

丹麦人喜欢逢人宣称，丹麦人是全世界最幸福的人，不管对方是路过的学者、记者，还是一脸茫然、只想在新港（Nyhavn）吃一块冰激凌的中国游客。与丹麦人不同，瑞典人不太高看自己。几年前，瑞典公共舆论研究院请瑞典年轻人描述一下自己的同胞。他们选择了 8 个形容词，按照相关性从大到小的顺序，依次是：嫉妒、呆板、勤劳、热爱自然、安静、诚实、不诚实和排外。

他们选择最少的三个词（共有 30 个形容词），也就是瑞典人最少体现的特点是：阳刚、性感和艺术气质。

斯德哥尔摩的“跨文化交往中心”创始人让・菲利普－马汀松写

了一本《他人眼中的瑞典人》(*Swedes as Others See Them*)。他又给瑞典人补充了几个形容词：寡言、严肃、拘谨、乏味、表面友好、不合群、守时、不善变通、傲慢和瞻前顾后。在分析瑞典人时，还有一个频频冒出的词汇是“腼腆”。20世纪60年代，一位美国精神病学家特意观察过瑞典人。他报告称，瑞典人脸红的次数超过其他民族。我不明白他们怎么那么脸皮薄。

人们经常给出的一种解释是，瑞典人过分担心出洋相。我看到这种说法的第一反应是，好吧，也许他们该给自己的孩子重新取名为“汉斯·汉森”(Hans Hansen)、“延·延森”(Jens Jensen)、“斯文·斯文森”(Sven Svensson)等等，这样就绝不用担心叫错孩子们的名字(如果真是这样，瑞典士兵和他们的发套又该怎么看呢？)。而杰出的瑞典人种学家阿克·道恩在他的著作《瑞典人心理》(*Swedish Mentality*)一书中这样写道：“人们对有争议的问题发表观点之前，总想试探一下对方的立场……瑞典人对说什么、怎么说、什么时候说、别人会有什么反应等等，似乎左右思量、反复权衡，然后才会开口发言——或者干脆什么也不说了。”

这种害怕被挖苦的心理体现在瑞典人定义自己的一个关键词当中：*duktig*。它的字面意思是“聪明”。这是一种特定的瑞典式聪明：是勤奋、负责的聪明；是守时、守法、刻苦的聪明。是日本人那样的称职负责，而不是卖弄聪明。这种聪明体现为按时填写报税单，一丝不苟，无需涂改；而不是体现为记得英国BBC综艺节目《舞动奇迹》两年前的冠军是谁。

当然，腼腆与北欧人普遍不喜欢聊天这两个特点是统一的。英国记者安德鲁·布朗上世纪70年代生活在瑞典，他写了一本感伤的回忆录《垂钓乌托邦》(*Fishing in Utopia*)。书中写道：“我从来不曾、再无法想象生活在这样一个地方：人们交谈如此之少。”我看到这句话的第一反应是，显然他从来没有洗过芬兰的桑拿。芬兰在瑞典以东，曾为瑞典的属地。与芬兰人一样，瑞典人的寡言也有一种可能的解释，那就是我们熟悉的“高语境社会”理论：每个瑞典人都知道对方在想什么；他们的观念、预期和意愿十分相似，这意味着即使沟通非常简单，他们也能把与自己近距离接触的对方判断个八九不离十。阿克·道恩还写道：

“瑞典人的同质化几乎无法提供置身好友之间的那种安全感。相反，同质化很容易导致一个人高估自己分析、理解对方行为的能力。这就有可能发出‘错误’的信号：举例说明，一个人身穿昂贵而雅致的衣服，实际上却抱有社会主义的价值观。”

挪威人类学家托马斯·海兰德·埃里克森对我说过大意类似的话，我们谈到了挪威人与瑞典人的关系：“他们的文化倾向于在公共生活中避免冲突。他们退后一步，唔，他们想避免争议，避免强烈的分歧，有很多话不便说透。挪威人和瑞典人打交道时，遇到很多文化上的问题。我们总是取笑瑞典人，因为他们太正式，太呆板，从来不说心里话，因为他们想维持一种彬彬有礼的氛围。”

那么很显然，马尔默的龙虾节是个异数。瑞典听起来很像科幻小说里的反乌托邦，人人都知道别人的心思，人们不再有权保留个人想法，被迫压抑情绪、观点或者冲动，以免与盛行的社会思潮格格不入。印度人类学家 H. S. 迪隆写道：“在讨论中情绪变得激动的人，被认为是焦虑的、神经过敏的人。”因此，道恩认为，“瑞典人似乎没有其他人那么‘感受强烈’”。

如果道恩所言不假，那么，瑞典人的腼腆和自我轻视甚至波及了该国的产房和殡仪馆。在这些地方，我见到了北欧人自我压抑的极端例子。道恩说，在分娩过程中，“瑞典妇女尽量不呻吟。一切结束之后，她们常常会问，自己有没有叫得太凶。得知没有，她们会很高兴”。他引用了一位助产士的话，瑞典社会“禁止表达强烈的感受，而分娩是一种可以理直气壮地宣泄强烈感受的场合”。道恩提醒说，在葬礼上，轻微的抽泣是可接受的，“绝望的嚎哭却令人难堪，很久以后还会被人牢记不忘”。这并不意味着瑞典人对失去亲人不会动容或者缺乏同情，他强调指出：“而是他们缺乏处理强烈感情的能力，他们害怕做错事，害怕举止失态。”

瑞典人希望避免造成摩擦，这种倾向从瑞典政坛蔓延到企业界（达到了压制民主、抹杀异议的地步，我们后文还会详谈），其著名特点是谋求共识的企业文化。瑞典公司往往采用扁平结构，表面上看不出等级。人人都可以发言；管理层和工人认为双方彼此平等；规章制度一视同仁。这会产生副作用，造成问题，尤其是在决策时刻。我的一个丹麦朋友是某瑞典公司的 CEO。瑞典人希望所有人共同参与每一项决策，这个压倒一切的特性几乎让他发疯。“如果我们想更换董事会成员，必须等前台接待员点了头才行。”他说。这未免有点夸张。雇用丹麦人来唱黑脸，显然是瑞典公司的惯常做法。瑞典的管理者过于注重共识，不肯强力推行不受欢迎的决策。

“我们有一种常规，就是把员工集合起来，征求他们的意见，”一个瑞典人告诉我，“我们不能随便改变什么，必须预先作了准备，进行了讨论。如果自己的愿望没有得到满足，瑞典人不会生气，也不会失望：这是妥协的必然代价。”

听起来，拖延和停滞也是妥协的必然代价，不是吗？那么，最近几十年来，瑞典公司又如何取得了如此巨大的全球性成功呢？这是因为，大型跨国公司要求数量庞大的群体在相当长的时间内朝着一个方向前进，刚愎自用的管理层不大可能给大家带来好处。相比起来，丹麦人则在中小企业领域胜出，这类企业需要更高的灵活性和敏捷的反应性；除了少数几个例子，丹麦公司还在苦苦奋斗，以期达到真正的国际化规模。

瑞典人倘若不是设法让同胞觉得自己“聪明”，就会努力给对方留

下 *lagom* 的印象。*lagom* 是瑞典人的又一个座右铭。它的意思是“稳健”、“理性”、“公平”、“讲道理”、“做事符合常识”等。虽然这些涵义与路德宗的教义显然一脉相承，据说这个词的词源却可以追溯到更早的维京人。传说是这样的：维京人围坐在篝火边，共饮装在牛角里的蜂蜜酒，他们体贴周到、彼此关爱、同甘共苦，始终记得自己不要喝太多，然后再把牛角杯传给下一个人（酒足饭饱之后，他们再出去大肆劫掠，一刀砍下修道士的脑袋）。人们认为，维京人时代的 *Laget om* 可以大致翻译成“传递（酒杯）”，日久天长逐渐演变成了 *lagom*。今天，它是指一种心甘情愿的集体克制。

Lagom 定义了瑞典社会多方面的行为，从消费方式到政府体制。瑞典人的消费绝不引人注目（在斯德哥尔摩市中心，把背面镶满施华洛世奇透明水晶的 iPhone 手机和炫彩毛衣外套视为时尚的只是极少部分瑞典人）。他们的政治制度倾向于依赖妥协、调和与共识。*Lagom* 显然与那份虚构的丹麦社会宣言——詹代法则有关。詹代法则定义瑞典社会的程度不亚于，甚至更甚于丹麦（瑞典人把它叫作 *Jantelag*）。瑞典人比丹麦人还要害怕出人头地，他们更不喜欢吹嘘自己的成就，更倾向于轻描淡写和谦虚低调。[1]

[1] 我有一种理论——它也许是我的又一条偏于牵强附会的理论，却是我最喜欢的一条，那就是，*lagom* 和詹代法则背后，其实都有着一个更为奇特的文化输入品：唐老鸭，这个卡通形象在斯堪的纳维亚经久不衰。在丹麦或者瑞典，我每次使用别人家的卫生间，马桶边十有八九会放着一摞被翻过无数遍的唐老鸭连环画；唐老鸭在丹麦叫 *Anders And*，在瑞典叫 *Kalle Anka*。星期五晚上，我打开丹麦电视台的热门频道 DR1，黄金时段播出长达一个小时的《迪士尼乐园》（*Disney Fun*）节目，主要是已经 60 岁的唐老鸭动画片。更何况我还听说，在瑞典，每年 12 月 24 日，收视率最高的电视节目是 1958 年的唐老鸭圣诞特辑，这已经成为传统。我琢磨过人们何以迷恋这只倒霉的、不穿裤子的鸭子。唐老鸭的生活态度似乎与斯堪的纳维亚人截然相反：他贪婪，自私，脾气暴躁，行为鲁莽。当然，最根本的一点是，他总是为自己性格上的弱点付出代价，不可避免地遭遇失败、伤害、侮辱，并无数次眼冒金星。看到喜剧演员拿禁忌开玩笑，观众可以获得一种替代的刺激感；我相信，出于同样的道理，对于谦虚、平和、遵纪守法的斯堪的纳维亚人，唐老鸭起到了类似安全阀的功能。他们做梦也不会像唐老鸭那样丢人现眼；比如，三个放肆的外甥吃掉了唐老鸭的蛋糕，或者两只花栗鼠的捣乱让唐老鸭在盛怒之下大喊大叫，捣毁自己的家。但是，看着这些故事以动画片的形式发生发展，他们获得内心的安宁，心灵得到净化。

不过，我在马尔默发现，瑞典人的祝酒歌绝对是北欧最带劲儿的。瑞典人要喝下大量葡萄酒，才会显露合群活泼的一面，而要走到这一步，必须小心翼翼地严格遵守大量繁琐的社交礼仪。对于缺乏经验的外行，瑞典的宴会尤其令人倍感压力——女权先驱玛丽·沃斯通克拉夫特早在 1796 年就写道：

瑞典人以礼貌周全而骄傲。可是，他们的礼仪并不是涵养深厚的外在表现，而仅仅由冗长乏味的仪式和程序构成。事实是，他们那过分的客套非但不会让你与之一见如故，立刻放松下来，就像教养良好的法国人给你的感觉，而只会让你持续收敛一切行为。

那么，倘若你不得不应付瑞典人过分的客套，下面是一点入门知识。

首先，到瑞典人家里做客，在门口要不要脱鞋，是所有外国人必须面对的一个问题。如果你询问主人你是不是应该脱鞋，这意味着你不愿意脱鞋。客气的主人也许不愿意勉强你，可是却在内心深处嫌弃你弄脏了他家的地板。但是，如果你主动把鞋脱掉，你也许会发现，整个晚上只有你一个人穿着袜子走来走去，其他人都穿着鞋，这太尴尬了。某瑞典礼仪指南这样建议：“千万、千万不要穿着鞋走进别人家。当然，除非别人也穿着鞋。”指南接着又写，瑞典人没有这个问题，他们直觉地知道什么时候该脱鞋，什么时候不用脱鞋。“与主人对视，跟主人握手，低头看别人有没有穿鞋。除非你确切地知道众人是否穿鞋，否则不要离开门口。”可是，如果你是独自上门，在门口看不到聚会的人群该怎么办？很简单：你死定了。

实际生活中，在该不该脱鞋这个问题上，瑞典人可能会对外国人网开一面。但是，有一条黄金法则，你如果违反则绝对不会被原谅：要按时到达。你不应该来得太早——谁也不会喜欢你早到——同样，你也绝对不能比邀请的时间迟到 5 分钟以上。在瑞典，“故意迟到一小会儿”的概念等于“故意摆谱”。

假如你通过了在门口要不要脱鞋的考验，也按时到达了聚会场所，那么你一定要在房间里走一遍，挨个与所有客人握手，用女王在英国皇家盛典之后接受觐见的气度作自我介绍。（丹麦也这样，只不过在瑞典，人们更喜欢给出名字的两个词，而不是只给出自己的教名。）事实上，我很喜欢这种正式礼节，虽然我一转身把其他客人的名字忘在脑后。我的建议是：你在这天晚上再见到他们时，不妨试着称呼男人“埃里克”，称呼女人“玛利亚”。多数瑞典人似乎都叫这样的名字。（如果是在丹麦，可以试一试“塞巴斯蒂安”和“海伦”。）

在主人招呼大家入席之前，你与大家混在一处闲聊。这时候，你可以任意询问别人挣多少钱，受过多少教育，并且清楚地表示，你认为丹麦人的种族主义非常严重。这个表态马上就能让瑞典主人对你感到亲切。如果你发现自己坐在女主人的右边，哦，你的运气不太好。现在，其他客人会搓着手，期待你发表简短的祝酒词，他们自己放下心来，因为用不着站起来发言了。你必须既谦虚，又风趣地恭维女主人，同时不要惹得她丈夫吃醋。你祝酒之后，客人必须举起杯子，挨个与所有人进行目光对视，同时还得始终留意女主人的举动。女主人抿一口酒杯，其他客人才可以抿一口自己的酒杯。

这只是正餐的前奏。我可以写满一本书，向你介绍在肉丸与 *Jansons frestelse*（奶油烤土豆配凤尾鱼——斯堪的纳维亚的伟大发明）期间和之后，你应该怎么做，不过，我的意思想必你已经明白。这里还有一句提醒：祝酒的时候，千万不要与人碰杯。我犯过一次难堪的错误，才学会了这个教训。那一次，善解人意的男女主人狐疑不解地看了我一眼，马上开始紧张地模仿我的举动，热切地希望我不要感到无地自容。虽然多年来，你也许在好莱坞的维京人影片中看到过五花八门的干杯欢庆的场面，并因此受到误导；但是，在斯堪的纳维亚，与人碰杯却被认为是无产阶级的做法，很不得体。

如果你怀疑我的入门指点不够全面（你的怀疑没错，不过，说句实话，要想写出一本面面俱到的指南，我必须在痛苦中耗费一生的时光），你希望深入了解瑞典人冷淡深密的心理，那么，最好的指南莫过于阿克·道恩的著作《瑞典人心理》。道恩曾经担任位于斯德哥尔摩的北欧博物馆馆长和斯德哥尔摩大学民族学系主任，他被认为是当代最伟大的北欧人种学家。人们称他为研究瑞典国民性的“大师”，他的著作是性格分析的杰作：我从未看到过如此精准——或者说如此残酷地剖析一个民族的著作。

道恩描述瑞典人是个羞怯的民族，内心充满不安全感；他写道，他们宁愿走楼梯，也不愿与人共乘电梯。他们较为有趣的习惯包括探访乡村，吃薄脆饼干，低声讲话，避免在谈话中提到有争议的问题。“最显著的莫过于瑞典文化为‘秩序感’赋予的分量”，他接着写道，守时和组织完备是瑞典人最为看重的特点。呣，这样看来，瑞典人很不错。

《瑞典人心理》写于1985年。我想知道，此后瑞典社会有没有发生什么变化。我担心道恩或许已经过世，所以完全不抱能够找到他、了解最新情况的希望。不过，让我喜出望外的是，我想错了。道恩虽然年逾古稀，却依然健在（《瑞典人心理》即将拍成电影，届时将由马克斯·冯·西多扮演道恩）。他住在斯德哥尔摩市中心一处富裕的住宅区。事实上，我通过电子邮件与他取得联系时，他刚刚赢得了众人瞩目的盖德·罗辛奖（Gad Rausing Prize），该奖项由利乐集团的亿万富翁用馈赠创立的基金会颁发，奖金为800 000瑞典克朗（约合73 000英镑），以表彰他在人文研究领域取得的杰出成就。他和气地邀请我登门详谈。

瑞典人真的避免与人共乘电梯吗？这听起来太极端了。

“是的，是这样的。我们不知道怎么跟陌生人搭话，”道恩轻声笑了，“这非常有意思，因为多数人都喜欢交谈。在南欧，聊天是人生最美好的事情。我有个法国同事，她来到瑞典，断定瑞典禁止在公交车上交谈。她想不出还有别的解释。

“我们很容易给外国人留下‘特别’的印象。”道恩接着说。他的公寓很宽敞，天花板很高，我们坐在光线昏暗的客厅。“我们不太爱说话。不过，在瑞典，少说话是得体的行为，说明这个人很有礼貌，他在告诉对方：‘我会听你说话。’但是瑞典人老半天不说话，美国人或者别的国家的人就会犯嘀咕，‘他难道没有自己的看法吗？他难道没话可说，不能使大家聊得投机吗？’因为在美国，人们认为害羞的人是头脑不灵光。”

道恩把瑞典人喜欢与人隔绝的特点一直追溯到前工业时代。直至19世纪中叶，瑞典的人口分布一直很稀疏。19世纪末实行农业改革，农场被合并成较大的单位，结果却导致农民家庭与社会越发隔绝：“人们根本见不到多少人，主要只跟家人和邻居打交道，一切都是平等的。人们会遇到问题，那些问题家家户户都差不多。没必要谈论。人们去拜访邻居，什么话也不说，敲门，坐下来，坐了半天，也许说上一句，‘今天下雨了’。一切可说的话，以前都已经说过好多遍了。”

瑞典农民默契地坐着，心有灵犀，我觉得这个画面非常感人。不过，想来工业革命一定使这种情况发生了改变。道恩说，没有改变多少。工业革命发生时，瑞典人已经非常擅长把自己与他人隔绝，即使生活在城市，也不成问题。“在瑞典，你也许观察到，人们会径自撞在别人身上，好像对方根本不存在，原因就在这里。”他补充说。

我在瑞典逗留期间，瑞典人的唐突无礼经常让我觉得心惊肉跳，现在终于有了解释：他们冒失地打断别人说话，旁若无人地挡住别人的去路；许多时候，他们完全不讲基本礼貌，把我气得够呛，却又无可奈何。举例说明，我在市中心火车站等待乘车前往哥本哈根机场时，总是一眼就能分辨出，哪些人是跨过厄勒海峡大桥回家的瑞典乘客。瑞典人不等车上的乘客下完，就争先恐后地挤进车厢，而且理直气壮，好像这样再正常不过。普通人的这种粗野举止，我在丹麦也领教过许多次。可是，瑞典人作为全世界最无礼的人，只有中国香港人可以与之相比。瑞典人的形象原本是相互尊重、秩序井然、胆小怯懦，他们的唐突举止与这个形象南辕北辙，因此更加令人费解。有人曾经对我说，斯堪的纳维亚人的态度是一种平等主义的悖反：我和你一样有权走路、开车、骑自行车，所以，我没必要礼让你。我认为这个解释有点道理——要么如此，要么就是许多时候天气太冷，没工夫客气地周旋。

我与之交谈的一个瑞典人给我讲了一件事，可以说，里面那个英国人就是我在斯堪的纳维亚生活期间，在某些场合的真实写照："我在一家咖啡馆坐着。有个英国人坐在一张桌子前，一个瑞典人从他身边经过。瑞典人要去上厕所，他撞倒了英国人的手提包，但是瑞典人既没有道歉，也没有把手提包扶起来，而是继续往前走。英国人什么话也没说。不过，瑞典人从厕所里回来以后，英国人在咖啡馆里大叫起来：'你该向我道歉。'"

"我理解你为什么会觉得不快。"道恩淡淡地说。我长篇大论地就这个话题发了一通议论，也许超过了礼貌的范畴。"但是对于我们，这很正常。"不过很显然，瑞典人的粗鲁和孤立主义倾向也让他不安。多年来，道恩经常在街上遇到他的邻居，邻居没有几个，却从不打招呼。但是近来，他决定发起一项即兴的社会学实验。

"有位年迈的老先生，衣着很考究。我每天都见到他。我们从各自身边经过，从来不抬头。终于有一天，我走上前去，对他说，'你好，我们在这散步、打照面已经好多年了，难道就不能互相问声好吗？'那位老先生非常高兴。"他们两个人后来成了朋友，互相邀请对方一起吃晚饭。道恩受到鼓舞，又主动向其他邻居示好，邻居们也都很惊讶，但同样欢喜地接受了。“太好了。人们喜欢这样！”他说着，为自己拍手叫好。

道恩在斯德哥尔摩大街上传教般的努力发出了令人振奋的希望信号，说明瑞典人的心灵深处也许尚存人性。我从道恩的公寓出来，一路横冲直撞，乘坐沉默的公交车回到住处。我起了自己不妨也来做一项社会实验的念头。我计划下午就在斯德哥尔摩那些不明就里的瑞典人中间发起试验。

第 3 章

斯德哥尔摩综合征

我的计划是，下午其余几个小时——如果我还活着，也许时间还可以长一点——在斯德哥尔摩四处转一转，行为上处处与瑞典人作对。我是这样想的，如果我的行为举止完全违背瑞典人的社会准则，他们势必会作出反应，那样的话，我就能够辨别和观察得出一些明确的准则。我用故意作对的方式向沿途邂逅的瑞典人发起挑衅，我就能够测出他们心理的极点；把他们逼到忍无可忍的地步，我就可以确切地评估他们腼腆、沉默、遵纪守法、刻板僵硬到何种地步，从而把瑞典人摆放在斯堪的纳维亚社会自闭谱系的适当位置。我希望如果我对他们多一点了解，我看待他们会多一点同情。我要为全世界充当一次用于科学试验的小白鼠，充当一次用于人类学研究的鹦鹉；我要下到瑞典人心理的矿脉深处，去探察其中的奥秘。在接下来的五个小时，一切都可能发生：难堪的沉默、目光闪避、人身侵犯、逮捕、驱逐出境……

我的第一站是诺贝尔博物馆，它坐落在风景如画、令人陶醉的斯德哥尔摩市中心老城。老实说，由诺贝尔奖引发的沸沸扬扬的喧嚣让我十分厌烦。众所周知，阿尔弗雷德·诺贝尔靠发明炸药发了财。炸药最早用于采矿业，后来在克里米亚战争期间被用来制造军火，杀戮了数万人，此后又夺去了无以计数的生命。可是，诺贝尔退休以后住在意大利的里维埃拉。一天，他闲来无事，想到起草遗嘱，觉得自己跌宕起伏的一生虽然沾满血迹，却有理由以自己的名义设立一项和平奖——这就好比让企图杀害幼儿耶稣的希律王出资主办婴儿选美比赛，或者让爆破工人来颁发建筑奖。

长期以来，形形色色的诺贝尔评审委员会精挑细选，委实评选出几位真正出类拔萃的人物。举例说明，如克里斯托弗·希金斯指出，亨利·基辛格背叛了伊拉克库尔德人，支持种族隔离，听任“印度支那蓄意大肆杀戮平民”。基辛格获得了1973年和平奖。如果你发现，甘地始终不曾获得诺贝尔和平奖（阿尔·戈尔倒获得过），那么，奥巴马赢得了2009年和平奖，虽然争议较小，未免有点荒唐。和平奖由挪威议会选举组成的委员会颁发；其他奖项——文学、化学、物理学、医学和经济学——则由瑞典的委员会颁发。不知道诺贝尔为什么在两国之间这样分配奖项，不过，在他去世之际，挪威受瑞典统治。也许他认为，挪威是两国中较不尚武的那个。

诺贝尔博物馆馆藏丰富，集人类智慧之大成，如你所料，这里庄严肃穆。于是，这里就成了我开展社会学实验的理想地点。我取出零食和饮料，就在“请勿进食”的告示牌旁边，故意大声咀嚼薯片，咕咚咕咚地灌着可乐。这是对瑞典人耐心的真正考验，倘若这算一种考验的话。我嘁嘁喳喳，吱吱嘎嘎，咕咚咕咚，当着两位工作人员和数不清的其他游客的面，肆无忌惮地大吃大喝，可是没有一个人作出任何反应。这太让人扫兴了。尤其是我还得继续吃喝下去，我本来以为，我刚吃几口就会遭到制止——瑞典的薯片太难吃了——再加上灌了不少冒泡的饮料，导致我一阵阵地嗳气打嗝，难受极了。不过，根据这番对瑞典社会准则的初步考察，我可以得出一个确定的结论，瑞典人不喜欢发生冲突，更胜于恪守规矩。

我很快离开诺贝尔博物馆，来到一处人行横道。有几个人正在马路边等待红灯变绿，没有人迈步向前，虽然附近并没有车，也看不见有车驶来。路上没车，路灯是红灯，丹麦人遇到这种左右为难的困境时，也是耐心等待路灯变绿。多年来，我嘲笑他们像绵羊一样温顺。“我用不着一只灯来告诉我怎么过马路。”我经常公然奚落他们，故意大步流星地从人行横道走过去，我的妻子每每绝望地抓着我的胳膊，紧张地东张西望，而其他等待过马路的行人则嘀嘀咕咕地对我们表示不满。时光流逝，如今我不得不羞愧地承认，我也越来越多地遵守红灯了。我的叛逆性格被斯堪的纳维亚社会那纹丝不动的集体自律所驯服。不过，这一次，我飞快地扫了一眼马路两侧，就高昂着头，从人行横道跨了过去。灯还是红的。在丹麦，这是放肆的行为；我想，在瑞典，它更该算得上悍然的撒野了。

起初，一个女人站在我旁边，她显然在想别的事。看到我起步，她下意识地跟着我起步。但是，就在最后一刻，她抬头看了一眼路灯，发现路灯还是红的，马上乖乖地退回去，重新站在马路边。我似乎听到其他路人当中有人冲我发出“嘘”声，但是我不能肯定。不管怎样，我安然无恙地走到了马路对面，转身对着那群人，举起两只手，做出一个“看，我还活着！”的姿势。可是他们依旧带着期待和顺从的神色，抬头望着红灯。

我的下一站是剧院附近的一只公园长椅。我慢吞吞地向一个女人走去，她正在吃一包小熊软糖。我盯着那包胶糖，希望她给我吃一块。这女人感觉到我直勾勾地盯着她看，不安地挪了挪身体，继续吃着糖。我继续盯着她。还是没有反应。终于，这女人抬头望着我。我做了个表情，希望表达我想吃她一块糖的意思。可是，她显然受到了惊吓，一句话不说，起身快步走开了。哦，我的天。

“瓦萨”战舰博物馆是世界上一座伟大的历史博物馆。在这里，我只顾怀着惊奇的心情瞻仰伟大的“瓦萨”战舰，没空和人说话。这艘倒霉的炮舰由古斯塔夫二世阿道夫下令建造，于1628年8月10日首航，顷刻间便在斯德哥尔摩港口沉没。多数国家都愿意把这件众目睽睽之下的丑事埋在港口的河床上永不示人，可是喜欢自我鞭策的瑞典人却不然。上世纪60年代，他们把“瓦萨”战舰打捞上来，并且专门建造了一座博物馆，用来陈列这艘显然头重脚轻（连我都能看出来）的大帆船。

我很高兴他们做了这些事。一进展览厅，眼前的景象令人肃然起敬。一艘富丽堂皇的战舰赫然呈现在眼前。它的船艉楼高53米，上面的橡木群雕栩栩如生，由于海水浸泡变得黝黑，俨然像一座金碧辉煌的教堂。建造“瓦萨”用了两年时间，沉没只用了不到两分钟。如今，它成了阿道夫国王刚愎自用的醒目证据。当年，国王威风凛凛地站在码头边，亲眼目睹“瓦萨”缓缓倾斜，一点点没入平静的水面下，他作何感想呢？（“这样的事情如果发生在现在，YouTube上会有多少次点击呢？”我不禁感到好奇。）

斯德哥尔摩美得脱俗，它是斯堪的纳维亚最令人印象深刻的首都——好似把爱丁堡与威尼斯的美结合在了一起。至少，这是它的海滨一侧给人的观感。可是，在它那气势恢宏的大理石建筑的背面，有个冷冰冰的钢筋混凝土区，该区与英国伦敦的克罗伊登区不无神似之处。安德鲁·布朗写道，斯德哥尔摩市中心“在60年代几乎全部重建，变得失去人味”。它成了没有灵魂的野兽派作品。为什么会这样，个中缘由似乎成了一道谜题：瑞典在“二战”中毫发未伤。这里并不曾遭到轰炸。我坐在斯德哥尔摩文化馆（Kulturhuset）外面的长椅上，心中充满困惑。“他们为什么要用苏联式的钢筋混凝土重建斯德哥尔摩？”这反映了瑞典人——或者其城市规划人员——怎样的自我认知？

一个人手里拿着Kindle阅读器，在我旁边坐了下来。“这是一本电子书吗？”我笑眯眯地问。

他点了点头。

“哇噢，这真像《星际迷航》了，对吧？你喜欢吗？能给我推荐一下吗？”

“出门在外，带电子书很合适。”他对我说，但是没有与我进行目光交流，然后继续低头看书。过了一会儿，他内心某种沉睡的人性观念似乎缓缓苏醒，他停下阅读，转身对着我，“我喜欢它，因为可以随身携带，还可以装很多书。”他说。他为自己履行了好公民应尽的职责而感到满足，扭头又去看书了。

这是个令人鼓舞的迹象，说明瑞典人能够进行人与人之间的交流，只不过你要稍微主动一点儿。我受到鼓励，回到酒店，我在电梯口磨蹭了一会儿，等待与瑞典人同乘电梯。第一个目标是一位五十多岁的女士。她拉着一只硕大的垂直拉杆箱。我等她快进电梯的时候，迅速赶在她前面进了电梯。她马上后退了几步，微微点点头，示意我应该独自乘坐电梯先走。电梯很小，但是，我只要稍微退后一点，足够两个人乘坐。我退到了电梯一角。“没关系，我们两个可以共乘！”我叽叽咕咕地说。但是她好像突然在大堂里发现了更有意思的东西（奇怪的是，我入住的伯恩斯酒店在玻璃柜里陈列和出售假阴茎——也许就是那东西吸引了她的注意），默默地走开了。

如阿克·道恩所言，电梯似乎是个考察瑞典人心理的适当环境。所以，在接下来的几天里，我在更多场合试着与当地人同乘电梯。我从上次经历中得了教训，以后每次都等到我的实验对象进了电梯，我才赶快钻进去，与之搭讪，发起交谈。面对我的主动出击，“你好，怎么样？酒店不错，是吧？”他们的答复无一例外全都是单音节的“嗯”或者"啊"。有个肚子滚圆、西装革履的中老年男人对我理都不理，眼睛直直地瞪着前上方。一个年轻女人不安地笑了笑，避开我的眼睛，盯着她的鞋看。只有一对二三十岁的情侣接了腔，用肯定的语气回答说，是的，酒店很不错，然后就恢复了两个人之间的低声呢喃。这时候我才反应过来，他们都来自某个波罗的海国家。

我奚落瑞典人的下一个场所是公共交通。斯德哥尔摩有一处重要的旅游景点，是斯德哥尔摩环球竞技场的观光玻璃吊舱。玻璃吊舱升到半球体的竞技场顶部，游客可以在舱内把斯德哥尔摩的全景尽收眼底。这个景点就在城外，乘坐地铁只有短短一截路程。于是我去坐地铁。上下车的乘客照例相互推搡，有人要下车，被堵在门口下不去，还有人争先恐后地要上车。在多数国家，这种行为都令人不齿，是适得其反的自私之举，可是在斯德哥尔摩，人们却满不在乎。

我抓住一个人的胳膊。那是个穿西服的生意人，他肩上挎着一只轻巧的方形小包，正准备挤进车厢，而车上的乘客还没有下完。

"很抱歉打扰你，"我说，"麻烦你帮个忙好吗？"

生气、疑惑和不耐烦，他的脸上瞬间先后浮现出各种表情。它们最后凝结成满脸的气愤不解。

"我在考察瑞典人的行为。我注意到别的乘客还没有下车，你就要挤到车厢里去。我想知道你为什么这么做，因为很显然，你先留在站台上，让车上的乘客先下来，效果会更好。"

此刻，站台上只剩下我们两个人还没有上车。他焦急地越过我的肩膀，张望着马上就要开动的车厢。

"我……我，你是什么意思？我得走了。"他低下头，气冲冲地把我推到一边，抬脚跨进了车厢。"既然你早上不会不穿衣服就出门，为什么就不能对别人有点礼貌？"我很想对他大喊。不过我没有。连我也知道，在别国做客，冲东道主大喊大叫是不对的。

火车到下一站停了下来。我还没有到站。但是我决定继续做这个实验，便决定下车。果然，我还没来得及下去，在站台上候车的人们就开始拥进来。我张开双臂，摆出耶稣受难的姿势，把几个人挡了下去，同时发出激情的呼吁。

“大家好！让别人先下车好吗？”我提高嗓门说（不是喊叫），把两个人推回到地铁的站台上。但还是有两个人挤了进来。不过，也有几个乘客似乎由衷地感到难堪，主动退后了。这项成绩虽然来之不易，却未免得不偿失；我对众人做了这番空洞的说教，下车之后，就再也上不去了，只好又等了12分钟，等下一趟地铁驶来。但是，我仍然觉得，我向乘客灌输了起码的乘车礼仪。

在下一趟车上，一个罗马尼亚男人穿过车厢，把几张卡片放在乘客旁边的空座位上。卡片上写着：

我是个穷人，有两个孩子。

他们得了白血病，我需要钱给他们看病。

有人在卡片上留了硬币，等那人挨个穿过每节车厢，返回时收取。坐在我对面的女人也给了。我趁着道恩式社会试验的新鲜劲儿还没过，询问她为什么给钱。我认为，瑞典有出色的免费医疗服务。

有个陌生人未经邀请在跟她说话，这是非同寻常的事情。等她终于反应过来我在问她，她回答说，如果那人没有获准在瑞典生活的正式文件，就无权享用免费医疗。

“但是，你其实不认为他是为了救两个孩子的命，对不对？”我说。

“是的。不过在我看来，他既然乞讨，就已经丢掉了尊严。所以我给他钱。”

现在，轮到我为自己感到愧疚了。这种现代的、瑞典式的同情心让我觉得无地自容。也许我不该再折磨当地人了。何况我对自己发起的这项划时代的人类学研究也渐渐失去了热情。谴责瑞典人没礼貌，就好比指摘意大利男人太虚荣，或者日本女人太害羞。意大利男人和日本女人都无法改变自己。再说，瑞典人又怎么招惹我了呢？

然而，在接下来的几天里，我还是试图在咖啡馆和餐厅里与人搭讪，徒劳地想要打破人们对瑞典人的刻板印象。多数瑞典人对我的开场白作出了回应，回答了我的问题，但是没有作出任何继续交谈的努力。当然，我们不能完全排除一种可能性，即这都是由于我个人的缘故，全体瑞典人都在我面前畏缩不前。可是，我已经尽了最大的努力不让自己显得面目狰狞。

与此同时，我还随时留意寻找瑞典人伪善的表象之下的破绽，留意他们可能具有的恶习。我几乎没有看到什么。除了他们莫名其妙地喜欢把烟叶含在口中。在每家 7-Eleven 店里都有装在圆盒里的口含烟叶出售（像煮过的糖果）。（我采访过该国的顶级厨师，采访时始终无法集中注意力，因为他的下嘴唇鼓出一块，那是他嘴里含着烟。）

哦，我差点忘了，还有人在国家博物馆手淫。一天下午，我无意中参观了一项特殊的展览，题目叫“欲望与恶习”，广告牌写着瑞典人“从古至今的偏好与倒错”。我去博物馆是为了膜拜斯特林堡的海景画，但我还是勉强决定，为了考察这个东道国性心理之肮脏龌龊，我应该去瞥一眼这个展览。为了研究嘛。

此次展览展出了瑞典过去几百年来那些难以界定的情色作品，态度坦率，内容自由。有瑞典画家朱里斯·克隆堡（Julius Kronberg）的一幅 9 英尺的巨型画作，它在 1876 年面世时显然引起了轩然大波。画面描绘两个男人垂涎地注视着一个姜黄色头发的裸女。还有各种分不清是艺术品还是手淫的录像带。有一整面墙画着裸体妇女在自慰。还有更多男人自慰的图片，以及没穿裤子的修女等等。

这一切该怎么理解？瑞典人的性自由闻名遐迩，但是许多评论员、参观者甚至瑞典人自己都说，这是没有根据的。某些人眼中瑞典人所谓的“性感”可以归因于几个因素，但这些因素与他们摆弄生殖器的方式以及频率没有太大关系。

首先，瑞典色情业在20世纪60年代实行了非罪化。此举效仿了丹麦在同一时期采取的举措。结果导致瑞典和丹麦的色情业发展成为全球领袖。其次，表面看来，瑞典人对待裸体满不在乎——在桑拿房，在海滩等等——这种态度与实际的拥吻性交几乎没有关系。1968年，奥洛夫·帕尔梅（已故）即将就任瑞典首相之际，戴维·弗罗斯特对他作过一次十足蹩脚的电视采访（我要补充说明一点，蹩脚的只是弗罗斯特那种让人起鸡皮疙瘩的自满态度；帕尔梅给人的印象是一位庄重、有才华的政治人物）。弗罗斯特问到了瑞典人那性自由的名声。帕尔梅说这个名声“言过其实”。他描述瑞典人“在性方面具有深刻的道德感和自制力”，但是他接着又说，他们“对性持有正常的、健康的态度”。

瑞典大步迈向两性平等，这一点或许也让不经意的旁观者感到困惑，以为瑞典妇女在其他方面格外自由和随便（瑞典摇滚乐女歌手阿格尼莎·法尔茨考格领口开得很低的连衣裳或许也促成了这种印象）。但是，瑞典之所以推动性别平等，却主要是为了让更多女性参加工作，而不是与人上床。

要说有什么的话，国家博物馆的展览表明，瑞典历史上对性的态度是清教徒式的。不过，与北欧通常的博物馆相比，这次展览给我的感觉至少有所变化。我的旅程至此即将到达终点，我对斯堪的纳维亚地区博物馆的风格套路和主题修饰已经了然于胸。比如，史前部分的展览全部配以一种诡异的、宛若寒风呼啸的音效。（如果北欧各国的博物馆展出的内容真实可信，那么，史前的斯堪的纳维亚人大多一辈子孑然一身，顶风冒雨行走在长满石楠的荒野，然后失足落入泥炭沼泽，只能垂死挣扎。）到博物馆去看看他们政治正确的、亲维京人的宣传，也成了我的一个小小爱好。而斯德哥尔摩的历史博物馆在这方面也不会让你失望。

“维京人最出名的特点也许是穷兵黩武，烧杀抢掠。但他们其实还有很多其他事迹。”一块文字说明展牌这样写道。他们想要为之平反昭雪的似乎不止维京人：在一切稍具争议的问题上，斯堪的纳维亚的历史博物馆都喜欢展示它的政治正确的积极面，从他们杀人如麻的祖先到性别、种族和残疾等，莫不如此。我这样说，未必表示批评。虽然表面上有时看不出来，但我其实相当热衷于政治正确：政治正确的态度如今或许不再时髦，但是在我看来，它是一种礼貌的表示。我认为，人类已经达成了共识：我们希望礼貌多一点，而不是少一点。虽然如此，瑞典人企图把自己爱喝酒的习惯怪罪到意大利人头上，这似乎有点过了。博物馆的一张文字展牌这样写道：“赌博和烂醉不是新鲜事。公元初年，罗马人的习惯传给了北方人民。”喔，我明白了，全怪那些道德低下、肤色黝黑的南欧人！

提到多元化也必须小心翼翼。“在今天的瑞典，我们常常见到信仰的不同方式，”还有一块展牌介绍了该国20世纪末的移民情况，“有时不免存在恐惧，但更多的是理解。郊区的卫星接收盘和宽带面向整个世界。我们容得下全世界。”

真是这样吗？我在斯德哥尔摩见到的黑人或者亚洲人寥寥无几。我在奥斯特玛姆（östermalm）的高档住宅区闲逛了一个下午，只见到一个有色人种，他正在麦当劳外面倾倒垃圾桶。一想到瑞典是北欧地区移民最多的国家，我为市中心看到的融合之少、多元化程度之低而惊诧。

不过，历史博物馆还有一个展览，它展出了瑞典声名狼藉的移民区、马尔默的“玫瑰园”的一些照片。在斯堪的纳维亚，“玫瑰园”以社会问题频发、族群关系紧张、污秽肮脏、暴力横行而远近闻名，连生活在厄勒海峡对岸20分钟车程的丹麦人也由衷地感到害怕。他们说起“玫瑰园”来，脸上带着惊骇的表情——“玫瑰园”里无法无天，枪弹横飞，纵火四起，伊斯兰极端主义泛滥成灾。你听了还以为他们在描述摩加迪沙郊区的情形呢。

到了该去“玫瑰园”看看，近距离观察一下瑞典伟大的多元化实验的时候了。

第 4 章

融 合

“天黑以后我不去那里。”出租车司机告诉我。一个风和日丽的春日早晨，我们驶出了马尔默火车站。“我认识一个司机，他前几天在那里被人狠揍了一顿，遭到了抢劫。你知道，那里相当于瑞典的芝加哥。”

瑞典是世界上一个富裕、发达、安全的国家，可是，我却不止一次听到关于马尔默的“玫瑰园”社区的此类说法。“玫瑰园”正是我们此行的目的地。对于丹麦的右翼人士，“玫瑰园”及其近 90% 的移民人口成了瑞典的开放式移民政策一切缺憾的象征。如果你相信传言，那么，此地是犯罪猖獗的地狱之门，是暗无天日的绝望之境。瑞典让索马里、伊拉克和阿富汗移民在这里聚居，却不给他们过上体面生活、赚取体面收入的任何希望。

政治上，对移民的态度最为极端的是安德斯・贝林・布雷维克之流，是那些喋喋不休的欧拉伯博主。他们宣称，欧洲正面临着第二次维也纳之围（Siege of Vienna）[1]。他们说，非穆斯林千万不可涉足“玫瑰园”，那里不喜欢白人，甚至不稀罕紧急服务——那里是伊斯兰极端主义的温床。伊斯兰极端主义已经在马尔默这个据点安营扎寨，打算由此扩大它的势力，直至遍布欧洲大陆。对移民态度不那么极端的是挪威的进步党及其瑞典同道 *Sverigedemokraterna*（瑞典民主党——它的口号是：“安全和传统”）。他们以“玫瑰园”为证，说明上百种不同信仰、种族和民族的人虽然生活在“玫瑰园”，却无法与土生土长的瑞典人和谐相处。他们问，瑞典的传统价值观到底出了什么问题，移民与“真正瑞典人”在数量上何以达到一千比一的悬殊比例。

这么说，“玫瑰园”成了一个坏典型。过去十年来，“玫瑰园”发生过若干起登上头版、震动天下的事件——骚乱、纵火和冷枪袭击——使它的声誉进一步受到损害。有些罪案是“纯种瑞典人”犯下的，人们就觉得不要紧。哥本哈根的北桥区（Nørrebro）是丹麦的多种族聚居区，那里也经常发生枪击和零星的骚乱。丹麦人对之轻描淡写，认为只是帮派之间的火并。“只是飞车党和毒品帮在胡乱射击”，哥本哈根人说着，轻抚一下自己的头发。他们似乎表示，本地歹徒的问题很好解决。同样，北欧的右翼也很少乃至绝口不提本地的飞车党。飞车党采用黑手党的组织模式，向丹麦外省的城镇发起恐怖袭击，还经营着本地区的许多甚至大部分贩毒活动。2013 年春天，斯德哥尔摩发生了持续几天的严重骚乱，人们只关注了几天。马尔默却是名声在外，难以改观。现代斯堪的纳维亚发起了伟大的移民试验，马尔默已经成了这场试验内核溃烂的代表。

所以我亲自来“玫瑰园”一探究竟。它坏到了什么程度？毕竟，这里依旧是瑞典。这个国家的妈妈们把孩子丢在商店外的婴儿车里睡

[1] 1529 年的维也纳之围，是奥斯曼帝国的穆斯林在苏丹苏莱曼一世率领下，第一次尝试夺取维也纳，但是以失败告终。——译者注

觉；郊区的住户不锁前门；这里的人发明了汽车普遍使用的三点式安全带；国家的法律规定，开车时，汽车要始终亮着前灯。

继续道路安全的话题。我抵达马尔默的那一刻，从瑞典国民性的滑稽演示算起。司机在发动出租车之前，不好意思地对着装在仪表盘边上的酒精测试仪吹了一口气。他解释说，倘若他的呼气中残留着酒精，就不能开车。原来如此。后来，我们终于驶离了马尔默老城区的鹅卵石广场和静静的运河。不过几分钟的工夫，眼前就换了一幅景象，变成了高楼林立，路网交错，购物中心鳞次栉比。“玫瑰园”到了。

事实上，“玫瑰园”的外观并没有那么糟糕。在发生骚乱的夜晚，人们焚烧汽车，投掷汽油弹。这里的住户十几个人挤住在一间蟑螂肆虐的潮湿公寓。遇到骚乱或者身在其中，“玫瑰园”的魅力或许会小一些。不过在这个明朗的四月天，“玫瑰园”看起来与斯堪的纳维亚其他地方拔地而起的高层建筑没什么两样。从赫尔辛基到奥斯陆，包括哥本哈根，我一路看过来——“玫瑰园”不比别处好，也不比别处差。从外面看，这些高层建筑保养得很好；许多楼房更换了外墙；房屋四周种植了大片树木和宽阔的绿化带；这里没有铁丝网，没有闭路电视摄像头或者插着碎玻璃片的高墙。我在伦敦南部住过。我深深知道，倘若地方政府放弃了履行维护职责，低成本的高层住宅区可能变得危机四伏。“玫瑰园”与伦敦的同类社区布里斯顿或者肯宁顿相比，有着天壤之别。

到了主要购物区，出租车把我放下。这是一座毫无特色的矮层商铺。里面有各种折扣店、一家药店和一家超市。没什么吸引力。斯堪的纳维亚的购物中心都没什么吸引力，哪怕它们坐落在最高档的住宅区（我认为，购物中心如此设计，是出于根深蒂固的路德宗观念，即从购物中获取愉悦是可耻和错误的）。

我与人有约，此人从事着斯堪的纳维亚地区也许最为繁难的沟通工作：他叫迪克·弗雷德霍姆，是“玫瑰园市区公关处”的负责人。他的办公室就在购物中心后面那栋新建的议会大楼里。

我开门见山地问他，“玫瑰园”何以形成了这个可疑的贫民窟的名声。“唔，我们不用‘贫民窟’这个词，”他轻快地回答说，“这里不是天堂，但这里也不比斯德哥尔摩或者哥德堡市区有更多问题。上一次严重的骚乱发生在 4 年前。现在这里平静多了，我们在基础设施上作了大量改进。人们都说，‘玫瑰园’证明瑞典的移民政策走了样，但是我们说，‘玫瑰园’恰恰是融合起步的地方。”

弗雷德霍姆年近四十，衣着随便，前额的一缕头发显得很有生气（他的样子有点像英国摇滚歌手莫里西所在乐队的成员，这样描述也许可以让你对他有个大概的印象）。他的态度足够和气，同时又很戒备，这不难理解。他列举了一个月季园项目、一条新修的自行车道，还有一座游泳池，这些都是地方上近年来所作的改进。他接着又说，“玫瑰园”渐渐开始吸引企业入驻——我晚些时候从这里出去时，在路上看到了理光（Ricoh）公司的大办公室。至于犯罪，他声称，因为多数居民是穆斯林，酒精引发的犯罪或者醉酒驾驶很少，“他们周六晚上也不打架”。为装点门面，他还提到了兹拉坦·伊布拉希莫维奇的名字，兹拉坦是瑞典近年来最优秀的足球运动员，出生在“玫瑰园”。

伊玛·利帕卢是社民党人，他担任马尔默市长达 15 年之久（2013 年退休）。我第二天见到他时，他刚从海峡对岸的哥本哈根市政厅开会回来。他对马尔默同样态度乐观：“我看到有一项研究表明，如果‘玫瑰园’位于斯德哥尔摩郊区，那它就是最安全的一块区域。”他骄傲地对我说。他把“玫瑰园”的问题归咎于私人房东，此地的多数大型公寓楼由私人拥有。“玫瑰园”是瑞典声势浩大的“百万安居计划”的组成部分。在 1965 到 1974 年间，社民党领导的政府新建了一百多万套住房，导致供过于求。利帕卢认为，问题在于瑞典的住房规划长期滞后，往往赶不上经济和人口的变化。

“从1971年到1981年，马尔默的人口下降了近4万，但是政府依旧每年兴建4 000套公寓，结果导致很多房子空置。20世纪90年代初，人们开始把空房子给前南斯拉夫移民居住，他们在这里的造船厂工作。等到这个入住过程结束时，每套公寓已经住了十个人。”“玫瑰园”住宅区的噩梦就此开始。房东基本上对房子及其住户不闻不问，听之任之。基本设施破坏，楼体情况恶化。下一波过于拥挤的中东移民潮使之雪上加霜。市长告诉我，后来，地方政府收购并修复了部分房屋。可是，90年代初，瑞典经济下滑，失业率翻了四倍，央行利率达到了500%。作为削减成本和私有化战略的一部分，中央政府通过立法，禁止把更多住房变成公共产权，“玫瑰园”被弃掷不顾，任其自生自灭。

弗雷德霍姆的说法让我发生了兴致。他说，“玫瑰园”里名声最坏的小区“绅士园”（Herregården，失业率达到90%）紧挨着“榆树园”（Almgården）。“榆树园”是个白人为主的工人阶级社区，该社区反对移民、投票支持瑞典民主党的比例最高。上次选举中，瑞典民主党在“榆树园”得到了36%的选票，而它在全国的平均得票率还不到6%。

马尔默的首次严重骚乱就发生在21世纪初的“绅士园”。当时，“绅士园”本应入住2 000人，实际却入住了8 000人。“人们住在过道里，”弗雷德霍姆对我说，“人们来‘绅士园’的唯一理由要么是买毒品，要么就是住在这里。”2008年，公交车一度停止在该社区停靠；某栋楼的房东关闭了一座设在地下室的清真寺，引发了本市历史上最为严重的骚乱。

换句话说，在这两处低收入住宅区，瑞典社会针锋相对的两极肩并肩生活在一起。一边是移民和难民，另一边是右翼的工人阶级。我和弗雷德霍姆面谈之后，在附近走了走，大概看了看两边的情况。

我再次路过那家购物中心。斯堪的纳维亚的特色烹饪——番茄酱、醋和不新鲜的烹饪用油混在一起的味道扑鼻而来。我穿过主路，经过

“玫瑰园学校”。它的校园现代而开放，里面的楼房刷成明快的彩色，四周的围栏很矮。

我继续往前走。过了学校，我蓦地想到，马尔默的“玫瑰园”让人觉得冷漠荒凉，主要原因不在于楼群过于密集，因为楼群四周合理地规划了宜人的花园和休闲区，而是由于它们被车水马龙的环形公路包围起来。每个社区都被川流不息的四条车道隔绝开。车道旁边，有的设计了宽阔的人行道，有的根本没有人行道。马路用陡峭的路堤护起来，像中世纪的防御土墙一样。这就拉大了社区间的距离，让人难以步行到达。在某个地方，我不得不爬上一截很陡的土堤，拨开矮树丛的枝条，从中间穿过去，才能走上我想走的一条路。这条路本身车流密集，车速也很快。我不得不分好几段过马路，危险地停在马路正中间的分界线上，然后趁着车少时飞快地跑到对面的人行道上。“城市规划人员要负很大的责任”，我把帽子上的树叶摘掉，心里这样想。然后我又想：也许，“玫瑰园”社区的孤立布局是有意为之。也许有人故意想把这些社区打碎，把它们拆开。

在络绎不绝的车流中，我经过了一小块街心花园，它是一块人性化的绿洲。我停下来和几个上了年纪的人攀谈——听口音，我猜他们是土耳其人——聊了聊他们的蔬菜。我听不太懂瑞典语，他们也不讲英语。所以，我们的交谈基本上是互相微笑，用手指一指他们面前的蔬菜。可是，在周围反乌托邦的街景中，这已然是一段令人愉快的人间插曲。

我要去“玫瑰园”的清真寺兼伊斯兰中心，它的穹顶和尖塔老远就能看到。我注意到，此地号称伊斯兰贫民窟，但是在清真寺不远处，就能看到两座教堂。两座教堂都锁着门，不过院子可以进去，没有看到安保措施。我可以径直走到门口。我的感觉是，这里似乎没有人因为宗教信仰而生活在恐惧之中，至少基督徒并不感到害怕。

"2003年曾经是这个样子。"清真寺的创立者和负责人贝加特·贝西罗夫告诉我，我恭维他把清真寺和院子打理得很好。他给我看了几张照片，照片是清真寺这几年遭遇过最严重的纵火袭击后拍的（2005年又发生了两起纵火案。2009年新年前夜发生了一次枪击事件，贝西罗夫在枪击事件中受了伤）。照片中，它看起来满目疮痍，就像我们每周在新闻里看到的伊拉克的提克里特或者阿富汗首都喀布尔的景象：墙壁断裂，被烧得黢黑，前院一片废墟。谁是2003年破坏清真寺的幕后真凶，至今仍是个未解之谜（我们会发现，瑞典警察与主持公道的加拿大骑警形成了鲜明对比）。肇事者极有可能是右翼的纯种瑞典人，例如马尔默的狙击手彼得·芒斯之流——我写作期间，他正在受审，罪名是过去9年里，他在本市一系列针对移民的袭击中射杀3人，致使另外12人受伤——但是，袭击由本地穆斯林极端分子发起的可能性也并非完全没有，极端分子对清真寺的温和态度不满。

贝西罗夫20世纪60年代从他的出生地马其顿来到瑞典，1984年开建了这家清真寺。作为一名"西方"穆斯林，他引为自豪的是，在这里，逊尼派与什叶派并肩做礼拜。贝西罗夫甚至对丹麦的穆罕默德漫画危机也大体上表示宽容："我本人不赞成（那些漫画），但是我们生活在一个民主国家。"（虽然表面上看不出来，但是，我发现自己对那次漫画事件的态度比一位真正的伊玛目还要极端：我认为，那些漫画是幼稚的挑衅，也许更坏，像牙疼，让人觉得可笑。）清真寺的部分资金来自利比亚领导人卡扎菲的世界伊斯兰召唤学会（World Islamic Call Society。这位已故的独裁者企图以此为据，向阿拉伯世界证明他的伊斯兰信仰）。贝西罗夫七十多岁，身穿西服，他一心想给我留下印象：他的教民是温和的。他给我看了一些在清真寺开放日，当地的权贵要人来参加礼拜的照片，其中有本市德高望重的犹太教拉比，甚至还有美国大使（更别提挪威进步党领袖西芙·延森）。好像为了证明这里面没有藏着极端分子似的，贝西罗夫带我参观了清真寺的各个角落——每一处犄角旮旯。

在他看来，“玫瑰园”的主要问题在于住房条件太恶劣：“有些公寓里住着 20 个人，蟑螂横行……”可是，问题还在于新来的非西方穆斯林，他们常常来自冲突地区或者穷乡僻壤。“传统不一样。他们融合得很慢——也许要用 20 年的时间。他们不通语言，犯罪在增加。”

我离开清真寺，走过一处遍布沼泽、相当破败的公园，来到了“榆树园”高层住宅区，也就是那个相隔几百米的白人工人阶级社区。像时空变换似的，我顿时回到了主流的瑞典社会。这里没有人包头巾，商店窗户上没有阿拉伯文标识，没有清真汉堡包。偶尔看到破旧的瑞典国旗在阳台上飘扬。窗帘带有花边。体重超肥的妇女把头发挑染成橘黄色，在马路上遛着白色的小狗。我问一位妇女，住在这里感觉如何。我说，我听说他们与移民邻居之间有些摩擦。“什么，‘绅士园’？”她不耐烦地问，那语气好像在说，“我有那么多事情要操心，才懒得理他们呢”，然后就走了。我遇到的另一个人兴致稍微高点儿。他告诉我，楼里一座电梯坏了，可是没人想办法修理，帮助一下住在里面的人。

我在“榆树园”后面的一个烤肉串摊位边等待搭乘公交车返回马尔默市中心，这时我兀地想到，“榆树园”的居民面临的问题也许与“绅士园”的移民邻居们一模一样——教育水平低下、机会渺茫、没有希望、没有钱。可是双方却互相害怕，彼此仇视。他们彼此的敌意形成了一道障碍，它所造成的阻隔不亚于城市规划对各个社区的划分与割裂。

第 5 章

加泰罗尼亚人

瑞典的多元化有个令人难堪的事实，那就是移民和难民似乎确实要为瑞典太多的犯罪事件负责，尤其是暴力犯罪，尤其是强奸。安德鲁·布朗在《垂钓乌托邦》中写道：

瑞典生活有个心照不宣的事实，那就是移民及其后代的犯罪率至少是本地人口的两倍……移民犯杀人罪的概率是瑞典人的 4 倍，犯强奸罪的概率是瑞典人的 5 倍。

在斯堪的纳维亚，就连我与之交谈过的一部分拥护多元文化的左翼开明人士，私底下偶尔也欣然承认，新来的未受教育的移民，尤其是来自某些国家乡村地区的移民，不懂得正确应对西方女性的衣着打扮和行为方式。

反对移民的右翼人士也面对着一个同样难堪的事实——他们所谓的移民，通常指穆斯林移民——那就是，引起移民犯罪的一个主要因素，恰恰是各右翼政党与瑞典社会民主党努力维护的斯堪的纳维亚福利模式本身。这种模式在设计之初没有考虑过非西方移民。与（比如说）20 世纪 50 年代去到英国的移民不同，前来北欧国家的移民通常缺乏充分利用福利国家安全网的语言技能和资质，即使他们获得了这些东西，也可能面临潜在雇主和全社会的歧视。福利国家制度有效地让新移民在类似于“玫瑰园”的地方聚居，新移民得到足够的钱可以维持生存，却常常无法逾越许多障碍，无法在社会上进一步上升。[1]这种制度为形成贫民窟、为移民持续“clientification”（指新移民全部依赖福利津贴所产生的效果）造成了便利。这与美国形成了鲜明的对比。美国的移民通常必须努力工作才能生存下来，在此期间，国家极少支持他们开创事业和生活——当然，收入和就业机会，正是吸引移民前往美国的最初原因。

有人为这个问题提出一个解决方案，即采用二元体系，对新移民给予不同的福利津贴，申请津贴需要符合更为严格的规定等等。丹麦近几年走了这条路。但是丹麦的做法引起了人权组织、欧盟和其他人的愤怒，它的国际形象受到了难以弥补的损坏。瑞典在 20 世纪 90 年代初的经济问题之后，也收紧了移民政策，但它的移民水平仍然保持着最高纪录（每年约十万新移民），比 20 世纪 70 年代的数字还要高。瑞典每年还接收三万左右难民。丹麦只接收三千到五千难民。瑞典难民的绝对数字足够引人注目，从人均角度，它让瑞典成了全世界第三大难民目的地国（英国排在第 17 位，美国在第 24 位，丹麦意外地排在第 16 位）。

阿克·道恩对瑞典移民实验的前景作了正反两方面的思考。我向他提出那个常规问题：同质化、孤立、内向的斯堪的纳维亚民族，是否从本质上不适合大规模的移民融合？他告诉我，25 年前，“欧洲价值观

[1] 姓名不用“-sen”结尾，就是其中一个障碍。2006 年，《瑞典日报》（*Svenska Dagbladet*）报道称，为了在找工作时哪怕仅仅获得面试的机会，姓氏像外国人的居民纷纷更改名字，使之听起来更像瑞典人。

研究”作过一项调查。研究人员征求了16个国家的约16 000人在一系列问题上的意见。“其中一个被要求回答‘是’或者‘否’的陈述句是，‘我不喜欢和与我的价值观、观念等不同的人在一起’，”道恩解释说，“我记得43%的瑞典人回答，‘是，我不喜欢和与我不同的人在一起。’我最初看到这个结果，心里想，嗯，还不算太差，不到一半人口。但是我马上看到了其他国家的回答，发现瑞典和别国的差距非常巨大。其他几个北欧国家大约是10%，连西班牙也只有22%。我想，不可能是这样，一定是统计时出了错。于是，20年以后，也就是2004年，同一项调查请我提供一个问卷问题，我再次使用了这个陈述句。这一次，瑞典人回答‘是’的占到了41%。所以，情况其实没有多少改变。”

虽然如此，道恩似乎对瑞典多元化的未来抱有温和的乐观态度。他指出，“玫瑰园”里的青春尽管煎熬，许多年轻移民仍然通过教育取得了长足的进步。“(除了融合，)没有别的替代办法。不管我们怎么想，世界会越来越国际化，人口会越来越混杂，斯堪的纳维亚也不例外。”他说。

亨里克·伯格伦是瑞典顶尖的历史学家和社会评论员。我后来去斯德哥尔摩时，向他提出了我的假说，即瑞典人与移民在民族性上不相调和。“我不同意你的观点，”他对我说，“不错，我们历史上是个同质化的国家。但是，比较一下丹麦和瑞典，你就会发现，现代性在瑞典是一股非常非常强大的力量。在移民问题上，人们有一种观点——愿意的话，你可以管它叫幻觉——瑞典是个现代国家，它的人民是现代的人民，我们没有偏见，我们向前看。你可以说，这是自欺欺人，这是思想宣传。但是到了一定的时候，自欺会变成现实，思想宣传也不会白费。”

换句话说，社会民主党盛行的理念认为，移民是好事，是正确的事，这已经成了某种自我实现的社会政治预言。那么，道恩的那项民意调查又该怎么解释？瑞典人似乎极不情愿与和自己不同的人打交道，不是吗？“你尽可以去作那类调查，但是你根本不知道，人们说的是不是实话。”伯格伦不以为然地摆着手说。

我们围绕移民问题谈了一会儿。伯格伦的办公室位于斯德哥尔摩一处安静的居民区，由一家商店改造而成。他身材高大，神情严肃，头脑睿智。我能感觉到，我们的谈话让他越来越不自在。

终于，他摊开手掌说：“你瞧，我实在不喜欢为自己辩护，说我们是多么好的人。请你不要把我描绘成那个样子。”他笑了，“我只是实话实说，我不认为你是对的。我不能说，看在上帝的分上，瑞典人比西班牙的加泰罗尼亚人更内向，或者，好吧，比比利时的弗拉芒人更内向！我的意思是……让我想一想，好吧，我们继续。你在斯德哥尔摩四处走一走，跟人们聊一聊。你明白我的意思。”他深吸一口气，“不，我不想让你因为问了这些问题，就觉得自己像个法西斯分子。但是，我不认为移民是个问题。如果我听起来太伪善，请你原谅；不过，我以前听过太多次了，说什么瑞典很快就会出问题，而且是出大问题。如果我听起来好像在说教，或者显得自以为是……”

事实却是，我提出下一个问题时，的确觉得自己有点像个法西斯分子。我问，他有没有想过，三分之一以上的瑞典人要么出生在国外，要么有外籍父母，或许瑞典至少应该考虑停止进一步接收移民？

“我认为你看待这个问题的角度不对。”伯格伦说。此刻他的神色平和多了，“首先，移民已经来了。我们必须面对这个现实。我们国家还会需要移民，所以我们需要建立一套工作移民制度。它应该有助于建立更好的多元社会。我也认为，不是所有寻求避难的人都可以来瑞典。但是，移民有各种不同的类型。

“我更担心的是失业。我担心那些人口下降的地区。那些地方没有足够的能源或者企业，人们找不到工作，基础设施也不好。我们不像挪威，我们没有那么多石油带来的财富。我想，这才是真正让人担心的问题。我担心瑞典民主党，我担心那些给他们投票的人。经济不平等、学校……许多问题都让人担心。至于人口的民族构成，我不认为它是瑞典的主要问题。怎么对待现有的人口，这才是更加重要的问题。”

第 6 章

索马里比萨饼

担心瑞典民主党的不止伯格伦一个人。在最近一次选举之前，瑞典的这个极右翼政党就被认为表现相当扎眼，以至于各大报纸拒绝刊登他们的竞选广告，电视台几档政论节目不肯邀请该党的代表参加。电视台为自己辩护的理由是，右翼人士在此前的选举中没有赢得足够的选票，所以没道理得到邀请。可是，绿党（Green Party）得票更少，却获准参加电视辩论。其他政党也拒绝与瑞典民主党发生任何瓜葛，而当瑞典民主党的代表终于获准出现在电视屏幕上时，原定参加同一档节目的某左翼党派的代表拒绝把自己的影像与之并列编排。

伯格伦不大赞成瑞典媒体对瑞典民主党进行审查的做法。但是他也指出，丹麦人民党由于电视报道而得到了许多好处。在丹麦 2001 年普选投票前，人民党正是由于受到了媒体关注，才成了丹麦联合政府中的第三方掮客政党。人民党利用这一地位，使数不清的苛刻的移民提案获得通过，成为法律。

“我认为，丹麦公开讨论一些问题，瑞典则不然。在瑞典，你有两个选择：要么孤立你不喜欢的事物，要么让它上台，让它学会对选民负责。”伯格伦说，“后一种做法有利有弊。当然，有时候人们选举了一些政党，却发现它们不能对选民负责。我认为，我们在瑞典看到了丹麦（发生的情况）。我们看到，包容是行不通的，我们决定不那么做。”

我虽然觉得北欧右翼的偏执和谬误和其他国家一样惹人厌恶，但我仍然感到，“我们决定不那么做”这句话令人有点不安。“我们”——想必是指瑞典媒体和政治精英——究竟决定不做什么？“我们”决定不允许某个政党的代表参加公开辩论，而这个政党在上次选举中，赢得了全体选民近 6% 的选票。这就给了丹麦人一个嘲笑瑞典人的口实：瑞典否认自己的问题，并且侵犯了言论自由。

“丹麦人对言论自由的观点相当可笑。”斯蒂芬·约恩逊以前担任《每日新闻报》（*Dagens Nyheter*）的记者，如今是从事族裔研究的教授。我在斯德哥尔摩大学的办公室拜访了他。他对我说，“他们（瑞典民主党）认为，媒体必须充当一面反映社会状况的镜子。但媒体并不是一面镜子。媒体总要评估哪类新闻要大力宣传。”

这种说法在我听来颇为新鲜：新闻记者“大力宣传”某些新闻？记者不是应该如实报道，反映社会，告诉人们发生了什么事情吗？显然，在瑞典不是这样。在瑞典，情况不一样。

“认为所有观点应该给予一视同仁的对待，这是极其天真的想法。”约恩逊说。他写过几本论多元化的书。“瑞典民主党与丹麦人民党是完全不同的党派。瑞典民主党的根基是瑞典纳粹党。这是有据可查的，人人都知道。它是个公然宣扬种族主义的政党，它代表一种与自由社会背道而驰的观点，它与民主社会全无交集……我们与那类极端党派辩论越多，它的合法性就越高，它就变得越强大。”

前不久，约恩逊在丹麦的《贝林时报》上与丹麦记者迈克尔·亚尔韦恩打了一场笔墨官司。两个人论争的焦点是两国对待言论自由的不同方式。亚尔韦恩写过一本书，书名叫《绝对瑞典：无声之地的旅程》（*Absolut Sweden*：*A Journey in a Wealth of Silence*）。他在书中写道，压制对移民问题的讨论，不允许瑞典民主党发出声音，种种行为表明，瑞典人正在制造话题禁忌，间接地为极端主义添砖加瓦（可以说，安德斯·布雷维克的行径就是这种极端主义的铁证）。亚尔韦恩形容丹麦与瑞典之间的厄勒海峡大桥是“心理上的柏林墙”，大桥两岸的两个国家在这个问题上截然对立。“读一读瑞典媒体对丹麦的看法吧。”他写道：

几乎全是一个话题——移民：我们是仇外的种族主义者，我们遭到欧盟或者联合国的批评。瑞典人认为自己开放、理性、高度现代化，可是他们却躲在某些禁忌背后，不敢站出来。表象之外，瑞典社会存在大量冲突，极端主义者的声音发不出来。这其中包括（例如）日益增多的帮派犯罪、纳粹主义、极端女权主义和穆斯林移民问题——没有人公开谈论这些问题。

丹麦的报纸编辑安妮·努德森同意亚尔韦恩的观点：“在瑞典，政治话语中存在惊人的恶毒，”她对我说，“当然，瑞典民主党很差劲儿。可是，主流媒体真心憎恶他们；那是对一类人的憎恶，因为那类人不能分享自己的宽容理念。我不该用极权主义这个词，但是（主流媒体的表现正是极权主义）……”

然而，约恩逊坚决认为，瑞典的方式才是最好的：“移民也许是近日欧洲最重要的话题，”他对我说，“我认为，与丹麦相比，多数瑞典知识分子、新闻工作者和出版商都非常负责。丹麦打着言论自由的幌子，公然允许并使丹麦人民党合法化，允许媒体对伊斯兰教进行种族主义的描述。

“自20世纪50年代起，就外交政策和对外援助来说，瑞典就是国际化的开放国家。瑞典获得了世界良知的美誉。我认为，这种思想意识影响到了瑞典人看待不同于自己的外来人口的观念。它造成了一种宽容和好奇的风气，肯定也让瑞典人产生了优越感，这种优越感又让瑞典人形成了必须帮助他人的责任感。瑞典的融合情况较好，因为我们抱有强烈的国际主义观念。”

对于瑞典相对而言规模庞大的移民，约恩逊毫无疑问持乐观态度：“吸收移民是可行的。瑞典融合了大量第二代、第三代、第四代、第五代、第六代移民。我认为，长远看来，融合情况不会太差。不融合移民，不让别人来瑞典工作，这无异于经济上的自杀。瑞典经济在蓬勃发展。整个人类历史上，人员都在到处流动。只要有点耐心，只要经济环境稳定，吸收移民就是可行的；倘若不可行，也必须把它变得可行。这是一项政治任务。政界必须把它变得可行。”

约恩逊提倡压制斯堪的纳维亚右翼政党的声音，对此我深有共鸣。我再也不想看到丹麦人民党的代表自鸣得意地在电视上贩卖狗皮膏药，喋喋不休地说什么 *de mørke mennesker*（“那些黑人”）或者 *de sorte*（“黑人”），散布谣言，扰乱民心。

过去10年来，丹麦人民党谈及穆斯林的论调非常极端。相形之下，英国保守党议员以诺·鲍威尔那篇反移民的争议性“血河”（River of Blood）演说，听起来宛若温情脉脉的摇篮曲。几位名人在不同的场合、以不同的方式宣称，伊斯兰教不是宗教，而是“恐怖组织”；他们把穆斯林比作纳粹。他们因为挥舞旗帜，诋毁穆斯林是强奸犯和帮派分子，而遭到缓刑的判决。他们声称，穆斯林正在渗透欧洲，其最终意图是把我们全部消灭。举例说明，就在今天，我又在丹麦报纸上看到，丹麦人民党的发言人马丁·亨里克森谈论融合问题时说：“有一种倾向：只要许多穆斯林聚集在一处，就会发生令人不快的事件。”（我不禁想请问马丁，多少人斋月去麦加朝圣？那里万众聚集，发生骚乱了吗？有多少人被逮捕？你的本职工作到底是什么？）丹麦人民党的创立者和前主席是个名叫皮娅·克亚斯高的女人。每当那女人出现在电视屏幕上，妻子就担心我的血压受不了，常常让我离开房间。克亚斯高声音尖细，样子像精灵。她有一句隽言妙语，“世界上只有一种文明，那就是我们的文明”。她还在 2001 年的一份人民党通讯中宣称，穆斯林“舞弊、欺骗、撒谎成性”。

我们对这种人并不陌生，他们内心阴暗，谎话连篇。而更让人难过的是，这种人的偏执也传染到了丹麦社会广泛的政治讨论，以至于连中间党派也常规性地对移民和穆斯林作出负面的概括。有个现象贻害无穷，那就是人们普遍使用“新”或者“二代”来描述持有合法的丹麦、瑞典、芬兰或者挪威护照的移民后代。在许多情况下，移民后代生在北欧，依法纳税、投票，从多个方面为国家作出贡献。可是，唉，他们却不是北欧各国的真正成员。仅仅因为，怎么说呢，他们的肤色黑了一点。而让美国把部分人口叫作“二代美国人”，或者让英国政界大谈“新英国人”，都是不可想象的事情。

另一方面，“把问题交给政界去解决”——约恩逊表达的正是这个意思——听起来相当软弱。不管喜不喜欢，丹麦人民党确实代表相当比例的选民发出了声音。瑞典民主党也一样，只不过它代表的选民较少罢了。言论自由该怎么看待？难道我们不该允许右翼像其他政客那样，做跳梁小丑吗？难道选民不是成年人，没有能力自己作出判断吗？英国极右政党“英国国民党”（British National Party）在上次普选投票之前，就做了一番自爆其丑的表演。

有个简单的事实：从普选结果来看，假装瑞典民主党不存在是行不通的。该党在上次选举中取得了前所未有的胜利，赢得了 5.7% 的选票，足以在议会赢得 20 个席位。

到了用实际行动来证明我是个开明人士的时候，我要去探访瑞典民主党新的巢穴。

“我们要把移民减少 90%。”瑞典民主党的发言人埃里克·迈林对我说。我们在他豪华舒适的新办公室见了面，办公室离瑞典国会大厦（*Riksdag*）不远。“尤其是寻求避难和投亲的移民，现在这是个很大的移民群体。只要有一家比萨饼店，他们就可以把更多亲戚从索马里带过来一起做比萨饼，这个移民潮源源不断。”

哦，瑞典遭遇了人所共知的“索马里比萨饼厨师之祸”。迈林与他们那位能说会道的党魁伊米·奥克松一样年轻、精明。他滔滔不绝地吐出反对移民的言论，就好像它们是无伤大雅的事实陈述。我来之前，本以为会见到一些脸色苍白、面相阴险的人，身穿黑色皮衣，戴着金属圆框眼镜（实际上，坐在角落里、监督我们谈话的那个家伙完全符合这番描述）。不过，迈林穿的是黑色牛仔裤和夹克衫，他的外表与斯堪的纳维亚其他胸怀远大的中间派政客没什么两样。

迈林继续顺着这个思路，口若悬河地谈论要隔离公共游泳池，法庭宣判对移民太宽大等。他声称，瑞典法庭允许移民打孩子，“因为打孩子是他们的文化”。

“移民无缘无故找瑞典人的茬儿，因为他们知道自己能占上风，因为他们具有攻击性。他们比瑞典人更喜欢使用暴力。我在学校里有过亲身体会。我的朋友们也有过。”他声称，移民“看待人类生活的方式与我们完全不同”。可是，瑞典人过去不也有过颇为“好斗”的记录吗？比如，他对“三十年战争”（Thirty Years War）难道不是耳熟能详吗？[1]

[1] 古斯塔夫二世阿道夫以嗜血著称。在他的领导下，瑞典把当时全世界最大规模的军队——九万名士兵送上战场，在欧洲中部发起了长达 30 年的烧杀抢掠。这场战争造成了巨大的伤亡。据说按当时的人口比例计算，它造成的人口减少比两次世界大战加起来、比瘟疫还要显著。一位瑞典记者不无骄傲地告诉我，奥地利的祖母一辈至今仍然用这样的话吓唬自己的孙子女，“乖，我的孩子。要不然瑞典人来了，会把你抓走的”。

“是的，是的，当然我们也打过仗，不过——”

“你们横扫了整个欧洲。”

“是的，当然。不过现在，情况变了。”

“而且，”我补充说，“我这么说或许有点失礼：比如说我是个伊朗难民，瑞典政府把我驱赶到贫民窟，让我没有机会找工作，没有办法开创未来；你这样的人又给我扣上一顶‘危险分子’的帽子。我的反应恐怕也不会多么客气。”

“移民来到瑞典，绝对没有道理对任何事情不满意。移民来到瑞典，他得到一切；他得到医疗保健，受到教育。他可以学习瑞典语，他享有一切机会。”

瑞典每年接收十万移民，他向我说出这个数字时，脸上现出夸张的错愕表情。不过，我碰巧认真了解过具体数字，知道每年有多少人离开瑞典。迈林知道每年从瑞典离开的移民数字吗？我问。

他在椅子上挪了挪身体。“大约五万人。”

“那么，实际上，移民的确切数字是五万人。”

“是的，不过，问题不全在于数字，”他说，“而在于他们是什么样的移民。”

“瑞典经济的发展势头良好，你们需要劳动力，不是吗？”

“这句话人们念叨了40年了。我们每年都有10%的失业率。”

“这意味着瑞典的失业率是固定的，与移民水平无关……”

在统计数据上陷入僵持似乎毫无意义——迈林不大可能像《圣经》中的保罗那样，在大马士革人见到神的显现而幡然醒悟，改弦更张，急忙跑去隔壁房间的办公室，请求加入社会民主党——于是我问他，上次选举投票前，主流媒体排斥他所在的党是怎么回事。

“是的，媒体强烈反对我们的党，社论提出要把我们关进集中营等等，”他说，“他们不允许我们播出广告。我们被妖魔化；政治上，没有人愿意与我们合作。”

我说出了自己内心的想法，这是否可能与他们那则不光彩的选举广告有关。那则广告在瑞典遭到禁播，不过当然在 YouTube 上可以看到。所以，禁令非但不起作用，反而刺激了人们观看非法广告的猎奇心态和兴奋感。广告描绘一群戴头巾的妇女闯进去，推开一个瑞典白人老太太，去够桌子上的钱，那是瑞典政客们正在分发的福利金。这则广告的含义是，在瑞典的福利再分配中，瑞典白人老太太正在蒙受经济损失。该党遭到排斥，或许如约恩逊指出的那样，是因为该党当初由新纳粹组建（最早不叫民主党），它的党员身穿纳粹制服的照片不时见诸报端。据媒体披露，有民主党党员身穿纳粹制服，纪念希特勒的诞辰。我想知道，迈林有没有做过这样的事？

“我们没有那个意义上的新纳粹历史，”他生气地说，“我们有过一些党员，我们不知道他们是纳粹。我们这个政党从来不是种族主义者。”

我离开国会大厦时，心情非常沉重。这些人认为，外国人骨子里比他们更暴力、更具攻击性，可是居然有那么多瑞典人为他们投票。我开始认同瑞典知识阶层不约而同的无声抗议了。

从积极的方面看，瑞典民主党也许会在下次选举时无声无息地消失，这种可能性始终存在（虽然看起来日益渺茫）。在选举结束后进行的民意调查中，他们的人气立刻有所下降，因为事态很快变得明朗，瑞典民主党完全不懂得如何在国家层面运作一个成熟的政党。然而，在我写这本书之际，也就是 2013 年六七月，他们再次显露强劲的势头，此时民意支持率正在逼近 10%，而且是在该党曝出几桩丑闻的前提下。丑闻生动地暴露了该党的种族主义面目。尤其是其中的一件：该党议员拉斯·伊索瓦拉谎称遭到了移民抢劫，他像猪一样咆哮詈骂，咬定一名保安不放，他认为那名保安是个穆斯林（事后真相大白，原来他把自己的随身物品遗失在了一家餐馆）；他因此遭到该党领导层的训诫。无需怎样发达的想象力便可推断得知，这就是他所属政党的大多数党员可能的处事方式，如果他们认为自己能够蒙混过关的话。

不过，历史先例还是予人希望的：19世纪初，前右翼党一度在瑞典取得过更大的胜利，却倏忽即亡。

我们只能怀着希望拭目以待。

第 7 章

党

请论述下列题目：瑞典是个极权主义国家。

对，就是这个题目。我不是开玩笑。我渐渐觉得，丹麦报纸编辑安妮·努德森小心翼翼地用“极权主义”这个词来描述瑞典的时候，她点破了一层什么。我查了字典，极权主义的定义是“一种政府形式，它包括一个权力当局控制一切，不允许存在反对派”。20 世纪大半时间，瑞典本质上是个一党国家，该党就是社会民主党（社民党）。他们管制着安守本分、默默顺从的公民方方面面的生活，尽力确保公民遵守他们所规定的现代而进步的社会准则。当然，瑞典不是苏联——通常来说它的财富分配比苏联公平得多，它为公民提供的商品和服务的质量也高得多。这种事情不太可能发生：瑞典斯文森夫妇的财产被没收，夫妻二人被送去盐矿劳改，只有半根白萝卜可啃。瑞典人虽然没有特拉贝特轿车，却也不曾为买土豆而排队；他们由于共同遵守某座现代的、世俗的“英灵殿”的旨意而获得了回报。

这座“英灵殿”就是 *Folkhemmet*（“人民之家”）。它是全世界最慷慨、进步、覆盖广泛的福利国家。“人民之家”保证让每位公民绝不会饿肚子或者无家可归，人们生病时得到照料，年老时领到退休金。在20世纪相当长的时间内，瑞典人实行完全就业，其中一部分人领取的工资为全世界最高；他们有许多全国性的假日，还实现了史无前例的经济繁荣。这一切没有太多值得反对的。那么，也许，更准确的词语应该叫作“良性极权主义”（benign totalitarianism）。

我想到“良性极权主义”这个概念时颇为自得。然后我发现，伟大的波兰作家罗兰·汉福特早在1971年就用这类词语来描述瑞典了。他在自己的著作《新极权主义》（*The New Totalitarians*）中描绘了一幅画面：瑞典是个反乌托邦的社会主义国家，个人的自由、抱负和人性都为了社民党的理想而被牺牲。“现代的瑞典满足了赫胥黎笔下的新极权主义的全部条件，”他写道，“中央集权的政府统治着人民，人民乐于受到奴役。”

20世纪80年代，德国作家汉斯·马格努斯·恩岑斯贝格也看出了这一层。他在自己的著作《欧洲、欧洲》（*Europe*，*Europe*）中写道，瑞典政府“对私人事务的监管达到了其他自由社会前所未见的地步”，政府不仅逐步侵蚀公民权利，而且摧毁他们的精神：“看起来就好像社民党……成功地驯化了人类这种动物，而其他完全不同的政体——从政教合一到布尔什维克，均未能成功，”他写道，“凡是反对社民党的人，都倾向于为自己的立场向它道歉，而且是在不知不觉中向它道歉。”

恩岑斯贝格既指他在一次大选期间观察到的瑞典人异乎寻常的循规蹈矩和求同存异，又指一个事实——在20世纪大半时间，瑞典社民党享有几乎无可争辩的专断权力。相形之下，西班牙的法西斯独裁者弗朗哥就像个门外汉，苏联共产党则短促得如同过眼云烟。1920年，社民党掌握了国会大厦的钥匙，此后紧抓不放，几乎不间断地从1932年一直掌握到1976年。他们一度短暂地失势，却很快卷土重来，在上世纪结束之前又执掌政权15年。直到2010年，非社民党的政府——目前由谢了顶的榜样人物弗雷德里克·赖因费尔特领导的温和联合党（Moderate coalition）——才在选举中成功获得连任。

瑞典社民党与工会（直到不久前，任何人只要加入瑞典较大的工会，就自动成为社民党党员）和一小撮实业家携手，共同设定工资水平，确保瑞典的工业几乎完全不受劳动纠纷的干扰（至少在1980年的几次全国大罢工之前没有纠纷）。劳动大军如此驯服，作为回报，政府实施了全世界最为严格的劳动力市场管制（直到今天，瑞典公司解雇一个人都极其困难，代价高昂），并提供最为慷慨的失业补助。1975年，政府强制要求工会代表参加企业董事会。与极权主义的标准相吻合，社民党主持司法，垄断经营国家的电视和广播机构，并通过政府广泛资助艺术活动来引导和影响瑞典的文化。“世纪之交，绝大多数主教、将军、总经理、大学教授和大使都是社民党党员，或者社民党的同情人士。”瑞典资深记者乌尔夫·尼尔森在他的著作《瑞典怎么了》（*What Happened to Sweden*?）中写道。

瑞典人生活的方方方面面都受到政府的控制，几无例外，包括工资水平，怎么教养孩子，喝多少酒，看什么电视，假期要休多少天，以及对越南战争有何看法。瑞典人似乎心甘情愿任其摆布。他们“保持了驯服的世界纪录”，恩岑斯贝格写道。

有个著名的例子可以说明瑞典人之乖巧温顺，这个例子本身令人印象深刻，那就是，政府决定于1967年9月3日晚，把驾驶规则从靠左侧行驶改为靠右侧行驶。一声令下，全国马上全部改变，几乎没有引起波澜。政府还认为，瑞典语过去的称呼语*ni*（相当于法语的*vous*，意思是“您”）不够民主，应当停止使用（丹麦语中对应的词是*de*，不过，懒散悠闲的丹麦人听任它在日常使用中不知不觉被淘汰）。同样，瑞典人还一直考虑废除区分性别的人称代词——相当于汉语的“他”或者“她”（瑞典语分别是*han*和*hun*）。他们认为，这些词含有负面的性别脸谱化含义。他们计划用*hen*来指代所有人，不再区分性别——不久前，斯德哥尔摩一家幼儿园强制要求一律使用代词*hen*。前几天我看到一条消息——这不是我编出来的：南曼兰县议会（Sörmland County Council）的议员通过了一项动议，内容大致是要求在地方议会上班的男人坐下来小便，此举的最终目的是取消公共盥洗室的性别差异。

种种此类消息给人一种感觉，那就是，社民党以近乎宗教般的狂热，凭空想象出一些激进的政策并付诸实施。他们确乎好像在进行某种现代化的圣战。他们喜欢自以为是地指手画脚，其中最典型的代表莫过于七八十年代的社民党首相奥洛夫·帕尔梅。

“在注意到他的外部世界看来，他代表瑞典的一切，它的虔诚、左翼和国际主义，”安德鲁·布朗写道，“在瑞典国内，他是个典范，象征着社民党当权派的傲慢和优越感。他们接过一个贫穷、等级森严的父权社会，把它变成了一个富裕、高度平等的女权国家。”

奥洛夫·帕尔梅出身贵族地主家庭。他去了美国，在那里发现的不平等现象让他触目惊心。20世纪50年代他回到瑞典，加入了社民党。他得到塔格·埃兰德的赏识——埃兰德是瑞典历史上任期最长的首相——并于1969年取代埃兰德担任了首相。在帕尔梅治下，瑞典的福利制度在医疗保健、儿童保育、住房、照顾老人以及更多方面取得了突飞猛进的发展。政府提高税收以覆盖成本，并对瑞典快速增加的财富进行重新分配。在国际舞台上，帕尔梅以主动出击——有人也许会称之为“说教”而闻名。他巧妙地把瑞典的中立变成了一种立场。他站在这个立场上在国际冲突中喋喋不休地进行道德说教。他与越南民主共和国驻瑞典大使一起上街游行，抗议美国在越南的战争；他欢迎三百名美军当逃兵（这些姿态致使亨利·基辛格大声提出质疑，瑞典人在1940年为什么没有被唤醒，奋然向纳粹发起类似的抗议）。

自从在美国发生顿悟之后，帕尔梅本人努力塑造了一个“人民之子”的形象。即使他当上了首相，仍然与妻子莉斯贝特住在斯德哥尔摩一栋普通的联排房屋里，避而不用诸如首相专车和保镖之类的权力装饰物。此类“人民之子”的姿态后来产生了致命的后果。

1986 年 2 月 28 日午夜时分，帕尔梅夫妇从电影院走路回家。一个不知名的杀手向他们连开数枪。莉斯贝特受伤，帕尔梅当场死亡。在这个和平安宁的国家，首相在大街上遇刺，此事引起的震动之强，怎么估计都不为过。事实上，帕尔梅遇刺事件至今仍在整整一代斯堪的纳维亚人的心头回响。历史学家托尼·格里菲斯写道：“瑞典遭受了集体精神崩溃。”

帕尔梅遇刺事件暴露出瑞典警察的无能和业余，致使这个创伤越发深重。警察未能及时在夜间设置路障，只会一味指控某人是案件的真凶。后来，瘾君子克里斯特·彼得松被判杀害了帕尔梅。彼得松此前曾因刺人致死在监狱里服过刑，但是只关了几年就被放了出来。他后来提起上诉，并被无罪释放。在严格意义上，这个案件至今尚未了结。自那以后，各种传言不绝于耳，风传幕后真凶是美国中情局或者苏联克格勃（确实，帕尔梅的外交政策走了一条岌岌可危的钢丝绳，有人也许会说他的外交政策十分虚伪，中情局和克格勃都有足够的动机把他干掉）。彼得松 2004 年已经去世。他几次承认事情是他干的。一般认为他就是凶手。

历史学家亨里克·伯格伦写过一本帕尔梅传记，获得高度赞誉。我本来应该意识到，作者呕心沥血，耗费数年之久写成一部传记，他很可能对传主抱有正面的看法。可是不知怎地，我与伯格伦分享对帕尔梅的看法时，却丝毫没有意识到这一点。我说，就我看到的帕尔梅生平，他似乎是个爱说教的糟糕的理论家，至多只能说是天真罢了。

“我一点也不认为他天真，”伯格伦回答说，“实际上，他是个不同凡响的瑞典人；他是个厉害角色，非常务实，是一位足智多谋的政治家。他就像鲍比·肯尼迪，既有道义感，在追求他的政治理想时又残酷无情。帕尔梅做了两件事：首先，他认为越南战争是一场彻头彻尾的灾难，他利用自己身为瑞典首相的身份，使对美国的批评达到了最大效果；其次，他非常关心瑞典的中立立场和国防，他希望我们能够自卫，不受苏联侵犯。所以，他维护与美国的关系以获取技术，也维护与北约的关系。有些瑞典人怎么也想不通，帕尔梅何以左右顾盼。右翼说，好吧，他没有把瑞典与美国的关系搞砸，但两国关系破裂是完全可能发生的，他在玩火。左翼则说，他是个彻底的伪君子……他属于整整一代人——就像特鲁多（指加拿大前总理皮埃尔·特鲁多），他们都是 60 年代的贵族激进分子，出身技术官僚阶层，非常自信，有点高傲，但是欣然接受激进的思想。”

我在斯德哥尔摩期间，还去拜会了乌尔夫·尼尔森，了解他的最新动向。尼尔森就是那位资深记者，自 20 世纪 50 年代起，他就为瑞典各家报社担任驻外记者和专栏作家。尼尔森喜欢骄傲地告诉别人，驻外期间，他见过从约翰逊到晚近的布什在内的每一位美国总统。他本人接触过帕尔梅。他同意伯格伦的说法，在意识形态的表象之下，帕尔梅是个极其务实的政治家。

“其实，我和帕尔梅是相当好的朋友，”尼尔森告诉我，“我跑遍世界各地报道他的新闻。我们每次见面，他都对我说，‘你父亲是个石匠’。说话时脸上露出赞许的表情。在他看来，我出身石匠家庭，我很高贵，因为他对地道的工人抱有浪漫的想法。其实他才是个贵族，出身偏于上流的家庭。他想改变所有人的观念。当然，他挥舞权力，用尽了肮脏的手段——说到底，他是个政客。政客必须采用肮脏的手段，否则他们就不会存在。”

尼尔森自称“瑞典的持不同政见者”，他不迷恋社民党，从未迷恋过。他 1968 年离开瑞典，此后再也不曾回国定居，但经常回来看看。我认为瑞典是个极权主义国家，我想知道他对此有何看法。

“在某种意义上，确实是极权主义。”他表示同意。他如今在为《快报》（*Expressen*）撰稿，我们坐在这家报社办公楼的食堂里。“当然，你不能把它与纳粹德国比较，它没有那么坏。也不能与朝鲜相比较。瑞典是一种潜移默化的极权主义，它被定义为循规蹈矩，随大流。没有人认真地质疑我们这种社会。这就是我不太喜欢瑞典的地方。你可以把它叫作教化或者灌输。”

阿克・道恩也许会同意他的观点。道恩在《瑞典人心理》中写道，“倘若背离群体的准则和共同模式，那么，个人可能会遇到危险”。可是，我向道恩说起瑞典的极权主义时，他却否定了我的理论：“我不接受这样的描述。不。我们没有受过来自高层的极权统治。瑞典是个现代国家。现代国家就应当这样组织，事无巨细，面面俱到。”

伯格伦和道恩都认为，过去一百年来，在瑞典起作用的不是极权主义，而是另一支力量：现代性。“瑞典人对历史不感兴趣，”道恩对我说，“瑞典人认为，自己的国家是个现代国家。”

亨里克・伯格伦把瑞典与英国进行比较：“英国人对待现代性的态度令人着迷。你们不是现代主义者。这是两国的巨大差别。我发现，在英国，‘这个很现代’不会像在瑞典那样成为压倒一切的理由。这一点很吸引人。不过反过来，我们认识到，在某些时刻，必须大力推进现代性。英国抵制现代性，它故步自封，保留了许多陈旧的、运行不良的制度。”

可是，瑞典人何以允许一个政党在漫长的时间内享有如此巨大的权力，推行如此激进的政策，并且在其治国施政过程中把国民的一大块收入据为己有？我知道，他们每隔几年选举社民党执政时，都经过了透明的民主程序。可是，当瑞典人目睹自己的权利和自由缓慢地遭到侵蚀，当他们感觉到国家伸出长长的触角，在他们的内衣裤里翻找仅余的几块钱、要求充作税款的时候，他们为什么从来不喊一声“够了！”还是说瑞典人就像那只寓言中的青蛙，它先泡在冷水锅里，对温度的缓慢变化毫无知觉，直至达到沸点才反应过来？

小时候，我读到有关柏林墙的内容，心中常怀困惑，“民主德国政府一定花了很久才筑起那堵墙，柏林人为什么不曾奋起反抗和阻止？”面对中央集权的国家逐步的、前所未有的扩张，面对国家对私人生活的干涉，难道瑞典人陷入了与柏林人类似的集体麻木？他们从未察觉到那些触角吗？